Jürgen Bruhn

DIE BESTIE ZÄHMEN

Jürgen Bruhn

Die Bestie zähmen

Wege aus dem Raubtierkapitalismus in eine neue Ökonomie

Tectum

Jürgen Bruhn
Die Bestie zähmen.
Wege aus dem Raubtierkapitalismus in eine neue Ökonomie

ISBN: 978-3-8288-3454-5
Umschlaggestaltung: Jens Vogelsang

Druck und Bindung: Finidr, Český Těšín

Besuchen Sie uns im Internet
www.tectum-verlag.de

Bibliografische Informationen der Deutschen Nationalbibliothek
Die Deutsche Nationalbibliothek verzeichnet diese Publikation in der Deutschen Nationalbibliografie; detaillierte bibliografische Angaben sind im Internet über http://dnb.ddb.de abrufbar.

Zum Andenken an Hermann Scheer,
alternativer Nobelpreisträger,
viel zu früh gestorben.

Inhalt

1. Kapitel
Wohin treiben wir?

Die durch den marktwirtschaftlichen Wachstums- und Verschwendungsprozess ausgelöste Entwicklung hat selbstzerstörerische Qualität. Das extreme ständige Wirtschaftswachstum mit seiner eingebauten Obsoleszenz in dem historisch gesehen kurzen Zeitraum seit der Industriellen Revolution belastet die natürlichen Produktions- und Ressourcengrundlagen der Erde in einem Ausmaß, dessen Auswirkungen schon kurzfristig – im Hinblick auf Regenerationsmöglichkeiten der Rohstoffe und das ökologische Gleichgewicht – eindeutig erkennbar sind.

Der neueste Bericht an den Club of Rome unter dem Titel »2052. – Eine globale Prognose für die nächsten 40 Jahre«, verfasst von Jørgen Randers, der mit den Meadows auch schon 1972 die Studie »Die Grenzen des Wachstums« herausgeben hatte, weist auf die Unmöglichkeit hin, ständig unbegrenztes Wirtschaftswachstum in den nächsten 40 Jahren auf unserem Planeten fortzuführen. Der Bericht erkennt aber auch, dass eine praktische, eingreifende Politik gegen diesen zerstörerischen Raubbau an der Natur kaum vorhanden ist. Im Gegenteil: Dieser Prozess wird durch die Wachstums- und Wettbewerbsfähigkeits-Besessenheit der Wirtschaftseliten noch verschlimmert.

Deshalb, so Randers und seine Co-Autoren, müssen wir uns vom »Wachstumskapitalismus« verabschieden, wenn wir und nachfolgende Generationen überleben wollen. Denn wir sind nur noch »vierzig Jahre von einem auf uns zukommenden ökologischen und energetischen Desaster entfernt.« Nach dem Jahre 2052 wird der Treibhauseffekt, die Abgabe von CO_2-Emissionen (Kohlendioxid) in die Atmosphäre, ein Niveau erreichen, das der Erde einen »irreversiblen Schaden« zufügen wird, nämlich eine Erderwärmung, die die angepeilte Zwei-Grad-Celsius-Grenze bei weitem übersteigen und mindestens 3 bis 4 Grad Celsius betragen wird. Das aber bedeutet mit aller Sicherheit ein Ansteigen der Ozeane von bis zu 3 Metern, ein Schmelzen der Pole, eine Überschwemmung der Küstengebiete und vieler Inseln, einhergehend mit großen Bevölkerungswanderungen ins Inland der Kontinente und Hungersnöten. Um das zu verhindern, müsste der »Weltlevel des CO_2-Ausstoßes bis 2052 um 50 Prozent (auf der Basis der Emissionen von 1990) verringert werden.«

Jørgen Randers und die meisten seiner Mitarbeiter glauben nicht, dass die Regierungen der Welt (die Industrien sowieso nicht) schnell genug handeln werden, um dieses Desaster zu verhindern. Im Gegenteil: Sie sagen voraus, dass die Regierungen erst handeln werden, wenn die Klimakatastrophe bereits eingetroffen ist oder wenn sie vor der Tür steht. Denn die Katastrophe wird nicht wie ein plötzlicher »Big Bang« auftreten, sondern durch eine »große Zahl kleiner Unheile.« Während die Regierungen also zu spät eingreifen werden, werden die transnationalen Konzerne, Banken und Versicherungen erst recht nichts dagegen unternehmen wollen, denn es wird ihnen schwerfallen, sich auf Nachhaltigkeit, Klimaschutz und soziale Verantwortung einzustellen. Sie werden vielmehr weiterhin versuchen, bei ihren alten Paradigmen Wachstum und Wettbewerbsfähigkeit zu verbleiben. Die Voraussagen der 2052-Studie sind, gelinde ausgedrückt, düster. Schon jetzt bräuchten wir 1,4 Planeten, um unseren Lebensstil aufrechtzuerhalten. Die Menschheit sei schon heute über das Ziel ihrer Tragfähigkeit hinausgeschossen. Jørgen Randers nennt das »Overshoot«.

Einer seiner Co-Autoren, der US-amerikanische Ökonom Herman Daly, schlussfolgert: »Wird die Menschheit zur Vernunft kommen und bewusst Wirtschaftswachstum schrumpfen lassen, um unseren Planeten zu retten? Ich glaube nicht! Wir haben schon heute die Grenzen wirtschaftlichen Wachstums erreicht, aber wir wissen es nicht – oder wollen es nicht wissen. Denn Wachstum ist unser Idol und seine Anbetung zu beenden ist ein Anathema.«

Der neue Report an den Club of Rome, erstellt von 40 hervorragenden Geo-, Klima-, Wirtschafts- und Naturwissenschaftlern, wähnt uns im zweiten Teil dieses Jahrhunderts vor dem Abgrund (»we will live like cliffhangers«), wenn wir die Wachstumszuwachsraten so weiterlaufen lassen wie bisher. Die negativen Auswirkungen, so behaupten die Co-Autoren, werden verheerend sein, denn wir stoßen z. B. jedes Jahr »zweimal so viel Treibhausgase aus wie Wälder, Meere und unser Klima absorbieren und vertragen können«.

Die kein Kohlendioxid ausstoßenden, unendlich und überall vorhandenen erneuerbaren Energien Sonne, Wind und Wasser werden – so scheint es – nicht rechtzeitig genug eingesetzt, um die Klimakatastrophe durch die Treibhausgase erzeugenden fossilen Energieträger Kohle, Öl und Erdgas zu verhindern. Grund: Die fossilen Energien werfen noch immer immense Profite ab.

Außerdem werden wesentliche Ressourcen, die die Grundlage unseres Produktionsprozesses bilden, wie Silber, Zink, Quecksilber, Schwefel, Blei, Wolfram, Zinn, Kupfer, Nickel, Platin, Phosphatgestein, Mangan, Eisenerz, Bauxit, Indium und sowieso wenig vorhandene Erdmetalle wie Neodym, Dysprosium, Terzium etc., in der zweiten Hälfte des 21. Jahrhunderts ausgereizt sein.

Die Erschöpfung der irdischen Rohstoffe und der Zusammenbruch des planetarischen Ökosystems werden nicht aufzuhalten sein, wenn wir uns nicht ändern, wenn wir mit unbegrenztem Wachstum, Verschwendung und geplanter Kurzlebigkeit so weitermachen, statt auf Nachhaltigkeit, erneuerbare Energien und Recycling zu setzen. Die Ausbeutung der Ressourcen hat die Erde in einen anderen, vom Menschen veränderten Planeten verwandelt. Und dem stehen dadurch nach 2050 hohe Konzentrationen von Treibhausgasen, versauerte, mit Plastik vermüllte Ozeane, überflutete Küsten, mit Pestiziden und Herbiziden vergiftete Böden etc. entgegen.

Es ist schwer vorauszusagen, ob wir auf diesem »geplünderten Planeten« im zweiten Teil dieses Jahrhunderts ohne Gewalt, Hungersnot und Bürgerkriege überleben werden. Die Kombination aus Ressourcenerschöpfung und Zerstörung der Ökosysteme bedroht unsere Zivilisation und könnte eine ausweglose Situation schaffen. Denn die Menschheit holt – vor allem als Folge des Bergbaus – seit dem Zweiten Weltkrieg jährlich über 10 Milliarden Tonnen Material aus dem Erdboden, sie verwertet »alle 88 Elemente«, die es in der Erdoberfläche gibt, sogar die instabilen. So werden Struktur und Zusammensetzung der Erdoberfläche und der Atmosphäre verändert. Dabei verschwinden Rohstoffe nicht nur, sondern einige – wie Kohle, Öl, Erdgas, Uran – verursachen Klimakatastrophen und Unfälle in Atomkraftwerken und ihren Endlagern.

Die globale 2052-Prognose von Jørgen Randers und seinen 40 Co-Autoren verteidigt heute die 1972er Club of Rome-Studie »Grenzen des Wachstums« gegen ihre Kritiker, die der Studie Panikmache vorgeworfen hatten. 40 Jahre später sehen die meisten Autoren von »2052« kaum noch eine Chance, schwindende Ressourcen zu ersetzen, zu recyceln oder ihren Verbrauch nachhaltig zu reduzieren. Es sei denn, die große Politik – die UNO oder die vier Weltmächte USA, EU, China und Russland – könnten/würden regulierend in den globalisierten Wachstumskapitalismus eingreifen. Das aber, so scheint es, glauben die Autoren zwar nicht ernsthaft, doch es ist ihre Hoffnung.

Auf die berühmte Studie von 1972 blickt der 2052-Herausgeber Jørgen Randers zurück als eine »Zukunftsvariante, von der meine Kollegen und ich damals glaubten, es werde infolge einer neuen, weisen, weltweiten, vorausschauenden Politik gar nicht so weit kommen«. Heute, betont Randers, gäbe es »leider überhaupt keine Anzeichen dafür, dass die vergangenen 40 Jahre unseren jugendlichen Optimismus bestätigt hätten«.

Nach den Recherchen der 2052-Studie gehen wir einem selbstproduzierten Kollaps entgegen. Der malaysische Wirtschaftswissenschaftler Chandra Nair kritisiert in der Studie den »fast religiösen Glauben des Westens und Chinas an Wirtschaftswachstum und freie Märkte« und fordert eine von der UNO kontrollierte, »weltweite Regulierung von Märkten,

Wachstum, Konsum und Verschwendung«, damit die Erde den Menschen erhalten bleibt. Am Ende des 2052-Reports schreibt der Herausgeber Jørgen Randers: »Bitte helft, unsere Voraussagen falsch werden zu lassen. Zusammen können wir eine viel bessere Welt schaffen.«

Randers hofft also noch auf ein Wunder in der mittleren Zukunft. Er glaubt, dass noch einiges gerettet werden kann. Aber der Kapitalismus muss zu seinem Ende kommen. So schreibt er: »Ich glaube nicht, dass der Kapitalismus überleben wird über die nächsten 40 Jahre. Nur der Name wird bleiben.« Die Konzerne und Banken, so glaubt er, könnten am Ende noch von den Regierungen gezwungen werden, ihre Performance nicht nur nach Wachstum und Gewinn auszurichten, sondern ebenfalls auf Nachhaltigkeit und Sozialverantwortlichkeit. Es ist eine schöne Hoffnung.

Wie konnte es zu dieser Welt-Situation kommen? Wie konnte es zu solchen düsteren Prognosen angesehener Wissenschaftler kommen? Wie ist es zu diesem ständigen Wirtschaftswachstum, zu dieser ständigen Verschwendung nach tausenden Jahren Bedarfsdeckungsprinzip gekommen? Seit der Industriellen Revolution, die im gleichen Zuge exponentielles Wirtschaftswachstum und exponentielles Bevölkerungswachstum entstehen ließ, unterwirft das kapitalistische Wirtschaftssystem Mensch und Natur einem historisch einmaligen Ausbeutungsprozess, dessen Ertrag u. a. in den hohen Wachstumsraten besteht.

Die kapitalistische Marktgesellschaft verselbstständigte das ökonomische System, brach aus dem traditionellen gesellschaftlichen Zusammenhang heraus und unterwarf alle anderen gesellschaftlichen Strukturen und Lebensbereiche der Ökonomie. Im Verhältnis von Politik und Ökonomie verursachten diese tiefgreifenden Veränderungen eine Umkehrung der Dominanzbeziehungen. Das traditionelle Primat der Politik wurde vom Primat der Ökonomie abgelöst. Die Politik wurde zum Erfüllungsgehilfen der Wirtschaft, zum Kellner des Kapitals und im heutigen finanzmarktgetriebenen Kapitalismus gar zur Reparaturwerkstatt der Groß- und Investmentbanken, die durch billionenschwere steuerliche Hilfspakete vor dem Bankrott gerettet wurden (außer Lehman Brothers). So verschleuderte die Politik Steuergelder, die zu zwei Dritteln von der Mittelklasse für die

Infrastruktur, für Schulen, Universitäten, Ausbildung und Umschulung eingezahlt wurden, fremdbestimmt an die betrügerischen Banken und ihre gierigen Manager. Ein ungeheurer Vorgang.

Im Zusammenhang von rigoroser Ausbeutung von Mensch und Natur einerseits und Wachstum und Technologieerneuerung andererseits erkennen wir die zentrale historische Funktion des Kapitalismus bis hin zum zukünftigen voll-automatisierten Kapitalismus, der dann »seine« Arbeiter in den Fabriken nicht mehr benötigt und sie »freisetzen« wird, weil die Kosten des Produktionsfaktors Arbeit bedeutend höher sind als der Einsatz immer neuerer Technologien (Roboter, Computer, Sensoren etc).

Das Hauptmerkmal dieses Systems liegt in der Suche nach immer neuen Renditequellen, nach immer neuen Absatzmärkten – zu erreichen durch ständige Produktion neuer Konsumgüter, neuer Technologien, heute auch neuer Finanzmarktprodukte – mit einhergehender früher Obsoleszenz oder Verschrottung der vorherigen Generation von Produkten und Technologien. Das Ganze ist ein Prozess immerwährender Erneuerung, eingebauter, geplanter Obsoleszenz, enormer Verschwendung und Zerstörung von Ressourcen und Natur. Oder, wie es der austro-amerikanische Wirtschaftswissenschaftler Joseph A. Schumpeter ausdrückte: »Der Prozess der schöpferischen Zerstörung ist für den Kapitalismus das wesentliche Faktum, ... das unaufhörlich die Wirtschaftsstruktur von innen heraus verändert und revolutioniert, unaufhörlich die alte Struktur zerstört und unaufhörlich eine neue schafft.«

Das nannte der US-amerikanische Wirtschaftsingenieur Bernard London schon 1932 »planned obsolescence« bzw. »built-in obsolescence« (geplante bzw. eingebaute Obsoleszenz). Durch eingebaute Obsoleszenz bzw. frühes »Kaputtgehen« von Gütern und Produktionsmitteln glaubte er, die US-Wirtschaft anzukurbeln und die Depression in den USA zu bekämpfen. Ich komme im nächsten Kapitel darauf zurück.

Wir müssen uns heute fragen, ob unser Wirtschaftssystem mit unaufhörlicher schöpferischer Zerstörung der alten Strukturen und unaufhörlicher Schaffung neuer, schnell kaputtgehender Konsumgüter, mit ständiger eingebauter Obsoleszenz im Produktionsprozess, also mit ständigem Wachstum und Verschwendung überleben und funktionieren kann oder ob es selbstzerstörerisch ist. Wenn es Letzteres ist, müssen wir es verändern, um nachkommenden Generationen eine Überlebenschance durch die Installation eines nicht verschwenderischen, nicht wachstumsbesessenen, sondern nachhaltigen Systems zu hinterlassen.

Die totale ökonomische Verfügungsgewalt zur Ausbeutung der Natur – vor allem entstanden durch das in unseren Verfassungen festgeschriebene Recht auf Privateigentum an Grund und Boden – bedeutet die Beseitigung aller Hemmnisse, die für uns aus traditionellen, religiösen, moralischen, also nicht ökonomischen Gründen bestanden, und führte zu der sich daraus ergebenden Tatsache einer völligen Unterwerfung der Erde und ihrer Ressourcen unter dem ökonomischen Verwertungsprozess. Das sichtbare Resultat dieses ökonomischen Handelns ist eben der historisch unvergleichbare Wachstums- und Verschwendungsprozess, den die Weltwirtschaft insbesondere seit der Einführung des Fließbandes und der »wissenschaftlichen Betriebsführung« (Taylorismus/Fordismus) kurz vor Ausbruch des Ersten Weltkrieges und dann nach der Weltwirtschaftskrise 1929-1936 durch geplante Obsoleszenz erfahren hat.

Die Verselbstständigung des ökonomischen Prozesses verschob auch die Legitimationsprobleme der Gesellschaftssysteme (Kapitalismus versus Sozialismus) ins Ökonomische. Wirtschaftswachstum galt für beide Systeme als Priorität, ergab auf beiden Seiten Wachstumsimpulse und gilt auch heute in China und Indien als unabdingbare Voraussetzung der politischen Legitimation der Regierung und der sozialen Legitimation des gesamten Systems. Die dem Jahrtausende praktizierten Bedarfsdeckungsprinzip widersprechende Ideologie der unbegrenzten Bedürfnisse des Menschen (siehe Angebotswirtschaft) reduziert alle gesellschaftlichen Problemlösungsmuster auf ständiges, unbegrenztes ökonomisches Wachstum.

Realer Wachstumsprozess und Wachstumsideologie bestätigen einander. Da vom ökonomischen Wachstum auch die politische Macht eines Systems abhängt, sind letztlich alle Gesellschaften gezwungen, diese sich selbst reproduzierende Wachstumsdynamik zu übernehmen, wenn sie sich als selbstständige Gesellschaft behaupten wollen. Das bis in die 1980er Jahre nur teilweise industrialisierte China ist heute dafür das beste Beispiel. Nach der Einführung eines ausbeuterischen Manchesterkapitalismus und eines Wirtschaftswachstums von durchschnittlich über 10 Prozent pro Jahr ist China heute zur politischen und militärischen Großmacht aufgestiegen.

Das extreme, immer neue und künstliche Bedürfnisse schaffende und neue Renditequellen suchende Wirtschaftswachstumssyndrom mit seinem einhergehenden Ausstoß der klimazerstörenden Treibhausgase wird noch vor 2050 Mensch und Natur mit katastrophalen Folgen aus dem Gleichgewicht bringen, schreibt Hermann Scheer in seiner Studie »Der energetische Imperativ«. Der alternative Nobelpreisträger warnt, dass die – zumindest in Deutschland – bis 2050 geplante Umstellung fossiler Energien auf erneuerbare Energien 30 Jahre »zu spät« kommen wird. Ein sofortiger, vollständiger Wechsel (in den nächsten 10 Jahren) zu den erneuerbaren, keinen Kohlendioxid ausstoßenden Energien ist für Scheer der »letztmögliche Ausweg«, um eine Klimakatastrophe in der zweiten Hälfte des 21. Jahrhunderts zu verhindern. Jedes versäumte Jahr ist für ihn ein verlorenes, um eine dauerhafte, lebens- und umwelterhaltende Energieversorgung der Menschheit zu gewährleisten.

Der Kapitalismus geht in den kommenden Jahrzehnten mit seiner Ressourcenverschwendung, seiner Wachstums- und Wettbewerbsfähigkeits-Besessenheit, seiner immer größer werdenden CO_2-Ausstöße, seiner zu späten Anwendung der erneuerbaren Energien, wegen der Gier und Selbstbereicherung seiner Finanzeliten seinem Ende entgegen. Sollte er sich zu lange halten, müssen wir durch zivilen Ungehorsam etwas dagegen unternehmen. Sein Wachstums- und Wohlstandsmodell – das Bruttoinlandsprodukt (BIP) – berücksichtigt nicht die Kosten, die dieses Ausbeutungsmodell an Natur, Ressourcen, Klima, Umwelt, Gesundheit der Menschen etc. verursacht. Das Modell hat schon lange ausgedient, es ist »out of date«.

Sollten wir keine Alternative zum globalen Raubtierkapitalismus finden, dann wird es sich in den kommenden 40 Jahren erweisen, dass der kapitalistische Wachstumsprozess, seine Wettbewerbsfähigkeitsbesessenheit, sein ständiges Auffinden neuer Renditequellen, der Prozess seiner schöpferischen Zerstörung (Schumpeter), kurz: die Effizienz des Kapitalismus als enorme Verschwendung und Zerstörungsproduktion zu beurteilen ist. Und die 200 Jahre des kapitalistischen Wachstums bedeuten den Beginn einer Epoche der Entfremdung, Ausbeutung und totalen Ökonomisierung in der Entwicklung der menschlichen Gesellschaft und schließlich die Nicht-Überlebensfähigkeit des auf ständigem Wachstum, Verschwendung, geplanter Obsoleszenz und Zerstörung beruhenden Systems.

Wie es dazu kommen konnte, welche historischen Vorbedingungen dazu führten und was wir noch immer dagegen tun können, um dieses Schicksal zu vermeiden, darüber möchte ich in den folgenden Kapiteln berichten.

2. Kapitel
Fordismus/Taylorismus und »Planned Obsolescence«

Wodurch entstand – historisch gesehen – diese enorme Wachstumsdynamik? Wachstum hatte es seit Beginn des Kapitalismus gegeben, er beruht schließlich darauf. Die Industrielle Revolution, der Einsatz der ersten maschinellen Produktionsmittel wie Webmaschinen, Werkzeugmaschinen, Dampfmaschinen, Eisenbahnen etc. beendete die Bedarfsdeckungswirtschaft. Es waren die Elektrifizierung und das Fließband, die kurz vor Beginn des Ersten Weltkrieges die kapitalistische Produktionsweise revolutionierten, enorme Wachstumssprünge kreierten, Kosten reduzierten und ohne Zweifel für viele Millionen Menschen Arbeitsplätze schufen. Später, nach der Großen Depression (1929-1936), war es die geplante, eingebaute Obsoleszenz in den Konsumgütern, die das Wachstum enorm ankurbelte.

Henry Ford, der berühmte Autobauer und »Selfmade Man«, installierte 1910 das Fließband in der Autoindustrie. Zwar führte er es als Erster in diese neue Multiplikator-Industrie in seinem Detroiter Werk ein, aber er hatte das Fließband und die Fließbandproduktion nicht erfunden, vielmehr hatte er beides in den Chicagoer Schlachthöfen abgekupfert. Das Neue an Fords Fließbandarbeit war jedoch, dass er sie gleichzeitig mit der sogenannten »wissenschaftlichen Betriebsführung« (»scientific shop management«) verband. Es war eine Arbeits- und Produktionsplanung, die auf den »wissenschaftlichen Zeit- und Bewegungsstudien« (»scientific time and motion studies«) des amerikanischen Ingenieurs Frederick

Taylor beruhte, die dieser zu Anfang des letzten Jahrhunderts entwickelt hatte.

Nach dem Ersten Weltkrieg und insbesondere nach der »Großen Depression« wurde Taylors Arbeits- und Produktionsmethode in hunderten US-amerikanischen Unternehmen übernommen, schwappte nach Europa über und wurde im Verbund mit Henry Fords Fließbandarbeit »Fordismus/Taylorismus« genannt. Doch niemand setzte Taylors Zeit-, Bewegungs- und Produktionsnormen bis ins kleinste Detail so um wie Ford in seinen Autofabriken. Der große Autobauer stellte für seine Fabriken Hunderte von hauptamtlichen »Zeitnehmern« ein, die jede einzelne Bewegung, jeden Handgriff der Arbeiter an den Fließbändern überprüften, um die Produktionsnormen pro Zeiteinheit vorherzubestimmen. Arbeiter, die nicht die Zeitnormen befolgten, nicht schnell genug mitzogen, wurden entlassen. Wer mit anderen Arbeitern am Fließband sprach, wurde aussortiert.

Das Fordsche Fließband diktierte von nun an den zehn- bis zwölfstündigen Arbeitsalltag der Mitarbeiter, verdammte sie zu stupiden, immer wiederkehrenden, ermüdenden Arbeitsverrichtungen, die nur dazu dienten, Output und Effizienz zu erhöhen und zu beschleunigen. Wie gesagt wurden viele Arbeiter wegen Nichtbefolgung der Zeit- und Arbeitsnormen entlassen, immer wieder neue eingestellt. Andere spielten krank, blieben »unerlaubt vom Arbeitsplatz fern«, weil sie die nervtötenden, stupiden Handgriffe am Fließband nicht länger ertragen konnten. Gesetzlich anerkannte Gewerkschaften, um die Arbeiter vor dieser menschenunwürdigen Ausbeutung zu beschützen, gab es in den USA noch nicht.

Mister Ford gefielen die ewigen Entlassungen und Neueinstellungen und das Krankspielen seiner Arbeiter nicht. Um das Problem zu lösen, erhöhte er den Tageslohn seiner Arbeiter 1914 von 3 auf 5 Dollar. Er hatte richtig spekuliert. Bei dieser Erhöhung des Lohnes fiel die »Abwesenheits- und Entlassungsrate der Arbeiter um 90 Prozent« (»at once the rate of absenteeism and turnover in the plants fell 90 per cent«). Ein paar Jahre später – noch vor der Großen Depression – erhöhte Ford den Tageslohn seiner Arbeiter auf 6 und dann auf 7 Dollar pro Tag. Eine Sensation für die damalige Zeit. Aber Henry Ford hatte erkannt, dass seine Arbeiter bei diesem Lohn Kaufkraft entwickeln könnten und zumindest per Anzahlung sein berühmtes »Modell T«-Auto, die »Tin Lizzy«, kaufen konnten, deren Preis 1925 wegen der Fließband-Massenproduktion auf unter 300 Dollar gesunken war. Übrigens durfte keiner seiner Mitarbeiter einer Gewerkschaftsbewegung beitreten noch ein Auto von General Motors oder Chrysler kaufen. Tat er das, wurde er entlassen. Wieder hatte Ford richtig spekuliert: Seine Arbeiter wurden seine besten Kunden.

So wurde Fordismus/Taylorismus – Fords Fließbandproduktion und Taylors wissenschaftliche Betriebsführung – zum Begründer der Massenproduktion, der enormen Wachstumsbeschleunigung in der Autoindustrie und der Trennung von ausführender objektbezogener Arbeit und Planung (Trennung von Management und Arbeit). Schon 1908 entwarf Ford sein Modell T-Auto und verkaufte davon 1909 immerhin 11.000 Stück. Nachdem er 1910 die Fließbänder installiert hatte, erhöhte er die Produktion in einer für damalige Zeiten geradezu ungeheuren Rate. Noch vor dem Ersten Weltkrieg war er in der Lage, in seiner Detroiter Fabrik ein Modell T in 93 Minuten zusammenzusetzen. 1925 ließ er davon 9.000 Stück pro Tag vom Fließband laufen, das bedeutete ungefähr ein Auto alle 10 Sekunden. Die Renditen stiegen in ungeahnte Höhen. Zudem kaufte Ford in großem Maße amerikanische Eisenbahnaktien auf, ließ Bahnstrecken und Bahnhöfe verkommen, denn die Leute sollten ja seine Autos kaufen.

Im Oktober 1929 begann in den USA die Große Depression (»Wall Street Bankruptcy«), schwappte nach Europa über und artete zur »Welt-Depression« aus. Die US-Automobilproduktion, der große Wachstums-Multiplikator der US-Industrie, schrumpfte von 4,5 Millionen Einheiten (1929) auf 2,7 Millionen (1930) und 1,1 Millionen (1932). Als die Ford Corporation 1932 ihre Detroiter Fabriktore schloss, verloren allein dort 75.000 Arbeiter ihren Job. Die Schrumpfung der Automobilindustrie hatte verheerende Auswirkungen nicht nur auf die Ersatzteil- und Zulieferindustrien, sondern wie in einem Schneeballsystem auch auf die gesamte Beschäftigungslage in den USA (15 Millionen Arbeitslose im Jahre 1932; eine Arbeitslosigkeit von 30 Prozent).

Der enorme Einbruch der US-Autoindustrie und seine Folgen veranlassten nun Ingenieure und Manager während der Großen Depression darüber nachzudenken, wie eine neue Wachstumsdynamik in der amerikanischen Wirtschaft – insbesondere der Autoindustrie – entfacht werden könnte. Einer von ihnen, der Wirtschaftsingenieur und Produktdesigner Bernard London, war zu einer »revolutionären Einsicht« gekommen. In seiner 1932-Streitschrift »Ending the Depression Through Planned Obsolescence« (»Beendigung der Depression durch geplante Obsoleszenz«) schien er die Quadratur des Kreises gelöst zu haben. Seine Streitschrift wurde zur Ideologie für viele amerikanische Industriezweige. Im Verbund mit Präsident Roosevelts »New Deal« half sie ohne Zweifel, die hohe Arbeitslosigkeit während der Depression und danach erfolgreich zu bekämpfen, schuf Millionen neuer Jobs und entfachte eine neue Wachstumsdynamik.

»Planned Obsolescence« bzw. »Built-in-Obsolescence« sollte ein auf Wachstum gedrilltes System sein, das Konsumgüter mit einer bewusst geplanten, eingebauten kurzen Lebensdauer, mit einem bewusst eingebauten »frühen Kaputtgehen« produzierte. Mit anderen Worten: Die hergestellten Konsumgüter sollten schnell verschleißen, schnell nicht mehr in Mode sein, schnell nicht mehr funktionsfähig sein, damit in kurzen Zeitabständen neue Produkte auf den Markt geworfen und verkauft werden könnten. Diese neuen Produkte sollten »dem Kunden den Wunsch erfüllen, er würde etwas kaufen und besitzen, das etwas neuer, etwas besser, etwas moderner, auch etwas früher als wirklich notwendig da ist«. Das sei nicht nur gut für den Kunden, so London des Weiteren, sondern es stimuliere vor allem die Nachfrage auf den Märkten und es täte ebenso den Produzenten und der Gesamtwirtschaft gut. Letztlich würde die eingebaute Obsoleszenz helfen, die Depression zu beenden.

So wie Präsident Roosevelts New Deal die Nachfrage nach Konsumgütern durch »Deficit Spending« (mehr Steuermittel ausgeben als einnehmen – also Staatsverschuldung) und Staatsaufträge anwerfen sollte, wollte auch Bernard London den Staat für die Bekämpfung der Depression einbeziehen. Der Staat, so sein Plan, »sollte für alle Konsumgüter ein gesetzliches Verfallsdatum auferlegen« (»the government should impose a legal obsolescence on all consumer articles«), um Wachstum und Verbrauch »nicht nur zu stimulieren, sondern zu verewigen« (»not only to stimulate but perpetuate growth and consumption«). Der Staat also als Wachstumsbeschleuniger für die Wirtschaft, als Helfer in großer Not. Dabei sollten von der Regierung eingestellte Prüfer, »kompetente Ingenieure, Techniker, Mathematiker und Wirtschaftswissenschaftler die Verfallsdaten von Konsumgütern feststellen«. Konsumenten, die ein »obsoletes Gut nicht rechtzeitig gegen ein neues eintauschten«, sollten gesetzlich – durch Besteuerung – bestraft werden. Diese Vorstellungen einer vom Staate kontrollierten eingebauten Obsoleszenz, um Wachstum zu schöpfen und die Depression zu beenden, waren nicht nur Kopfgeburten einiger weniger wie Bernard London. Eine ganze Bewegung in den USA – die sogenannte »Technokraten-Bewegung« – hing diesen Ideen an.

Bei seinen Nachforschungen über vorherige eingebaute Obsoleszenz war Bernard London auf Henry Fords alten Freund Thomas Alva Edison und die sogenannte »Glühbirnen-Verschwörung« (»Lightbulb Conspiracy«) gestoßen. Nach Londons Verständnis war die Glühbirnen-Verschwörung das beste Beispiel für die erfolgreich eingebaute Obsoleszenz im US-Wirtschaftsleben. Der große amerikanische Erfinder Thomas Alva Edison, Schöpfer des Telefons, des Mikrofons, der elektrischen Glühbirne, der Elektrifizierung in den USA schlechthin (insgesamt 800 eingereichte Patente), der 1888 seine eigene Firma, die »Edison Electric Company« schuf, gilt bis heute als Prototyp für die persönliche Auseinandersetzung und den inneren Widerspruch zwischen Erfinder und Geschäftsmann.

Seinen Mitarbeitern in der Edison Electric Company demonstrierte Edison, dass er Glühbirnen herstellen könnte, die »eine Ewigkeit brennen« würden oder, »wenn ihr wollt, eine lange, sehr lange Zeit«. Für die von ihm erfundene Langzeit-Glühbirne reichte er in New York ein Patent ein. Seine Mitarbeiter aber, die ihn ursprünglich verehrten und ihn den »Großen Wizard« (Großen Zauberer) nannten, verstanden die Welt nicht mehr, hielten ihn wirtschaftlich gesehen für »naiv«. »Wie sollen wir Profit machen, wie als Firma überleben«, fragten sie ihn, »wenn wir Langzeit-Glühbirnen herstellen«?

In der Zwischenzeit hatte die Westinghouse Corporation Edisons Patent aufgegriffen, umgemodelt und damit kurzlebige Glühbirnen hergestellt. Es kam zu einem langen Gerichtsprozess zwischen Edison und Westinghouse. Schließlich verglich man sich. 1892 fusionierten die Edison Electric Company und die Thomson-Houston Electric Company zur General Electric Corporation. Und bald darauf produzierten General Electric und Westinghouse gemeinsam Glühbirnen mit kurzer Lebensdauer und dominierten von da an bis heute den US-Markt für Glühbirnen und Elektrogeräte aller Art.

Durch dieses Beispiel war Bernard London überzeugt, dass »planned obsolescence« nur mithilfe des Staates Wachstum schaffen und die Depression in den USA beenden könne. Übrigens existieren und funktionieren einige von Edisons »ewigen Glühbirnen« immer noch. Im Oktober 2012 erleuchtete eine von ihnen das Jahresfest der Hauptfeuerwache in San Francisco. Sie brennt dort im Festsaal seit 111 Jahren, seit Bestehen der Hauptwache.

Londons Pamphlet von 1932, seine Forderung nach geplanter, eingebauter Obsoleszenz in Konsumgütern, die Unterstützung dieser Philosophie durch die Technokraten-Bewegung, Präsident Roosevelts Akzeptanz und Anwendung der »Keynesianischen Nachfragewirtschaft«, die durch »Deficit Spending« und Staatsaufträge die Nachfrage ankurbeln sollte, all das half, eine neue Wachstumsdynamik zu schaffen und die Depression nach und nach in den Griff zu kriegen.

Zurück zu den Autobauern der 30er Jahre, zurück zu Ford, General Motors und Chrysler, den großen Multiplikatoren der US-Industrie. General Motors begann als Erster damit, unterschiedliche Autotypen mit kürzerer Lebensdauer für unterschiedliche Einkommensschichten herzustellen. Chrysler und Ford zogen nach. Fords Problem war, dass er 20 Jahre lang, bis 1928, immer das gleiche langlebige Modell T, die »Tin Lizzy«, hergestellt hatte, immer mit den gleichen Formen, der gleichen Ausstattung. Nun war der Markt für das Modell T gesättigt, es galt als langweilig, primitiv, nicht mehr modern genug. Nun musste auch Henry Ford umdenken, installierte neue Fließbänder und stellte wieder Arbeiter ein, nachdem er 1932 75.000 entlassen hatte. Nun stellte auch Ford verschiedene Autotypen für verschiedene Einkommensschichten mit kurzer Lebensdauer, mit mehr Komfort und Kosmetik her.

Die drei Autokonzerne gelangten wieder auf die Erfolgsspur. Die Nachfrage nach ihren moderneren, kurzlebigeren Modellen zog an. Und mit dem Eintritt der USA in den Zweiten Weltkrieg wurden Ford, Chrysler, General Motors zusammen mit General Electric und Boeing zu den größten Rüstungskonzernen des Landes. Ihre Wachstumsraten nahmen enorme Sprünge an.

Erst 1954 kam es in den USA erneut zu einer Aufforderung nach mehr geplanter Obsoleszenz. Grund: Die Nachfrage nach Konsumgütern, insbesondere Autos, geriet ins Stocken. Jedenfalls nach Meinung der Manageroligarchie. Einer von ihnen, namens Brooks Stevens, verfasste ein Memorandum mit dem Titel: »Planned Obsolescence in US-Industry«. Auf einer Konferenz amerikanischer Topmanager 1954 in Minneapolis (Bundesstaat Minnesota) las er daraus vor und betonte, dass es zur Ankurbelung der Nachfrage nach Konsumgütern vonnöten sei, »die Verfallsdaten amerikanischer Industriegüter zu senken«. Produkte sollten so hergestellt werden, dass sie »leichter als zuvor kaputt gehen oder schnell aus der Mode kommen« (»products should be designed to break easier than before or to quickly go out of style«).

Schnell wurden Stevens' Schrift und die Minneapolis-Konferenz in den Managementetagen aufgenommen und in die Tat umgesetzt. Erst jetzt entstanden z. B. die riesigen Friedhöfe veralteter, obsoleter Autos und anderer Industriegüter in den USA. Jedes Jahr kam nun für alle Automodelle und für die meisten Industriegüter ein neues Produkt mit einem neuen Design, mit mehr Kosmetik, mit kürzerer Lebensdauer heraus.

Im Jahre 1959 verspottete der deutsche Volkswagen-Konzern, der mit seinem langlebigen Käfermodell großen Erfolg in den USA verzeichnete, diese neue, geplante, eingebaute Verschwendung und Kurzlebigkeit der US-Autoindustrie mit einer Werbekampagne in den großen US-Fernsehstationen. Sie lautete: »We do not believe in planned obsolescence, we do not change a car for the sake of change« (»Wir glauben nicht an geplante Obsoleszenz, wir tauschen keine Autos aus, um des Austauschs willen«). Später verfiel auch VW dem System der geplanten, eingebauten Obsoleszenz.

Im Jahre 1960, immerhin 12 Jahre vor der Veröffentlichung von »Grenzen des Wachstums«, veröffentlichte der US-amerikanische Kultur- und Wirtschaftshistoriker Vance Packard sein Werk »The Waste Makers« (»Die Verschwendungsmacher«). Darin kritisierte er die immer weiter um sich greifende geplante Obsoleszenz, die, wie er es nannte: »eingebaute Verschwendung im kapitalistischen Wirtschaftsprozess«. »Planned Obsolescence«, so schrieb Packard, ist »ein systematischer Versuch von Big Business, aus uns verschwenderische, verschuldete, ewig unzufriedene Individuen zu machen«.

Packard versuchte, das Problem der Obsoleszenz im Kapitalismus in zwei Kategorien zu unterscheiden. Die eine Kategorie bezeichnete er als »obsolescence of desirability« (»Obsoleszenz der Attraktivität«) und die andere als »obsolescence of function« (»Funktionale Obsoleszenz). Dabei, so betonte Packard, hätte die funktionale Obsoleszenz »schon zu unserer Lebenszeit die Oberhand gewonnen«.

Bei der Obsoleszenz der Attraktivität handelt es sich bei Packard um »Verschleiß, der durch längere Materialabnutzung bei den Produktionsmitteln, durch längeren Gebrauch von Konsumgütern (»wear and tear«) seinen natürlichen Lauf nimmt« und somit für »längerfristige Forschung und Entwicklung genügend Zeit lässt«, um neuere und bessere Produkte herzustellen. Mit anderen Worten: Produkte mit längerer Lebensdauer, basierend auf vernünftiger Innovation sind Produkten mit kürzerer Lebensdauer, basierend auf schnellster Innovation vorzuziehen. (»longlasting products based on reasonable innovation are to be preferred to short-lasting products based on rapid innovation«). Packards Hoffnung war, dass in mittlerer Zukunft, durch die Intervention von Wissenschaftlern und Regierungen, die Produktion langlebiger Konsumgüter und Produktionsmittel – trotz seiner eigenen Zweifel – dominant werden könnte. Nur so könnten Verschwendung und Ressourcenabbau behoben werden.

Doch die Gegner dieser Philosophie, die Befürworter der »funktionalen Obsoleszenz« – die Manageroligarchie – behaupten bis heute, dass Marktstrukturen, basierend auf Konsumgütern mit kürzester Lebensdauer, schnellster Innovation, kürzester Zeit für Forschung und Entwicklung einer Struktur von langlebigen Produkten und längerfristiger Innovation und Entwicklung vorzuziehen seien. Denn sie trieben technologischen Fortschritt, modernste Produkte und materielles Wohlergehen der Massen schneller voran und in einer wachstums- und wettbewerbsbetonten Wirtschaft wären diejenigen Unternehmen erfolgreich, deren Produkte schnellstens durch immer neuere ersetzt werden können. Anders ausgedrückt: diejenigen Unternehmen, deren Produkte am schnellsten obsolet sind, drängen die Konkurrenz aus dem Markt heraus.

Heute haben eine geplante, eingebaute funktionale Obsoleszenz und damit eine systematische Verschwendung von Ressourcen ihren Höhepunkt insbesondere in der New-Economy-, Elektro- und Hightech-Wirtschaft erreicht. Absichtlich werden in diesen Branchen Produkte hergestellt, die schon kurzfristig ihre Funktionalität verlieren, unbrauchbar werden, kaputtgehen, weil eine neue, modernere Produktgeneration eingeführt werden soll, die auf einem völlig veränderten System (Input) beruht, das für die ältere Produktgeneration nicht mehr anwendbar ist. Die ältere Produktgeneration ist somit hinfällig, nicht mehr brauchbar und oft nicht einmal reparierbar. Zurücknehmen tut sie nur noch der Schrotthändler. Gemeint sind z. B. Handys, Staubsauger, Laptops, DVDs, Fernseher, Videokassetten und ihre Rekorder, Computer-Software – also elektronische Geräte im Allgemeinen.

Zumeist wird von den Anbietern in diesen Branchen Reparatur, Rücknahme und Service für die älteren Produktgenerationen kaum akzeptiert, gar verweigert und eliminiert und die Kunden werden so gezwungen, das ältere Modell in den Müll zu werfen und das jeweils neuere, modernere zu kaufen. Produkte werden häufig vor ihrem eigentlichen Nutzungsende verschrottet, da sie mit der moderneren Software, dem neuen Input, nicht mehr kompatibel sind.

Zu diesem Thema gab die deutsche Konsumentenschutz-Zeitschrift »Ökotest« Anfang Oktober 2012 eine Studie in Auftrag, in der die Autoren (Ingenieure, Ökologen und Ökonomen) darstellten, dass z. B. Computer, Waschmaschinen, Fernseher, Mixer, Kameras, iPhones häufig »kurz nachdem die Garantie abgelaufen ist« den Geist aufgeben. Das sei kein Zufall, sondern »Strategie der Hersteller«. Dafür, so die Autoren, gäbe es sogar einen älteren Fachbegriff, nämlich »geplante Obsoleszenz«. Ökotest nennt u. a. das Kultobjekt iPhone. Nach etwa 450-500 Ladezyklen sei der Akku hinüber – also funktioniert er etwa so lange wie die Garantie zum Handy läuft. Weil der Akku aber fest eingebaut ist, läuft mit seinem Ableben auch die Zeit des gesamten iPhones ab. Das sei dann ein Fall für die Mülltonne, obwohl außer dem Akku noch alle anderen Teile funktionsfähig seien.

Geht z. B. eine Fuji-Kamera während der Garantiezeit kaputt, so die Konsumentenschützer, kann man sie zur Reparatur einschicken. Aber das Reparieren kostet 150 Euro, egal, was kaputt oder wie simpel die Reparatur auch sein mag. Generell erschwerten Unternehmen der Elektro- und Hightech-Industrie Reparaturen. Die Teile würden »immer kleiner« werden oder sind »hinter nicht zu öffnenden Plastikabdeckungen versteckt«. Geht ein Teil kaputt, ist das ganze Gerät obsolet. Was bleibt? Neukauf!

Beim Handmixer griffen Plastikzahnräder und Bauteile aus Metall ineinander. Es sei nur eine Frage der Zeit, »bis Erstere die Zähne verlieren«. Den Einwand einiger Hersteller, die Verwendung minderwertiger und damit billigerer Werkstoffe habe ihren Ursprung in der »Geiz-Mentalität« vieler Kunden, finden die Konsumtester fadenscheinig: »Hochwertige Komponenten kosten nur wenige Cents mehr, damit würde sich fast jedes elektronische Produkt höchstens um einen Euro verteuern, aber bis zu zehn Jahre länger halten.«

Bei Fernsehern würden »minderwertige Elektrolytkondensatoren« mit einer Haltbarkeit von »höchstens fünf Jahren eingebaut«. Doch »ein Kondensator, der bis zu zehn Jahre länger hält, würde weniger als einen Cent mehr kosten«. Bis zu 30 von ihnen sind heute in einem Flachbild-Fernseher eingebaut. Eine Reparatur wegen durchgebrannter Elektrolytkondensatoren kostet 200 Euro. Da kauft man sich doch einen neuen Fernseher.

Das vorgegebene »geplante Sterbedatum« von diesen Gebrauchsgeräten sei nicht nur ärgerlich für den Kunden, der nach kurzer Zeit erneut in seinen Geldbeutel greifen muss, so Ökotest – »im Zeichen knapper Rohstoffe ist dies fatal.«

Auch in zwei alten Wachstumsbranchen – der Automobil- und der Bekleidungsindustrie – spricht man heute von »Stil-Obsoleszenz«. Denn strikt nach Plan kommen regelmäßig jedes Jahr bei General Motors, Ford, Toyota, Nissan, Honda, VW, Mercedes, BMW, Audi, Citroën und Jaguar brandneue Modelle mit modernerem Design und kosmetischen Veränderungen heraus. Eine ungeheure Verschwendung von Rohstoffen und Energie.

Mindestens zweimal im Jahr – immer nach dem Sommer- und Winterschlussverkauf – kommt eine neue Kleidungsmode, eine neue Generation von T-Shirts, Sweatshirts, Pullover, Jeans, Jacken, Schuhen, Sportkleidung etc. heraus, die das Lebensgefühl der Kunden steigern soll und häufig durch billigste Arbeitskraft – oft Kinderarbeit – in China und den Entwicklungsländern hergestellt wird. Eine ungeheure Verschwendung von Echt- und Kunststoffen und Energie, eine kriminelle Ausbeutung menschlicher Arbeit.

Vance Packards systematisch geplante funktionale Obsoleszenz muss heute als Verschwenderin lebensnotwendiger Ressourcen, als Energieverschlinger, als Zerstörer der Umwelt und des Klimas betrachtet werden. Es ist nicht wahr, dass »planned obsolescence« die treibende Kraft für Fortschritt, Wohlergehen und Innovation ist. Im Gegenteil: Ständiges unbegrenztes Erneuern kurzlebiger Konsumgüter oder schnell sterbender Produkte statt der Produktion langlebiger Güter und Recycling schaffen mehr Müll, mehr Umweltverschmutzung, kreiert eine Klimakatastrophe, weil wir weiterhin zu große Mengen fossiler, nicht erneuerbarer Energien für diese Produktionsweise verwenden. Es ist ein System, das viele von uns zwingt, auf Pump zu leben und die ewig neuen Konsumgüter zu kaufen.

Im März 2013 wurde in Berlin ein Gutachten der grünen Bundestagsfraktion unter dem Titel »Geplanter Verschleiß« vorgestellt. Das Gutachten beweist, dass hinter der »kurzen Lebensdauer von elektronischen Geräten Methode stecke«. Hersteller würden bewusst durch »eingebaute Schwachstellen die Lebensdauer ihrer Produkte verkürzen«. Durch faule Tricks würden Elektrohersteller ihre Kunden zum Kauf immer neuerer Geräte anregen. Die Studie der Grünen nennt zahlreiche Beispiele: »Fest eingebaute Akkus in Notebooks, die sich nicht auswechseln lassen, Zähler bei Druckern, die nach einer bestimmten Seitenzahl eine Fehlermeldung anzeigen, minderwertige Einzelteile mit kurzer Lebensdauer oder falsche Angaben über die Reparaturfähigkeit der Geräte« etc.

Der frühzeitige Verschleiß der Geräte, so die Gutachter, verursache nicht nur hohe Kosten, sondern auch immense Müllberge. Angesichts wachsender giftiger Elektroschrottberge und der Verknappung seltener Rohstoffe sei diese geplante Obsoleszenz eine »ökonomisch und ökologisch fatale Einbahnstraße«.

So nimmt also die geplante Obsoleszenz seit der »Glühbirnen-Verschwörung« bis heute ihren Lauf.

3. Kapitel
Die West Point Connection und die Usurpation der Manager

Das Zeitalter der Manager begann so richtig erst nach dem Ersten Weltkrieg – also in den 20er Jahren des letzten Jahrhunderts. Immer häufiger sind seither bei Industrieunternehmen und Großbanken die eigentlichen Kapitaleigner nicht mehr die Firmenchefs. Stattdessen übernahmen angestellte Unternehmensleiter, Manager, durch ihre selbst entwickelten Führungsstrukturen die Macht von den Kapitaleignern. Mit anderen Worten: An die Stelle der alten dominanten Kapitaleigner, die häufig selbst noch Erfinder, Ingenieur, Techniker und Selfmade Men waren – wie Henry Ford, Thomas Alva Edison, J. P. Morgan, Carnegie, Rockefeller, Krupp, Thyssen oder Stinnes – und oft »ihre« Unternehmen noch selbst mitgeleitet hatten, traten nun die Topmanager, oder wie sie in den USA auch heißen: die »Chief Executive Officers« (CEO).

Doch wo und aus welchem Grund sind die Manager entstanden? Brauchte die Industriewirtschaft Manager? Ist das Management eine Erfindung der modernen Wirtschaft oder ist die moderne arbeitsteilige Wirtschaft eine Erfindung des Managements? Der US-amerikanische Sozialwissenschaftler Neil Postman weist in seinem Buch »Technopoly« auf die weit verbreitete Annahme hin, das moderne Wirtschaftsleben hätte das Management hervorgebracht. Danach ist das Management ein Macht- und Kontrollsystem und dazu bestimmt, größtmöglichen Nutzen aus dem relevanten Wirtschaftswissen, aus der hierarchischen Organisation menschlicher Fähigkeiten und dem Informationsfluss von unten nach oben und von oben nach unten zu ziehen. Dabei wird die Herausbildung des Managements als eine rationale Reaktion der Wirtschaftsunternehmen auf die wirtschaftlichen und technologischen Herausforderungen nach der Industriellen Revolution verstanden.

32 Aber Postman widerspricht dieser auf den ersten Blick logisch scheinenden Darstellung und stützt sich dabei auch auf die Untersuchungen der US-Ökonomen Keith Hoskin und Richard Macve. Ihre Forschungen, so Postman, vermitteln ein ganz anders Bild von der Entstehung und Notwendigkeit des Managements und sie kämen zu einer verblüffenden Schlussfolgerung: Das Management ist keine Erfindung der modernen arbeitsteiligen Wirtschaft, vielmehr ist die moderne Wirtschaft eine Erfindung des Managements.

Eigentlich, so vermuteten die beiden US-Ökonomen, hätte das Management gegen Ende des 18. und zu Beginn des 19. Jahrhunderts in Großbritannien, dem Mutterland der Industriellen Revolution, entstehen müssen. Doch es gibt keine Hinweise darauf, dass die britische Industrie in der Zeit vor 1850 so etwas wie Managementtechniken kannte. In den Schriften der beiden berühmtesten klassischen Theoretiker der frühen industriellen Marktwirtschaft, Adam Smith (»The Wealth of Nations«, 1776) und David Ricardo (»Principles of Political Economy«, 1817), tauchen die Begriffe Manager und Management nicht auf und wir finden auch keine Äußerungen über Managementtechniken, Managerorganisation oder Managerplanung. Diese Begriffe und Organisationsformen existierten in der britischen Wirtschaft damals nicht. Im Ursprungsland der Industriellen Revolution gab es nichts, was einer »Managerschicht« entsprochen hätte.

Das Management hat seinen Ursprung vielmehr in den USA und setzte sich dort, wie Hoskin und Macve ausführen, wie »aus heiterem Himmel« durch. Und es war keine Erfindung, die wirklich benötigt wurde, denn die US-Industrie spielte damals in der Weltwirtschaft nur eine marginale Rolle. Die Anfänge des Managements lassen sich zu einem »Bildungssystem« zurückverfolgen, das im Jahre 1818 an der berühmten US-Militärakademie West Point von deren damaligem Direktor, Sylvanus Thayer, eingeführt wurde. Thayer brachte zwei grundsätzliche Neuerungen in den Ablauf der Militärakademie ein. Die erste bestand darin, Prüfungen durch numerische Zensuren zu benoten. Nach Postmans Recherchen wandte Thayer als Erster in den USA diese Praxis der Notengebung an.

Numerische Zensuren lösen, anders als Begutachtungen, eine starke Konkurrenz zwischen den Studenten oder Schülern aus, indem sie genau differenzierte Werte für Erfolg oder Misserfolg offerieren. Sie liefern, wie wir selbst heute noch glauben, einen objektiven Maßstab für menschliche Leistungen und kreieren die Illusion, der Wert solcher Leistungen lasse sich exakt ermitteln.

Die zweite Neuerung war, so Hoskin und Macve, Thayers sogenanntes »Stab-Linien-System«. Mit diesem System unterteilte er die Militärakademie in zwei Abteilungen, die er jeweils hierarchisch organisierte. Täglich, wöchentlich und monatlich wurden von den Abteilungen schriftliche Berichte gefordert. Es entstand ein fortwährender Austausch schriftlicher Mitteilungen und Befehle, die in jeder Abteilung oder »Linie« von unten nach oben geliefert bzw. von oben nach unten angefordert und geprüft wurden, bevor sie zusammengefasst und an eine zentrale »Stabsstelle« weitergegeben wurden.

Thayers West-Point-Militärakademie wurde also mittelbar durch schriftliche Befehle, Berichte, Tabellen, Memoranden und Personalakten geführt, also ungefähr so, wie heute die Vorstände moderner Großkonzerne arbeiten. Wir wissen nicht, wie die meisten Kadetten an der West-Point-Militärakademie auf Thayers neues System reagierten. Doch Postmans, Hoskins und Macves Untersuchungen zeigen, dass einige jüngere Offiziere, unter ihnen Daniel Tyler und George Whistler, sehr beeindruckt gewesen sein mussten. Denn sie waren es, die Thayers neue Ideen über Aufbau und Gliederung militärischer Organisationen und die Benotung ihrer Mitglieder – heute Rating genannt – ins Wirtschaftsleben transferierten.

Daniel Tyler arbeitete nach seiner Offiziersausbildung als leitender Angestellter in einer der größten amerikanischen Waffenfabriken in Springfield, Massachusetts. Dort führte er 1832 tägliche, wöchentliche und monatliche Zeit- und Bewegungsstudien durch und legte anhand dieser Untersuchungen für alle Tätigkeiten innerhalb der Fabrik vorgeblich objektiv durch Zahlen bemessene Produktionsnormen fest. Die Arbeiter wurden von nun an ständig überwacht und ihre tatsächliche Produktivität mit den vorgegebenen Normen verglichen. Zudem führte Tyler eine Qualitätskontrolle und ein System der Lagerbuchhaltung ein. Letzteres hatte er von der Tauglichkeitskontrolle der Waffen und der Aufzeichnung der Munitionsmengen in West Point übernommen. Seine Methoden bewirkten einen dramatischen Anstieg der Produktivität und eine Senkung der Kosten. 60 Jahre vor Frederick Taylor begründete Daniel Tyler damit die Anfänge der sogenannten »wissenschaftlichen Betriebsführung«.

George Whistler übernahm nach seiner Offizierslaufbahn in den 1830er Jahren den Posten des Chefingenieurs der »Western Railroads«, damals die größte Eisenbahnfirma der USA. Er entwickelte dort 1839 ein »Managementsystem«, auf das Sylvanus Thayer zweifellos stolz gewesen wäre. Die Eisenbahngesellschaft unterteilte er in hierarchische Organisationsstrukturen – basierend auf einer »Zentralen Stabsstelle«, auch »General Staff« = Generalstab genannt, über »regionale Stabsstellen« bis hinab zu »district manager« und »local manager«. Hier liegt der Ursprung des Begriffs »Manager«.

Whistler orientierte sich also wesentlich an dem »Stab-Linien-System«, das er sich an der West-Point-Offiziersschmiede zu eigen gemacht hatte. Befehle wurden von oben nach unten erteilt. Informationen wurden von unten nach oben transportiert. Den Vorsitzenden der Zentralen Stabsstelle nannte er nach West-Point-Vorbild »Chief Executive Officer«, kurz CEO. Und so heißen Topmanager in den USA noch heute.

Die Voraussetzungen der Berechenbarkeit und des militärischen Stab-Linien-Systems bilden auch heute noch die Grundlagen der modernen Managementstrukturen. Praktiken wie exakte Buchführung, Lagerkontrolle und Produktivitätsnormen sind ein unausweichliches Resultat von Berechenbarkeit. Dieses System untermauert auch die Vorstellung, ein Unternehmen wäre dann optimal führbar, wenn man es durch schriftliche Berichte der in der Betriebshierarchie weiter unten Stehenden kennt. Mit anderen Worten: Man leitet den Betrieb anhand von Zahlen, Normvorgaben, Kontrollen, Berichten – kurz, so Postman, indem man sich von der Alltagswirklichkeit der Produktion so weit wie möglich fernhält.

Solche Führungsstrukturen schufen die totale Trennung von Planung und Produktion. Durch diese Trennung von Planung und ausführender Arbeit monopolisierte das Management das technische Wissen und die Technologieerneuerung, reduzierte die Arbeitenden zu menschlichen Maschinen, organisierte die Betriebe unter militärischer Aufsicht und schuf so seine eigene unkontrollierte Herrschaft.

Die Grundstruktur des Managements wurde also von einem Bereich außerhalb der Wirtschaft – nämlich vom Militär – übernommen. Und es dauerte nicht lange, bis die amerikanische Wirtschaft begann, die Ideen von Thayer, Tyler und Whistler zu übernehmen. Damit wurde die Industriearbeit militarisiert und schließlich durch die »wissenschaftliche Betriebsführung« des US-amerikanischen Ingenieurs Frederick Taylor zu Anfang des letzten Jahrhunderts atomisiert. Taylors wissenschaftliche Betriebsführung beruhte auf »wissenschaftlichen Zeit- und Bewegungsstudien« und vorgegebenen Produktionsnormen – später auch in Europa »Taylorismus« genannt. Vor allem Henry Ford setzte in seinen Autowerken Taylors Zeit-, Bewegungs- und Produktionsnormen bis ins kleinste Detail um, wobei nach den Vorschriften Taylors hauptamtliche »Zeitnehmer eingesetzt wurden, die jede einzelne Bewegung, jeden Handgriff, jedes Fehlverhalten der Arbeiter an den Fließbändern überprüften. Arbeiter, die diese Normen nicht befolgten oder nicht einhalten konnten, wurden entlassen. Taylorismus/Fordismus = wissenschaftliche Betriebsführung gepaart mit Fließbandarbeit und der Trennung von Planung und ausführender Arbeit wurde in den 20er Jahren des letzten Jahrhunderts das wesentliche Merkmal der Industriearbeit. Außerdem usurpierten nun angestellte Unternehmensleiter – die Manager – durch ihre selbst entwickelten Führungsstrukturen die Macht von den Kapitaleignern.

Dazu schrieb der US-Wirtschaftshistoriker James Burnham 1941 in seiner Studie »The Managerial Revolution«: Die Manager bildeten eine

»neue Klasse« und hätten eine revolutionäre Aufgabe: nämlich, die alleinige Verfügungsgewalt über die Produktionsmittel bzw. die alleinige Unternehmenskontrolle auszuüben. Dadurch war für Burnham die »Trennung zwischen Eigentum und Kontrolle« gegeben, die die neue Klasse der Manager hervorbrachte. Diese neue Klasse würde 100 Jahre nach Whistler eigene Interessen verfolgen, die mit denen der Kapitaleigner nicht übereinstimmen mussten – ja, diesen sogar in einigen Belangen konträr gegenüberständen. Mit anderen Worten: Für Burnham besaßen die Kapitaleigner zwar noch Eigentum an den Produktionsmitteln, aber die Verfügungsgewalt und die Kontrolle über die Produktionsmittel, die die größere wirtschaftliche Macht beinhalten, sei von den Managern usurpiert worden. Damit wären gleichzeitig die optimale Kombination der Produktionsfaktoren Arbeit, Kapital und Grund und Boden und die gesamte Planung und Organisation des Wirtschaftslebens von den Kapitaleignern auf die Manager übergegangen.

Burnhams Analyse erwies sich teilweise als Irrtum. Zwar haben Topmanager durch die neuen Führungsstrukturen immer mehr Macht an sich gerissen und die alten dominanten Kapitaleigner stufenweise von der Verwaltung und Kontrolle ihres Eigentums verdrängt und die Technologieerneuerung total übernommen. Aber sie wandten sich nicht gegen die Kapitaleigner als solche, um sie gänzlich auszuschalten oder zu beerben. Ganz im Gegenteil: Die Manager sind – insbesondere im Zeitalter der Globalisierung – durch exorbitante Gehälter, enorme Aktienoptionen, andere Boni und das Junktim »Shareholder Value«/Aktienoptionen selbst zu vermögenden und einflussreichen Kapitaleignern, sprich Aktionären, geworden und verteidigen somit automatisch die Interessen der Anteilseigner. (Ich komme im Kapitel »Angebotswirtschaft und »Shareholder Value« darauf zurück).

Die amerikanischen Wirtschaftsprofessoren Paul Baran und Paul Sweezy unterstützen diese These und haben 1968 in ihrer gemeinsamen Studie »Monopoly Capital« diese Sachlage bereits sehr realistisch eingeschätzt. »Es ist heutzutage eine Tatsache«, so Baran und Sweezy, »dass die Manager den aktivsten und einflußreichsten Teil der besitzenden Klasse ausmachen. Mit nur wenigen und unbedeutenden Ausnahmen sind sie reiche Männer aus eigenem Recht, ganz abgesehen von ihren enormen Einkommen und außergewöhnlichen Privilegien, die sie aus ihren Wirtschaftsbeziehungen ableiten. Es ist natürlich wahr, daß in dem typischen Großunternehmen das Management von den Aktionären nicht kontrolliert wird, und in diesem Sinne gibt es eine Trennung von Eigentum und Kontrolle. Aber daraus läßt sich nun ganz und gar nicht ableiten, daß das Management im allgemeinen vom Eigentum getrennt ist. Ganz im Gegenteil, die Managerial Class gehört zu den wohlhabenden Kapitaleignern. Zudem nimmt sie eine strategische Position ein und fungiert, auch wegen ihres Insider-Wissens und Insider-Handelns, als Beschützer und Interessenvertreter des Großkapitals, dessen erheblichster Teil heute aus ihren eigenen Reihen kommt.«

Nach Baran und Sweezy sind die Manager also weit davon entfernt, eine getrennte Klasse zu sein, sondern sie stellen in Wirklichkeit zusammen mit den Kapitaleignern die »führende Schicht« der »besitzenden Klasse« dar. Heute haben Manager und Kapitaleigner durch das Junktim »Shareholder Value«/Aktienoptionen in dieser Hinsicht sogar eine Koalition geschlossen. Inzwischen haben die Manager ihre Herrschaft noch weiter gefestigt und ausgedehnt, und zwar durch von ihnen selbst initiierte generalstabsmäßige Strukturen, die immer noch auf die Organisationsprinzipien der Militärakademie West Point zurückgehen. Sie regieren die großen Konzerne durch Stabsstellen, die »Board of Directors«, »Unitary Board«, Vorstand und Aufsichtsrat heißen. Kapitaleigner und Arbeitnehmer wurden von diesen Stabsstellen ausgeschlossen bzw. sie erfüllen wie im deutschen Aufsichtsrat nur repräsentative Funktionen. An den Unternehmensentscheidungen wie Neu-Investitionen, Produktpalette, Technologieerneuerung etc. sind sie nicht beteiligt.

Hatte Frederick Taylor – der West Point Connection folgend – schon während der vorletzten Jahrhundertwende die Unternehmensleitungen in »Directory Board« mit einem Chief Executive Officer, Executive Officers, Associate Managers und Assistant Managers aufgeteilt – eine Struktur, die die Ford Corporation und General Motors in den 20er Jahren übernahmen – so entstanden in den USA, Großbritannien und auch in Deutschland in den 30er und 40er Jahren des letzten Jahrhunderts neue

Positionen der Unternehmensleitung, die die Alleinherrschaft der Manager sicherstellen sollten. Seit dieser Zeit liegen Geschäftsführung und Kontrolle amerikanischer Konzerne in der Hand eines einzigen Gremiums, des »Board of Directors«, dem »Executive« und »Non-Executive Directors« angehören. Mitbestimmung von Arbeitnehmern und Gewerkschaften, wie es sie teilweise in Deutschland gibt, ist in den USA bis heute nicht existent. Den CEOs gelang es, die Boards mit Vertretern ihrer Kaste zu besetzen und die alten Kapitaleigner bzw. dominanten Eigentümer, die in diesen Gremien bis dahin häufig noch als Kontrolleure bzw. »Outside Directors« fungierten, auszuschalten. Insbesondere durch diese neuen Strukturen erreichen die Manager nun ihr Ziel: Sie haben seitdem die Kontrolle über Planung, Organisation und Produktion, besitzen die Verfügungsgewalt über die Produktionsmittel, die Technologieerneuerung und entwickelten sich durch ihre enormen Gehälter, Boni, Insiderwissen und das Junktim »Shareholder Value«/Aktienoptionen zu wesentlichen neuen Kapitaleignern.

Heute kann ein amerikanischer CEO kaum gefeuert werden, selbst wenn seine Führungsqualitäten versagen. Er hat sich durch seine allumfassende Macht abgesichert. Der »Board of Directors« ist in seiner Hand, denn er wählt alle Direktoren selbst aus und bestimmt deren Gehälter sowie sein eigenes. Der amerikanische CEO, der gleichzeitig »Chairman of the Board« ist, fungiert als Vorstands- und Aufsichtsratsvorsitzender in einer Person. Seine direkten Vorstandskollegen stellen dabei heute als »Inside Executive Directors« über ein Drittel des Gremiums. Als »Outside Non-Executive Directors« – und damit als die eigentlichen Kontrolleure – agieren zumeist seine Golffreunde, häufig Vorstandskollegen aus anderen Unternehmen, frühere treue Inside Executive Directors des eigenen Unternehmens oder geschäftlich abhängige Vorstandskollegen aus Zulieferunternehmen. Die »Outside Non-Executive Members« haben kaum eine Möglichkeit, den CEO zu überstimmen.

Um sie bei Laune zu halten, erhalten sie Vorzugsaktien und sogenannte »Perks« (wörtlich: Muntermacher), u. a. Freiflüge auf Lebenszeit bei renommierten Luftfahrtgesellschaften (natürlich erster Klasse), auf Wunsch jedes Jahr kostenlos ein neues Modell des Autos ihrer Wahl und neben den Sitzungsgeldern auch Pensionen, von ihren immensen Gehältern gar nicht zu sprechen.

Die Sitzungen des Boards bestehen aus freundlichen Gesprächen beim Dinner. Die Entscheidungen sind schon vorher gefallen. »Götter sprechen zu Göttern – von CEO zu CEO«, so John Nash, Präsident der »National Association of Corporate Directors«. Der Unternehmer, Milliardär und ehemalige US-Präsidentschaftskandidat Ross Perot spottete einst über diese Treffen: »Außer Seezungenfilets stand nicht viel auf der Tagesordnung«. Die Outside Non-Execute Directors vergessen, vor allem wegen der oben erwähnten Geschenke, dass sie eigentlich verpflichtet sind, die Interessen der Aktionäre zu verteidigen – selbst gegen den CEO. Man sägt eben nicht den Ast ab, auf dem man sitzt.

Im US-amerikanischen Ein-Board-System liegen also Kontrolle und Geschäftsführung in der Hand eines Gremiums, des Board of Directors. Eine Arbeitsteilung von Geschäftsführung und Kontrolle wie im deutschen Zwei-Board-System existiert nicht. Es fehlt jede Kontrolle durch die Aktionäre oder deren Vertreter und es gibt keine Mitbestimmung durch Arbeitnehmer oder Gewerkschaften. In den USA herrscht das Prinzip einer allmächtigen Oligarchie durch die CEO in den Boards of Directors.

Das britische Managementsystem ist dem US-System sehr ähnlich. Auch in Großbritannien besteht ein Ein-Board-System, »Unitary Board« genannt. Ebenso wie in den USA entstanden in der britischen Wirtschaft die neuen Macht- und Kontrollstrukturen in den 30er und 40er Jahren des vorigen Jahrhunderts. Doch im britischen Unitary Board gab es damals, verglichen mit den USA, noch überdurchschnittlich viele dominante Kapitaleigner, die ihre Interessen vertraten und den »Chief Director« (Vorstandsvorsitzender) und die »Executive Directors« (Vorstandsmitglieder) kontrollierten. Inzwischen haben die britischen Topmanager die dominanten Kapitaleigner aus dem Unitary Board hinausgedrängt und durch »Non-Executive Directors« ersetzt. Letztere sind zumeist Topmanager anderer Unternehmen oder pensionierte Executive Directors des eigenen Hauses. Sie sollen – zumindest auf dem Papier – die Interessen der Aktionäre gegenüber dem Chief Director und den Executive Directors vertreten.

Doch das britische Kontrollsystem – wenn man es denn so nennen darf – hat sich nicht bewährt. Da Executive und Non-Executive Directors im Unitary Board wie im amerikanischen One-Board-System Hand in Hand arbeiten, fehlt die Kontrolle durch bzw. für die Aktionäre, von Mitbestimmung der Arbeitnehmer gar nicht zu reden. Denn eine äußerst rudimentäre Mitbestimmung der abhängig Beschäftigten, die bis in die 70er Jahre in Großbritannien existierte, wurde mit der Ausschaltung der Gewerkschaften gleichzeitig von der erzkonservativen Thatcher-Regierung abgeschafft. Ein Versuch der britischen Aktionäre, anhand des sogenannten »Cadbury Report« den Non-Executive Directors mehr Verantwortung zu geben – sie sollten als eine Art »Unternehmenspolizei« die Aktivitäten der Unitary Boards kontrollieren, die Aktionäre sollten zudem das Recht haben, den Chief Director zu wählen – scheiterte am Widerstand der Topmanager.

Auch in Deutschland entwickelten sich während der 30er Jahre des letzten Jahrhunderts vergleichbare Strukturen der Unternehmensleitung von Kapitalgesellschaften. 1937 wurden die Unternehmensleitungen als ein Zwei-Board-System in Vorstand und Aufsichtsrat aufgeteilt. Im deutschen System besteht – zumindest auf dem Papier – anders als im amerikanischen, eine klare Arbeitsteilung. Im Vorstand sitzen der leitende Vorstandsvorsitzende und die Direktoren, die die Geschäfte führen. Im Aufsichtsrat sitzen die Kontrolleure, welche die Aufgabe haben, die Interessen der Anteilseigner gegenüber dem Vorstand zu vertreten. Das änderte sich spätestens in den 50er und 60er Jahren des vorigen Jahrhunderts. Auch in Deutschland gelang es den Managern, die Alleinherrschaft über die Industriekonzerne zu usurpieren und die Anteilseigner – mit wenigen Ausnahmen – aus den Aufsichtsräten zu entfernen und sie mit befreundeten Managern anderer Konzerne und Banken oder mit pensionierten Direktoren des eigenen Hauses zu besetzen. Heute ist der Aufsichtsrat, das Kontrollgremium der deutschen Wirtschaft, zu einem »Klub der Ja-Sager« verkommen. Aufsichtsräte und Vorstände – mit wenigen Ausnahmen – sind Mitglieder ein und derselben Kaste.

1976 hatten die deutschen Gewerkschaften noch versucht, etwas gegen diese totale Usurpation der Manager zu unternehmen. Sie drohten mit Streik und es gelang dem Deutschen Gewerkschaftsbund (DGB) schließlich, ein verbessertes Betriebsverfassungsgesetz durchzusetzen, das auch außerhalb der Montanindustrie (Kohle und Stahl) für Großunternehmen bestimmter Größe (mindestens 2.000 Beschäftigte) mit bestimmten Umsätzen und Anlagewerten etc. und bestimmten Rechtsformen (AG, GmbH) gilt. Der DGB hatte eine paritätische Mitbestimmung der abhängig Beschäftigten in den Aufsichtsräten dieser Konzerne gefordert, ebenso einen mitbestimmenden Arbeitsdirektor in den Vorständen. Doch den Managern gelang es mithilfe des Parlaments, diese Forderung zu verwässern. Heraus kam schließlich ein Betriebsverfassungsgesetz, das den Arbeitnehmern keine echte paritätische Mitbestimmung in den Aufsichtsräten gewährte, sondern dem Management, also der Arbeitgeberseite, eine Mehrheit im Kontrollgremium beließ. So ist die Arbeitgeberseite im deutschen System mit 7:5 Stimmen überproportional im Aufsichtsrat vertreten, da gegenüber den sechs Vertretern der Arbeitgeberseite einer der sechs Arbeitnehmervertreter immer ein leitender Manager des eigenen Hauses sein muss. Bei diesem Modell »kann« ein Arbeitsdirektor mit einer Zweidrittelmehrheit des Aufsichtsrats in den Vorstand gewählt werden.

Eine Zweidrittelmehrheit im Aufsichtsrat werden die Arbeitnehmervertreter bei diesem Modell schwerlich erreichen können. Die Arbeitgeber vertreter, das Topmanagement, hatten sich mit ihrer »Kompromisslösung« durchgesetzt mit der Folge, dass eine Demokratisierung der Wirtschaft in weite Ferne gerückt war. Die Manager hatten die Mitbestimmung gründlich verwässert, denn von den eigentlichen Entscheidungsorganen der Großunternehmen – den Vorständen – wurden die abhängig Beschäftigen rigoros ausgeschlossen, wie zuvor die Anteilseigner.

Im Jahre der Verabschiedung des deutschen Betriebsverfassungsgesetzes mit der nicht-paritätischen Mitbestimmung für Arbeitnehmer, 1976, stellte man auch in Großbritannien während der Labour-Regierung Überlegungen zu einer Demokratisierung der Wirtschaft an. Während es in den USA in den Boards of Directors überhaupt keine gesetzliche Mitbestimmung für Arbeitnehmer gibt, konnten die Briten vor der Machtübernahme von Margaret Thatcher in verschiedenen Wirtschaftszweigen eine rudimentäre »Minderheits-Mitbestimmung« ausüben, die den einzelnen Gewerkschaften bis zum Ende der 70er Jahre bestimmte minimale Rechte für ihre Beitragszahler etwa bei der Festlegung von Urlaubs- und Weihnachtsgeld einräumte.

An dieser Minimal-Mitbestimmung wollten progressive Politiker der regierenden Labour Party und »hervorragende Persönlichkeiten aus dem öffentlichen Leben« nachbessern. Im Jahre 1976 begann das von ihnen beauftragte »Committee of Inquiry on Industrial Democracy« (Komitee zur Untersuchung einer Industrie-Demokratie) unter der Leitung von Lord Bullock, eine Studie über eine mögliche zukünftige Demokratisierung der Wirtschaft in Großbritannien auszuarbeiten. 1977 wurde die Studie veröffentlicht. Die Verfasser schlugen eine »direkte Ein-Drittel-Mitbestimmung der Arbeitnehmer durch von ihnen gewählte Betriebsräte in den Unitary Boards aller Großunternehmen (Kriterium unter anderem mindestens 2.000 Mitarbeiter) der britischen Wirtschaft« vor.

Nach der Regierungsübernahme der Torys wurde dieser Demokratisierungsplan zu niemandes Überraschung sofort unter den Teppich gekehrt. Aber auch Anhänger des Verstaatlichungsmodells innerhalb der Labour Party lehnten diese Form von direkter teilweiser Wirtschaftsdemokratie damals ab. Bei der Ausarbeitung der Studie hatten einige Mitarbeiter des Komitees – zumeist Manager – auf das westdeutsche Zwei-Board-System der Unternehmensleitung – also Vorstand und Aufsichtsrat – verwiesen. Sie hatten vorgeschlagen, ein solches »Two-Tier-System« mit einer qualifizierten Ein-Drittel-Mitbestimmung der Arbeitnehmer im Aufsichtsrat (Controlling Board) auch in Großbritannien einzuführen. Manager für Mitbestimmung? Die öffentlichen Auseinandersetzungen – die in der Studie festgehalten sind – lassen auf ihre wahren Absichten schließen: Sie wollten ein solches Zwei-Board-System aufbauen, um Arbeitnehmer-Mitbestimmung in den eigentlichen Entscheidungsorganen von Kapitalgesellschaften, den Vorständen, zu verhindern. Sie wollten die Mitbestimmung abhängig Beschäftigter – so die Mehrheit der Komiteemitglieder – wie in der Bundesrepublik in einem Aufsichtsrat, der nur

»viermal im Jahre konferiert und nicht eine der wesentlichen Unternehmensentscheidungen trifft«, sanft einschlafen lassen.

Doch die Mehrheit der Komiteemitglieder – einschließlich Lord Bullock – ließ sich auf diesen Deal nicht ein. Sie lehnte das westdeutsche Modell als das »rigid German Two-Tier-System« ab und traf den Kern, als sie erklärte, es würde »Arbeitnehmer permanent von wirklichen Entscheidungen in den Unternehmens-Vorständen fernhalten«. Stattdessen plädierten die Verfechter für eine direkte Ein-Drittel-Arbeitnehmer-Mitbestimmung in einem One-Board-System, dem Vorstand also. Dabei sollten die Belegschaften ihre Vertreter in den Vorständen selbst bestimmen und der Vorstandsvorsitzende, der Chief Director, sollte auf einer Unternehmensversammlung aller Mitarbeiter gewählt werden.

Das bedeutete also: Im Vorstand (Unitary Board) wären ein Drittel Anteilseigner, ein Drittel Manager und ein Drittel Arbeitnehmer vertreten. Zugleich verlangten Bullock und seine Leute, in Zukunft an alle Mitarbeiter von Kapitalgesellschaften Belegschaftsaktien auszugeben, um das Prinzip von Miteigentum und Mitverantwortung in die Tat umzusetzen. Dieses britische Mitbestimmungsmodell aus den 70er Jahren des letzten Jahrhunderts kommt einer »mitbestimmenden Demokratie« (»Participatory Democracy«) in der Wirtschaft am nächsten. Es würde die Arbeitnehmer durch selbst gewählte Betriebsräte zur Beteiligung an wirklichen Entscheidungen in den Unternehmens-Vorständen ermächtigen. Heute könnten wir sagen: Die Belegschaften wären in der Lage gewesen, durch eine gesetzlich abgesicherte direkte Ein-Drittel-Mitbestimmung in den Vorständen der Konzerne ihre eigentlichen Interessen durchzusetzen: insbesondere Arbeitszeitverkürzung statt Entlassungen, Stopp des Sozialabbaus, gerechte Verteilung der Rationalisierungsgewinne bzw. der Produktivitätszuwächse, Bremsen des Ego-Kapitalismus der Manager etc. Eine solche Form von Mitbestimmungs- und Miteigentumsgesellschaft wäre eine sozialreformerische Antwort auf die diktatorische Herrschaft der Manager. Doch diese sozialreformerische Studie wurde nie wieder aufgenommen. Im Gegenteil: Die Manager haben ihre Alleinherrschaft durch die Angebotswirtschaft und »Shareholder Value« noch weiter ausgebaut.

Der US-Ökonom John Kenneth Galbraith (Harvard-Emeritus) schrieb in seinem Buch »The New Industrial State«, mehr als die Maschinen, Fließbänder selbst und der Faktor Arbeit wären heute die umfassenden, komplexen Managementsysteme der Wirtschaft »eine offenbare Manifestation der fortgeschrittenen Technologie«. Nach Galbraith funktioniert das Management – ähnlich Statistik, IQ-Messung, Notengebung und Meinungsforschung – wie eine Technologie. Zwar setzt sich Management nicht aus mechanischen Teilen zusammen, aber es besteht aus Prozeduren, Kontrollen und Regeln und Hierarchien, die menschliches Arbeiten und Produzieren standardisieren sollen. Und deshalb könnte man ein solches hierarchisches Prozeduren- und Regelsystem als eine Technologie bezeichnen.

Von einer solchen Technologie, so der Sozialwissenschaftler Neil Postman, ist eigentlich nichts zu befürchten, es sei denn, diese Technologie machte sich selbstständig und schafft ihr eigenes Herrschaftssystem und wird zum »autonomen Technopol«. Die große Gefahr dabei ist, dass ein solches Technopol seine eigene Logik schafft, die besagt, dass wir unsere Ziele nur erreichen können, »wenn wir den Verfahrensweisen des Managements Alleinherrschaft gewähren«.

Ob die Technologie, die wir heute unter dem Begriff »Management« kennen, wirklich die beste Methode darstellt, um die Probleme der modernen Wirtschaft zu lösen, darf bezweifelt werden. Denn die Frage, die sich im Zusammenhang mit der Technologie des Managements stellt, lautet: Wer ist der Herr? Wer hat das Primat: Management oder Politik? Kontrolliert die Gesellschaft über ihre Institutionen die Manager oder kontrollieren und beherrschen die Manager mit ihrem Technopol die Gesellschaft? Dieser Konflikt betrifft nicht die Technologie des Managements an sich. Er betrifft vielmehr den Triumph dieser Technologie, die sich zum Technopol erweitert hat, die Erhöhung des Managementtechnopols zu einer quasi von der Natur vorgegebenen Struktur und die Stilisierung der Manager zu einem Mythos, wodurch jede Kritik verstummt. Verhindert wird dadurch, dass alternative Wirtschaftsführungsstrukturen auch nur eine Chance erhalten. Heute gebärdet sich das Management autonom, wie ein Roboter, der seinem Erbauer nicht mehr gehorchen will. Die Usurpation der Manager ist total geworden. Das moderne Management hat sich nicht nur verselbstständigt, sondern seine vollständige Herrschaft über das Wirtschaftsleben der Industrienationen ist mit althergebrachten Mitteln weder zu verändern noch zu kontrollieren.

Das gegenwärtige Managementtechnopol ist ein gutes Beispiel dafür, wie eine ältere Struktur untergründig, aber dennoch zielstrebig immer neue Strukturen und Methoden hervorbringt und sich so immer wieder um ihrer selbst willen von Neuem erschafft, ohne dass das System, in diesem Fall die Wirtschaft, es eigentlich benötigt. So erhält das Management seine Herrschaft auch in Zukunft und erweitert sie kontinuierlich (z. B. durch das Junktim Aktienoptionen/»Shareholder Value« als neues Machtinstrumentarium der Manager). Wirtschaftsunternehmen können durchaus ohne eine verselbstständigte, hochtechnisierte Managementstruktur funktionieren. (Ich komme im achten Kapitel darauf zurück). Doch wir haben uns heute daran gewöhnt, das Managementtechnopol für einen Bestandteil der natürlichen Ordnung zu halten.

Wenn sich eine Methode oder Struktur so eng mit einer Institution verknüpft hat, dass man nicht mehr erkennen kann, was zuerst da war – die Methode oder die Institution –, dann ist es schwierig, die Institution zu verändern oder sich auch nur andere Methoden vorzustellen, mit denen dieselben Ziele erreicht werden könnten Deshalb muss die heutige Zivilgesellschaft neue Wege finden, um das Technopol der Manager zu demokratisieren, zu kontrollieren oder beim Widerstand des Technopols dieses abzuschaffen.

Der vom modernen Management entfachte Raubtierkapitalismus mit seinen feindlichen Übernahmen, über dem Gesetz stehenden Hedgefonds, Ausschlachtungen von Unternehmen, dem Junktim Aktienoptionen/»Shareholder Value« und den betrügerischen künstlichen Finanzmarktprodukten usw. ist der Gesellschaft aus der Hand geglitten. Wir müssen die Strukturen, Techniken und Methoden des egomanischen Managements sichtbar machen, um sie zurück unter die gesellschaftliche Kontrolle zu holen.

Die heutige Usurpation und Herrschaft der Manager ist auch bedingt durch ihre Ausbildung an den einseitig ausgerichteten neoliberalen Kaderschmieden, den wirtschaftswissenschaftlichen Schulen und Instituten (z.B. Harvard Business School, Stanford Business School, Wiener Wirtschaftsuniversität, Genfer und Frankfurter Schulen). Die an diesen Instituten mit einem MBA (Master of Business Administration) ausgezeichneten Absolventen können nach einer solchen Ausbildung keine andere Lehre als die neoliberale, auf ständiges Wachstum ausgerichtete Angebotswirtschaft mehr für realistisch halten.

Die Ausbildung der Manager an diesen Kaderschmieden – häufig von Banken und Konzernen finanziert – gleicht einer Art ökonomischer Hypnose oder besser gesagt Gehirnwäsche. Und da diese umfassend genug eingeimpft ist, erkennen die Hypnotisierten nicht mehr, dass sie selbst die Gehirngewaschenen sind. Die MBA-Studiengänge an den genannten Business-Schulen bilden die Kader aus, die dann die neoliberale Angebotslehre in die Tat, in die reale Wirtschaft wie die irreale Finanzwirtschaft, umsetzen und als die allein selig machende verteidigen. Denn sonst, so behaupten sie, käme es zu einer »systemischen Krise«, die Wirtschaft und Gesellschaft in den Abgrund stürzen würde. Mit dieser Drohung erhalten sie das System.

Wer dieses Denksystem kritisiert oder es verändern will, gilt als weltfremder Träumer oder Spinner oder gar als Gegner der Vernunft. Wir müssen alles daran setzen, um aus dieser für künftige Generationen lebensbedrohenden Lehre, die auf ständigem Wirtschaftswachstum, Profit-Maximierung, Umwelt- und Ressourcenzerstörung sowie Wettbewerbsfähigkeitsbesessenheit beruht, auszusteigen.

4. Kapitel
Angebotswirtschaft und »Shareholder Value«

Die Verschwendung von Ressourcen und Energie durch geplante funktionale Obsoleszenz, Wachstums- und Wettbewerbsfähigkeitsbesessenheit und durch die Kreation künstlicher Bedürfnisse wurde in den 80er Jahren des letzten Jahrhunderts durch die »Angebotswirtschaft« (»supply side economics«) rasant fortgesetzt. Es ist eine Wirtschaftstheorie, die das Wachstum noch mehr beschleunigen sollte und schnell von den USA nach Europa überschwappte. Es entstand eine Wirtschaftsdynamik, die gleichzeitig im Verbund mit einer gigantischen Aufrüstung der US-Waffensysteme die Sowjetunion wirtschaftlich und militärisch an die Wand drücken sollte. Es war ein Wirtschaftssystem, das genau auf die Ziele der Reagan-Regierung zugeschnitten war.

Die Angebotswirtschaft, auch »Reaganomics« genannt, begann die Märkte und die Börsen zu deregulieren, schuf eine beispiellose Konzentrationswelle und »feindliche Übernahmen« (»hostile takeovers«) von Firmen durch Investmentbank-Unternehmensjäger (»corporate raiders«), ebenso kreierte sie eine gewaltige Rüstungsindustrie mit neuen zielgenauen atomaren Erstschlagwaffen und strategischen Hightech-Waffen (SDI-Systeme), die Amerika unangreifbar machen sollten.

Die neue Wachstumstheorie entstand im Department of Economics an der University of Southern California in Los Angeles, hatte aber ihre Wurzeln in der neoliberalen Chicago-Schule Milton Friedmans aus den

70er Jahren. Im Jahre 1981 an der University of Southern California schloss ein junger Wirtschaftsprofessor namens George Gilder sein Werk »Wealth and Poverty« ab, das 1982 in den USA und Europa wie eine Bombe einschlug. Mit seiner Propagierung einer Ankurbelung der Angebotsseite, um das Wachstum zu erhöhen, wurde Gilder in den 80er Jahren zum Guru der amerikanischen und europäischen Manageroligarchie.

Wie gesagt: Die Angebotswirtschaft, auch Reaganomics genannt, weil die Reagan-Administration Gilders Lehre folgend Märkte, Börsen und die gesamte Wirtschaftsordnung in den USA deregulierte, schuf die größten Wachstumssprünge, das höchste Bruttoinlandsprodukt, die höchsten Rüstungsausgaben und ließ die Börsenkurse in bis dahin ungeahnte Höhen reüssieren. Letzteres hatte den »Shareholder Value« zur Folge.

Viele seiner Thesen hatte Gilder aus Milton Friedmans Werk »Capitalism and Freedom« von 1962 übernommen, in dem der neoliberale Nobelpreisträger darauf verwies, dass nur der freie Markt, das sich selbst regulierende Wechselspiel von Angebot und Nachfrage, das Wirtschaftsleben bestimmen sollte. Interventionen des Staates in die Marktwirtschaft, wie der britische Ökonom John Maynard Keynes es während der Großen Depression vorgeschlagen hatte, um die Nachfrage nach Gütern zu stimulieren und Arbeitsplätze zu schaffen, wären fremdbestimmte Mittel, die der Wirtschaft schließlich nur schaden würden.

Keynes hatte in seinem Werk »The General Theory of Employment, Interest and Money« (1935) vorgeschlagen, die Wirtschaft bei Konjunkturschwankungen und Notlagen durch Regierungsaufträge, Mindestlöhne, Arbeitslosengeld, Steuererleichterung für kleine und mittlere Unternehmen, vor allem aber »Deficit Spending« wieder zu beleben.

Der freie Markt habe versagt, so Keynes während der Depression, er allein könne sich selbst und der Gesellschaft nicht mehr helfen. »Unsere Regierungen können die große Wirtschaftskrise nur besiegen helfen, wenn sie willentlich ihren Haushalt überziehen, indem sie Steuereinnahmen senken und die Staatsausgaben erhöhen, um Nachfrage und Investitionen zu stimulieren.«

Keynes hatte US-Präsident Roosevelt bei einer Unterredung in Washington aufgefordert, die US-Wirtschaft durch Staatsverschuldung anzukurbeln. Und genau das tat Roosevelt und schuf damit seinen »New Deal«, erhöhte die Nachfrage und die Zahl der Beschäftigten. Doch für die US-Wirtschaftselite galt Roosevelts staatlich geförderte Nachfragestimulierung als eine »Einmischung in die freie Marktwirtschaft«, als Angriff auf eine heilige Kuh. Und sie drohte mit Investitionsverweigerung. Dennoch verblieb der »Keynesianismus« die maßgebliche Wirtschaftspolitik bis zum Ende der 70er Jahre.

Zu Beginn der 80er Jahre stagnierten die Wachstumsraten der US-Wirtschaft und die Börsenkurse reüssierten nicht, jedenfalls nach Meinung der Wirtschaftsführer. Und schuld daran, das konnten sie nun in Gilders »Wealth and Poverty« nachlesen, sei die immer noch praktizierte »neokeynesianische Nachfragewirtschaft«. Die Nachfragewirtschaft, so Gilder, könne dem Wirtschaftswachstum keine neuen Impulse mehr geben, weder durch Lohnerhöhungen, Arbeitslosengeld oder andere staatliche Interventionen. Die Neo-Keynesianer müssten das Feld räumen, sie seien nicht mehr modern genug. Und die Nachfrageseite sei ausgereizt.

Gilder schlug vor, nun die Angebotsseite durch die Schaffung neuer Bedürfnisse, modernster Produkte, durch groß angelegte Werbekampagnen, günstigste, d. h. niedrigste Anzahlungsbedingungen für Kunden und neue Rationalisierungsmaßnahmen in den Betrieben anzufeuern. Zudem sollte der Diskontsatz der Federal Reserve Bank, der US-Leitzins, auf unter 1 Prozent gesenkt werden. Geld sollte für Banken und Unternehmen so billig wie möglich sein, um Investitionen im großen Stil zu tätigen.

Gilders Theorie lag das Verständnis zugrunde, dass ohne ständiges, unbegrenztes Wirtschaftswachstum, ohne ständiges Auffinden neuer Renditequellen, ohne ständige Innovation der Kapitalismus nicht überleben könne. Es müssten Produkte von kurzer Lebensdauer hergestellt werden, um das Wachstum nicht stagnieren zu lassen. Schließlich hätte Schumpeter recht, der Kapitalismus bedürfe immer wieder der »kreativen Zerstörung«.

Die Angebotswirtschaft sollte die große »Wende«, sprich enorme Wachstumssprünge, reüssierende Börsenkurse und Superprofite erbringen. Und die Märkte sollten von staatlichen Reglementierungen »befreit« werden. Zudem sollte die Rüstungsindustrie angekurbelt werden, um den »Systemgegner«, die feindliche Alternative, in die Schranken zu weisen. Und so errichtete die Reagan-Administration den größten »militär-industriellen Komplex«, den die Welt je gesehen hatte. Durch die Stimulierung der Angebotsseite konnten die Supply-Side-Manager nun noch mehr und noch schneller als bisher Konsumgüter auf den Markt werfen, für die weder Nachfrage noch Bedarf bestand, wenn man diese nicht durch ein Super-Angebot, Super-Werbung und Super-Anzahlungsmodalitäten künstlich geweckt hätte. Die Bedürfnisse der Menschen, so Gilder, seien nun mal unendlich. Sollte ein Markt ausgereizt und mit Produkten überflutet sein, müsste man eben einen neuen finden.

In Gilders »Wealth and Poverty« hatte die US-amerikanische und europäische Managerelite ihre »wissenschaftliche Apologie« gefunden. Aus Gilders Forderung nach steigenden Börsenkursen, die ja der Öffentlichkeit den Erfolg eines Unternehmens aufzeigten, sollte sich nun für die Manager ein neues Bonus- und Vergütungssystem entwickeln, nämlich das Junktim »Shareholder Value/Stock Options«, zu Deutsch: Steigerung der Aktienkurse an der Börse/Erhalt von Aktienoptionen = Boni. Denn an der von den Managern im Verbund mit Investmentbank-Analysten und »Unternehmensjägern« hochgetriebenen Wertsteigerung der börsennotierten Aktien konnten und sollten die Manager nun durch Aktienoptionen = Boni beteiligt werden.

Wer den »Shareholder Value« der Aktionäre nach oben trieb, der sollte auch durch eine Prämie daran beteiligt werden. Seither erhalten Manager zusätzlich zu ihren exorbitanten Gehältern Optionspapiere oder Boni. Diese geben ihnen das Recht, Aktien des eigenen Unternehmens in einer bestimmten Zeitspanne zu einem Vorzugspreis zu kaufen. Je höher der Firmen-Aktienkurs an der Börse notiert wird, umso höher steigt der Bonus des Managers. So wird mittlerweile auch in Deutschland verfahren.

Durch dieses »Shareholder-Value-System« hatten sich zuerst die amerikanischen Manager Ende der 80er Jahre von der allgemeinen Einkommensentwicklung völlig abgekoppelt. Während sie mit aller Macht die Lohnkosten senkten, trieben sie selbst skrupellos ihre eigenen Gehälter per Aktienoptionen in astronomische Sphären. Dieses Bonus-System erweiterte nicht nur die Selbstbereicherung der Managerelite, sondern zementierte gleichzeitig ihre Herrschaft im kapitalistischen Wirtschaftsleben. Zudem wurden nun wie schon 1929 – zu Beginn der Großen Depression – die Börsenkurse künstlich hochgetrieben und es kam zu Kursmanipulationen und Kursbetrügereien. Denn je höher die Börsenkurse, desto höher die Boni.

Außerdem trieb die Suche nach immer neuen Renditequellen, nach immer größeren Wachstumssprüngen, nach immer höheren Börsenkursen die feindlichen Übernahmen von Unternehmen durch Investmentbank-Unternehmensjäger in der nun mehr und mehr deregulierten US-Wirtschaft voran. Und es kam durch die feindlichen Übernahmen zu einer beispiellosen Konzentrationswelle. An den Börsen wurden nun hochprofitable künstliche Wertpapiere (»junk bonds«) gehandelt, mit denen die feindlichen Übernahmen getätigt wurden.

Mitte der 80er Jahre – angeschoben durch die Deregulierungen der Reagan-Administration – war die Geburtsstunde der Unternehmensjäger. Sie waren Investment-Manager und Spekulanten, die sich im Verbund mit mächtigen Geldgebern aus dem Milieu der Wall-Street-Investmentbanken auf feindliche Übernahmen von Unternehmen spezialisierten. Ihre Schachzüge waren auch möglich, weil in dieser Zeit die tatsächlichen Substanzwerte von US-Konzernen – Produktionsanlagen, stille Reserven, Immobilien etc. – größtenteils weit über den Börsennotierungen lagen. Die Unternehmensjäger kauften nun die nur scheinbar – vom Aktienkurs her gesehen – unterbewerteten Firmen an der Börse auf und weideten sie dann skrupellos aus. Die Idee der Unternehmensjäger war einfach: Aufgrund ihres Insiderwissens erkannten sie schneller als andere, welche Unternehmen einen hohen Substanzwert, aber niedrigen Aktienkurs besaßen. War ein Unternehmen als Beute ausgemacht, mussten sie sich an der Wall Street nur genügend Geld leihen, um ihren Raubzug zu finanzieren. Denn die Unternehmensjäger kauften die unterbewerteten Aktien auf Pump, sie finanzierten die feindlichen Übernahmen mit sogenannten »Billig-Anleihen« (»junk bonds«), die allein für diesen Zweck aufgenommen wurden. Dann übertrugen sie die Pump-Kaufschulden auf das erbeutete Unternehmen und zwangen dessen Geschäftsführung, mit der Situation fertig zu werden – und zwar durch Rationalisierung, Entlassungen und Immobilienverkäufe oder durch den Verkauf ganzer Unternehmensteile (nach der Devise »Fix it or sell it«).

An der Börse stieg dagegen der Wert von solchermaßen übernommenen Unternehmen, da jetzt ihr unterbewerteter Substanzwert deutlich geworden war, die Rationalisierungsmaßnahmen und Entlassungen zudem den Aktienkurs in die Höhe trieben. Dabei blieben viele Millionen Dollar als Beuteprämie für die Unternehmensjäger übrig.

Die größte feindliche Unternehmensübernahme der US-Wirtschaftsgeschichte wurde Ende 1988 von Henry Kravis, Topmanager der Investmentbank Kohlberg-Kravis-Roberts (KKR), getätigt. Kravis kaufte an der Börse über Junk Bonds die Nabisco-Aktien für 25 Milliarden Dollar auf. Dann übereignete Kravis sofort alle für den Nabisco-Kauf aufgenommenen Junk-Bond-Schulden – rund zwanzig Milliarden Dollar – an Nabisco selbst. Die Firma war also mit ihrem eigenen Geld gekauft worden und ihre Geschäftsführung stand nun vor der dramatischen Situation, sofort hohe Geldsummen zur Schuldentilgung flüssig machen zu müssen. Nabisco-Chef Louis Gerstner verkaufte bis Februar 1990 viele Unternehmensteile aus dem Konzern, um mit dem Verkaufserlös eine erste Tranche von 6 Milliarden Dollar Schulden zu bezahlen. Gerstner verordnete erhebliche Sparmaßnahmen, Lohnsenkungen und Entlassungen.

Mit solchen an die Mafia erinnernden Methoden bedrohten die Übernahmepiraten Großunternehmen aus allen US-Wirtschaftszweigen. Allein in den ersten neun Monaten des Jahres 1989 übernahmen Unternehmensjäger mehr als 3.600 Firmen für insgesamt rund 250 Milliarden Dollar. Sie verbreiteten Furcht und Schrecken in den Boardrooms und vor allem bei den Belegschaften. Durch die feindlichen Übernahmen in den 80er Jahren wurden die wirtschaftliche Machtausdehnung und Herrschaft in immer weniger Hände konzentriert. Es zeigte sich auch, dass Manager auf ihrem Raubzug nach mehr Macht selbst gegen ihresgleichen vorgehen und dabei vor kriminellen Machenschaften nicht zurückschrecken. Raubtiere fressen eben auch andere Raubtiere auf im Kampf um Märkte und Wettbewerbsfähigkeit. Übrigens entstanden aus den damaligen Corporate Raiders die heutigen Hedgefonds.

Auch in der Rüstungsindustrie kam es während der Reagan-Administration zu großen Unternehmens-Konzentrationen und zu enormen Wachstumssprüngen. Schließlich wollte man die Sowjetunion als Systemgegner aus dem Weg räumen und die freie Marktwirtschaft auf den ganzen Globus ausdehnen. Dazu bedurfte es einer gewaltigen Anstrengung. So wurde der US-militär-industrielle Komplex der eigentliche Wachstumsantreiber der Reagan-Jahre. Allein von 1981 bis 1986 war der Anteil der Verteidigungslasten – vor allem für atomare Erstschlagswaffen und sogenannte SDI-Waffen, die Amerika unangreifbar machen sollten – an den staatlichen Gesamtausgaben der USA so enorm gewachsen, dass sie 57 Prozent ausmachten. Ich komme im nächsten Kapitel darauf zurück.

Mit der Einführung der Angebotswirtschaft in den Reagan-Jahren wurden zugleich auch die angeblich »wachstumsschädigenden Umweltgesetze der Carter-Regierung« beseitigt. Die neue Wirtschaftsmethode war eindeutig antiökologisch und bewirkte – vor allem auch durch die Rüstungsindustrie – einen noch schnelleren Raubbau an Rohstoffen und einen weitaus höheren Verbrauch fossiler, CO_2-ausstoßender Energien als zuvor.

Die Managerelite und die Angebotsökonomen versäumten es grundsätzlich, den Begriff des Wachstums zu qualifizieren. Sie kümmerten sich nicht um die ökologischen Dimensionen ihres Wirtschaftens, um den Raubbau an der Natur und den Klimawandel durch den immensen Ausstoß fossiler Energien. Im Gegenteil, es gehörte geradezu zum Markenzeichen ihres Wirkens, der Abhängigkeit des Menschen von der Natur keine Beachtung zu schenken. Ihre theoretischen, mathematisch-quantitativen Modelle beschreiben nur Teilaspekte der wirtschaftlichen Aktivitäten und beruhen auf stillschweigend vorausgesetzten neoklassischen Vorstellungen.

Die Anwender und Anhänger der »Supply Side Economics« haben nie wirklich Adam Smiths und David Ricardos Vorstellungen des »vollkommenen Wettbewerbs«, des freien Marktes, der allein durch den Preis als »unsichtbare Hand« reguliert wird, überwunden. Mit solchen Modellen aus der Zeit des Frühkapitalismus versuchen sie in abgewandelter Form noch immer, die Moderne, die postindustrielle oligopolistische Wirtschaftsgesellschaft, zu interpretieren und nennen es Angebotswirtschaft. In ihren Berechnungen des Bruttoinlandsprodukts und der Wachstumszuwächse werden »Nebensächlichkeiten« wie Schäden an den Ökosystemen und der Umwelt, wie Klimawandel und Ressourcen-Raubbau, nicht berücksichtigt.

Doch schon die Große Depression in den USA und Europa führte die Theorie des freien, von der Politik nicht regulierten Marktes ad absurdum. Der sogenannte freie Markt, der durch Adam Smiths unsichtbare Hand Angebot und Nachfrage regulieren und ins Gleichgewicht bringen und eben durch diesen dann vollkommenen Wettbewerb das »größte Glück für die größte Zahl« schaffen sollte, brach zusammen, funktionierte nicht mehr, konnte sich nicht mehr selbst regulieren, schuf in den USA eine 30-prozentige Arbeitslosigkeit (in Deutschland rund 7 Millionen Arbeitslose) und bedurfte offensichtlich keiner unsichtbaren Hand, sondern einer sichtbaren, intervenierenden Hand des Staates, einer Steuerung des Wirtschaftssystem durch die Politik. Es bedurfte Präsident Franklin Delano Roosevelts »New Deal«. Und genau das war ja John Maynard Keynes' Botschaft gewesen.

All das schienen die Angebotsmanager und ihre Universitätsideologen in den USA und Europa in den 80er und 90er Jahren vergessen zu haben. Wie die frühkapitalistischen Ökonomen lehnten sie jegliche Intervention des Staates in den freien Markt, jegliche Steuerung des Wirtschaftsgeschehens durch die Politik ab. Nicht nur wollten sie die bestehenden Umweltschutzgesetze zurücknehmen – was die Reagan-Regierung auch tat –, in den USA wollten sie sogar das sowieso unzureichende Sozialversicherungssystem (Rente, Arbeitslosenversicherung) abschaffen. Letzteres galt Gilder und den Schülern Milton Friedmans (den sogenannten »Chicago Boys«) als »ungerechtfertigte Umverteilung des nationalen Wohlstands«.

Sie propagierten vielmehr, dass die Früchte ihres Modells »schließlich bis nach unten durchsickern« (Trickle-down Theory) und auch noch den »niedrigsten Einkommensschichten zugutekommen« würden. Denn durch großzügige Kreditgewährung und stetige Preissenkung, immer neuere und billigere Produkte könnten schließlich alle am Wachstum und Konsum der Massengüter teilhaben. So entstand ein massenhafter Kreditkarten-Konsum in den USA (»credit card crunch«), eine Konsumgesellschaft, die fast ausschließlich auf Pump lebt.

Die nach Gilders Vorstellungen von Sozialversicherungsbeiträgen und anderen staatlichen Regulierungen befreiten Märkte erreichten dann durch die Tatsache neuer Investitionsschübe, immer neuer Produktgenerationen, hoher Börsenkurse, durch neu entdeckte Bedürfnisse der Konsumenten, eben durch das Anheizen der Angebotsseite das von den frühkapitalistischen Ökonomen propagierte »größtmögliche Glück für die größtmögliche Zahl«.

Die Konzerne und Banken sollten deshalb auch kaum besteuert werden, denn sie dienten schließlich dem »Gemeinwohl«. Und ihre Innovationen, ihre neuen Produktgenerationen, ihre Schaffung neuer Bedürfnisse und Kredite rechtfertigten schließlich auch die Riesenprofite, die Supergehälter und Boni der Manager. Man solle auch nicht vergessen, dass Letztere eben der treibende Motor des Systems wären. Die Unterschichten, einschließlich der Arbeitslosen, die nach Gilder sowieso nicht zur Innovation taugten, müssten durch Handlangerjobs und Teilzeitarbeit zufriedengestellt werden. Sie müssten mit ihren Konsumwünschen eben so lange warten, bis die letzten Tropfen des Aufschwungs, der großen Wende durch Preissenkung auch zu ihnen »durchsickern« würden.

In der Angebotswirtschaft, den Reaganomicsmanagern, der Deregulierung der Märkte und den feindlichen Unternehmens-Übernahmen durch Corporate Raiders zeigten sich die Vorläufer des heutigen finanzmarktgetriebenen »Raubtierkapitalismus« (Helmut Schmidt), der nach dem Untergang der Sowjetunion die Welt – einschließlich China – okkupierte.

5. Kapitel
Systemwettbewerb Kapitalismus versus Sozialismus oder die Totrüstung der Sowjetunion

Am 30. Oktober 1960 schrieb T. Coleman Andrews, Topmanager des US-Versicherungskonzerns »American Fidelity and Casualty Corporation«, folgenden Artikel in der New York Times: »Die größte Bedrohung, der sich die USA gegenübersehen, ist die Möglichkeit, daß Nikita Chruschtschow mit einem echten Friedensplan hervortritt, der von uns nicht zurückgewiesen werden kann(...). Er würde die größte Wirtschaftsdepression hervorrufen, die Amerika je gekannt hat, denn unsere Rüstungsindustrie bedeutet jedes Jahr 50 Milliarden Dollar Kaufkraft.«

Aber Chruschtschow wollte keinen Friedensplan unterbreiten. Schon zuvor bei einem Treffen mit dem US-Präsidenten Dwight D. Eisenhower in den 50er Jahren unterbreitete er vielmehr dem amerikanischen Präsidenten, dass die UdSSR innerhalb der nächsten 10 Jahre die USA bei Wirtschaftswachstum und Technologieinnovation überholen würde. Schließlich hätte die Sowjetunion ihre Innovationsüberlegenheit 1957 mit dem ersten die Erde umkreisenden Weltraumsatelliten »Sputnik« bewiesen.

Der Systemwettbewerb Kapitalismus versus Sozialismus fand in Chruschtschows Worten eine Aussage, die dem Verständnis von Sozialismus und sozialistischer Wirtschaft eigentlich konträr gegenüberstand. Chruschtschow glaubte damals, dass ein sozialistisches System höhere Wachstumsraten als ein kapitalistisches System erwirtschaften könnte.

Im Allgemeinen darf gesagt werden, dass bis zur Präsidentschaft Reagans und der Angebotswirtschaft die Systemkonkurrenz zwischen Kapitalismus und Sozialismus für beide Seiten Wachstumsimpulse gab. Jeder wollte dem anderen überlegen sein. Jedoch warf die Übertragung der kapitalistischen Wachstumsdynamik auf die Länder des »real existierenden Sozialismus« dort bedeutend größere Probleme auf, als sie sich aus dem

Wachstumszwang für die kapitalistischen Länder selbst ergaben. Denn die sozialistischen Einparteien-Staaten sahen sich wachsender interner Kritik im Hinblick auf ihr Versagen ausgesetzt, die ideologischen Versprechungen einer egalitären, dem Bedarfsdeckungsprinzip folgenden Gesellschaft einzulösen und demokratische Freiheiten zu verwirklichen.

Das Selbstverständnis des realen Sozialismus – zumindest das eines Teils seiner herrschenden Elite – war zwar das einer Übergangsgesellschaft, nämlich, dass der Kommunismus erst auf der Basis höchstentwickelter Produktivkräfte, deren Entfaltung einen langwierigen kämpferischen Akkumulationsprozess voraussetzte, realisierbar wäre. Doch muss man sich fragen, ob die angestrebte kommunistische Gesellschaft, die Karl Marx im Auge hatte, auf jenes übertragene kapitalistische Wirtschaftswachstum angewiesen war, das in den realsozialistischen Ländern bis in die 80er Jahre den Vorzug genoss.

Es scheint die Annahme gerechtfertigt, dass die den sozialistischen Planwirtschaften befohlene Wachstumsdynamik ein unmittelbares Ergebnis des Systemwettbewerbs mit dem Kapitalismus war. Mit der Übernahme des kapitalistischen Wachstumsmusters bildeten sich jedoch zwangsläufig ökonomische und soziale Strukturen heraus, die als Begleiterscheinungen einer auf steigende Wachstumsraten und Wachstumseffizienz ausgerichteten Politik verstanden werden können.

Für die staatssozialistischen Länder ergab sich der Widerspruch, dass die offizielle Ideologie ausbeutungsfeindlich war, auf der anderen Seite aber Wachstumseffizienz und Wachstumsraten am kapitalistischen Beispiel gemessen wurden bzw. sich orientieren mussten. Schaut man sich die historischen Fakten an, so sind extreme Ausbeutung und ständiges hohes Wirtschaftswachstum zwei Seiten derselben Medaille, nämlich der kapitalistischen Entwicklung: »Je rigoroser die Ausbeutung, desto höher das Wachstum«.

Es war eine verhängnisvolle Illusion zu behaupten, ein sozialistisches Übergangssystem könne gleich hohe oder, wie Nikita Chruschtschow meinte, höhere Wachstumsraten als kapitalistische Länder erwirtschaften, ohne zugleich ähnliche Ausbeutungsstrukturen und repressive Organisationsformen vom Kapitalismus zu übernehmen. Wie gesagt: Für die staatssozialistischen Länder ergab sich der gravierende Widerspruch, dass die offizielle Ideologie zwar ausbeutungsfeindlich war, jedoch Wachstumseffizienz am kapitalistischen Maßstab gemessen wurde, obgleich man aus systemimmanenten Gründen hier sowieso nicht mithalten konnte und das auch wissen musste. Schließlich war es Marx, der den Zusammenhang von Ausbeutung von Mensch und Natur einerseits und Wachstum und technologischem Fortschritt andererseits als die zentrale historische Funktion des Kapitalismus herausgestellt hatte.

Man darf sich auch heute noch die Frage stellen, ob nicht das durch den Systemwettbewerb den realsozialistischen Ländern vorgegebene kapitalistische Wachstumskonzept diese Länder immer weiter vom ideologisch postulierten Ziel einer kommunistischen Gesellschaft hinwegführte. Es war grundlegend falsch zu glauben, ein sozialistisches System, das seinen Namen verdient, könne eine gleiche Wachstumseffizienz wie der Kapitalismus erreichen. Zudem reduziert die kapitalistische Arbeitsteilung viele Menschen – insbesondere seit Fords und Taylors kontrollierter Fließbandarbeit – auf wenige, in der Regel simple und stumpfsinnige Arbeitsverrichtungen. Ein sozialistisches System, nach seiner ursprünglichen Kapitalakkumulation, hätte eigentlich versuchen müssen, gerade diese Form von Arbeitsteilung zu überwinden. Das aber hätte Wachstumsschwund bedeutet!

Der ideologische Systemwettbewerb zwischen den kapitalistischen und den staatssozialistischen Ländern stellte bis 1990 – bis zum Untergang der Sowjetunion – einen wesentlichen Faktor im ökonomischen Wachstums- und Wettbewerbsprozess dar. In einer Phase der spätkapitalistischen Entwicklung, in der in den 80er Jahren des letzten Jahrhunderts durch

Produktionsmittelkonzentration, feindliche Unternehmensübernahmen, relative Sättigung der Nachfrage u. a. der ökonomische Wachstumsprozess in den USA stagnierte, förderte nicht nur die Angebotswirtschaft mit ihren künstlichen Bedürfnissen enorme Wachstumssprünge, sondern ebenso auch der Aufbau einer gigantischen, Rohstoffe und nicht erneuerbare Energien verschwendenden US-Rüstungsindustrie. Letztere führte während Reagans Präsidentschaft schließlich zur Totrüstung der Sowjetunion, da sie bei der sich nun entwickelnden ungeheuren Rüstungsspirale nicht mehr mithalten konnte.

Die Reagan-Administration und ihre Angebotsökonomen wollten sich des Systemgegners entledigen, ihn ausschalten, ihn endlich an die Wand drücken, ihn der Geschichte übergeben, um das kapitalistische Wirtschaftssystem über den ganzen Erdball auszudehnen, um endlich Wirtschafts- und Politikhegemonie zu erreichen. Und so wurde dann die UdSSR von Reagan und seinen Beratern als das anti-christliche »Reich des Bösen« bezeichnet, das auch wegen seiner »Gottlosigkeit« verschwinden müsse.

Die USA trieben nun die Sowjetunion in einen Rüstungszwang, in eine Rüstungsspirale hinein, für die die UdSSR einen großen Teil ihrer Ressourcen und ihr wissenschaftliches Know-how in die Waagschale werfen musste, aus Angst, sonst von einem atomaren Erstschlag der USA vernichtet zu werden. Zu dieser Androhung einer Auslöschung des Systemgegners schrieb Henry Kissinger, ehemaliger US-Sicherheitsberater und Außenminister unter Präsident Nixon, in einem Newsweek-Artikel vom 11. April 1994: »Es blieb Ronald Reagan überlassen (...), Macht mit Recht zu vereinigen, eine Super-Rüstung zu erstellen und der Sowjetunion den Todesstoß zu versetzen.«

Schon als die endgültige Auseinandersetzung mit dem Systemgegner Anfang der 80er Jahre begann, prophezeite Reagans Verteidigungsminister Caspar Weinberger: »Wir werden die Sowjets gegen die Wand fahren, und sie werden mit einem Winseln aus der Geschichte abtreten.« Und so kam es schließlich. Reagans Super-Rüstung trieb die Sowjetunion in den Bankrott. Ein ungeheurer Vorgang. Eine Supermacht, ein gewaltiges

System verschwand in kürzester Zeit. Ab 1990 gab es keine Alternative mehr zum Kapitalismus.

Wie konnte es dazu kommen? Wieso musste sich die UdSSR aus der Geschichte verabschieden? Der »US-militär-industrielle Komplex« (Begriff wurde vom ehemaligen US-Präsident Eisenhower geprägt) und seine Denkfabriken trieben das Wachstum einer gewaltigen Infrastruktur von Waffenforschungs- und Entwicklungslaboratorien, Testgeländen, Fabrikarealen, Beschaffungsagenturen, Zulieferunternehmen, Beratern, Lobbyisten zu immer größeren Ausmaßen an. Der US-militär-industrielle Komplex wurde in den Reagan-Jahren zum eigentlichen Wachstumstreiber. Zwischen 1981 und 1986 z. B. war der Anteil der Verteidigungsausgaben an den staatlichen Gesamtausgaben so enorm gewachsen, dass er 57 Prozent umfasste.

In seiner Abschiedsrede am 17. Januar 1961 hatte der US-Präsident Dwight D. Eisenhower vor dem amerikanischen militär-industriellen Komplex gewarnt und betont: »Bis zum letzten Weltkrieg besaßen die Vereinigten Staaten keine Rüstungsindustrie als solche. Doch jetzt haben wir uns zwingen lassen, eine permanente Rüstungsindustrie riesigen Ausmaßes zu schaffen. Fast 4 Millionen Männer und Frauen sind unmittelbar beim Rüstungs-Establishment beschäftigt (...). In den Einrichtungen unseres Regierungssystems müssen wir uns vor den unerwünschten Einflüssen und der Machtausübung dieses militär-industriellen Komplexes schützen, ob diese Machtausübung nun bewußt gewollt wurde oder nicht. Das Potenzial für diesen unheilvollen Aufstieg falsch angewandter Macht existiert heute und wird weiter existieren (...). Wir müssen es unbedingt unter Kontrolle bringen.«

Der US-amerikanische Publizist und Verteidigungsexperte Sidney Lens schrieb dazu 1964: »Damit unser Land weiterhin Berge von Geld für die Rüstung ausgeben wird, ist es wichtig, daß die kommunistische Bedrohung im Bewußtsein der Amerikaner an erster Stelle steht (...). Der Anti-Kommunismus ist der Motor unseres militär-industriellen Komplexes.«

Die Rüstungsindustrie war bis Ende der Reagan-Jahre, bis zur Auflösung der Sowjetunion der bedeutendste Konjunkturankurbler der US-Industrie und erwirtschaftete die höchsten Profite im Vergleich mit anderen Industriezweigen. In den 80er Jahren des letzten Jahrhunderts boten die USA das Bild eines Gesellschafts- und Wirtschaftssystems, das infolge der Macht und des uneingeschränkten Wachstumsstrebens des militär-industriellen Komplexes unfähig war, ernsthafte Abrüstungspolitik zu betreiben, geschweige denn ohne Feind zu leben. Der US-militär-industrielle Komplex schien durch Gorbatschows Friedensangebote bedroht zu sein, seines Wachstums beraubt. Man musste sich fragen, ob Amerikas Wirtschaft überhaupt Frieden ertragen konnte.

Deshalb entwarfen die Think Tanks (Denkfabriken) des US-militär-industriellen Komplexes – vor allem Hudson Institute, TEAM-B, RAND Corporation, Heritage Foundation, Committee on the Present Danger u. a. – immer neue Bedrohungslügen und verbogene Statistiken, die aufzeigen sollten, dass die Sowjetunion den USA militärisch überlegen sei, bedeutend mehr atomare Sprengköpfe auf ihren SS-18- und SS-19-Langstreckenraketen besäße und eines Tages, wenn man nicht selbst gewaltig aufrüsten würde, zum atomaren Erst- und Vernichtungsschlag ausholen würde.

Dabei hatten das Londoner International Institute for Strategic Studies, das Center for Defense Information in Washington D.C., das Stockholmer SIPRI-Institute, der US-Militärexperte Tom Gervasi u. a. die atomaren Sprengkopfzahlen beider Seiten zwischen 1982 und 1988 genauestens recherchiert und veröffentlicht. Hier sind sie:

Jahr	**USA**	**UdSSR**
1982	10.733	6.521
1983	10.973	6.796
1984	11.657	7.370
1985	11.857	7.865

Für die Jahre 1986 bis 1988 hatten diese Institutionen an strategischen Atomsprengköpfen rund 13.900 für die USA und rund 11.000 für die

Sowjetunion errechnet. Von einer Überlegenheit der Sowjetunion bei den strategischen atomaren Waffen konnte also keine Rede sein. Die Reagan-Administration und ihre Think Tanks logen und betrogen. Vor allem auch, wenn sie dabei noch von einem »Fenster der Verwundbarkeit« (»window of vulnerability«) sprachen. Gemeint war die Verwundbarkeit der amerikanischen Interkontinentalraketen-Silos.

Paul Warnke, Direktor der Behörde für Rüstungskontrolle während der Carter-Administration, sagte dazu 1983 in einem New-York-Times-Artikel: »Die sowjetischen Raketen sind technologisch veraltet, überhaupt nicht zielgenau, können unsere Raketensilos nicht punktgenau treffen, und wir besitzen 3.000 atomare Sprengköpfe mehr als sie.« In der Tat besaßen die sowjetischen Interkontinentalraketen – nach den Untersuchungen vom Londoner Institute for Strategic Studies und dem schwedischen SIPRI-Institute – eine Zielabweichung von bis zu 1.500 Metern, waren also für einen Erst- und Entwaffnungsschlag ungeeignet. Selbst die von der UdSSR 1987 mit größter finanzieller Kraftanstrengung noch nachgerüsteten SS-24- und SS-25-Interkontinentalraketen besaßen eine Zielabweichung von ungefähr 800 bis 1.000 Metern. Dagegen konnten die amerikanischen atomaren boden- und seegestützten Interkontinentalraketen MX, Midgetman und Trident ihre sowjetischen Ziele punktgenau treffen.

Die Bedrohungslegenden der Reagan-Administration und ihrer Think Tanks waren ein Hirngespinst. Aber sie wirkten. Sie überzeugten die Mehrheit der US-Bevölkerung. Man war überzeugt, dass die amerikanischen Raketensilos verwundbar seien. Und so konnte der militär-industrielle Komplex der USA mit einem neuen Projekt beginnen, das Amerika unangreifbar machen sollte. Gemeint ist das »SDI-Project«. SDI steht für »Strategic Defense Initiative« (Strategische Verteidigungsinitiative).

Jetzt sollten neue weltraumgestützte strategische Raketenabwehrwaffen wie z. B. Laserkanonen, Satellitenwaffen, EMP-Bomben, Mikrowellen-Bomben, Raketenabwehrraketen etc. entwickelt und aufgestellt werden. Sie sollten auf die USA anfliegende sowjetische Atomraketen im Weltraum abfangen und zerstören, also Amerika unangreifbar machen und es dadurch in die Lage versetzen, nun selbst die UdSSR mit Interkontinentalraketen anzugreifen, ohne einen atomaren Gegenschlag zu befürchten. Für diese Erstschlagsbefähigung stellte man nun auch gleichzeitig neue offensive interkontinentale Präzisionsraketen und -waffen her, die Ziele punktgenau enthaupten konnten, wie z. B. die landgestützten MX- und Midgetman-Raketen, die seegestützten Trident-II-Raketen, die land-, luft- und seegestützten Cruise-Missiles (Marschflugkörper), flugzeuggestützte Abstandsraketen. Außerdem sollten in Europa, insbesondere der Bundesrepublik Deutschland, bodengestützte atomare Präzisionswaffen mittlerer Reichweite vom Typ Pershing II und Cruise Missiles aufgestellt werden, die die USA von einem möglichen Atomkrieg auf dem europäischen Kriegsschauplatz abkoppeln konnten. Reagans »Kalte Krieger« hatten eben für alles gesorgt. Die UdSSR hatte dem gegenüber seit 1977 atomare Raketen mittlerer Reichweite vom Typ SS-20 gegen die amerikanischen atomaren »Forward-Based Systems« (seegestützte Poseidon-Raketen, bodengestützte Jupiter- und Hawk-Raketen, flugzeuggestützte Abstandsraketen) und die englischen atomaren seegestützten Raketen und die französischen atomaren Mittelstreckenraketen aufgestellt.

Mit diesen neuen Waffensystemen, so einer von Reagans wesentlichen Beratern, der Rüstungsexperte Colin Gray vom Hudson Institute, müsste es möglich sein, »zumindest durch die ungeheuren Kosten, die der Gegner aufbringen muß, um bei dieser Rüstungsspirale Schritt zu halten, diesen wirtschaftlich zu ruinieren«.

Am 17. Mai 1982 hielt Präsident Ronald Reagan eine Rede an der berühmten Notre Dame Universität, in der er unter anderem sagte: »Die Zivilisation wird sich des Kommunismus entledigen als eines traurigen, bizarren Kapitels der Menschheitsgeschichte, dessen letzte Seiten just in diesem Augenblick geschrieben werden. Die westliche Welt wird den Kommunismus nicht eindämmen, sie wird ihn überwinden. Wir werden uns nicht damit abgeben, ihn anzuprangern, wir werden uns seiner entledigen (...). Wir werden das letzte Gefecht führen.«

Seit 1985 begann die neue sowjetische Führung unter Michail Gorbatschow, auf Abrüstung zu drängen. Man kam den Amerikanern weit entgegen. Und die USA mussten schließlich zu einem Abrüstungstreffen in Genf zustimmen, um nicht als Kriegstreiber dazustehen. Dennoch veröffentlichte die Washington Post am ersten Tag der Genfer Abrüstungsverhandlungen eine »Warnung« der US-Rüstungslobby an die Reagan-Administration. Darin hieß es: »Unsere Rüstungsfirmen sind besorgt, daß die Genfer Abrüstungsgespräche lukrative Aufträge verhindern können (...). Viele Unternehmen fürchten, daß die neuen Offensiv- und SDI-Waffensysteme, die seit Jahren erforscht und entwickelt wurden, nun durch Abrüstungsverträge mit der Sowjetunion wegverhandelt werden könnten, bevor sie in das Stadium gewinnbringender Produktion gingen.«

Gleichzeitig veröffentlichte die New York Times einen umfangreichen Artikel, in dem sie die gesamten SDI-Aufträge für Forschung und Entwicklung und die Ausgaben für die größtenteils bereits aufgestellten neuen offensiven, atomaren Waffensysteme der »dritten Generation« auflistete. Es »dürfte nicht verwundern«, so die New York Times, dass die »großen Rüstungskonzerne riesige Summen aus Steuergeldern einstecken konnten und eigentlich alles bekamen, was sie sich wünschten, so daß sie die Entwicklung mit dem SDI-Projekt und die Aufstellung der offensiven Atomwaffen der dritten Generation fortsetzen konnten.«

Das Tempo der Entwicklung bestimmten dabei die »großen Zwölf« des militär-industriellen Komplexes der USA. Diese zwölf waren zu 40 Prozent an den gesamten amerikanischen Militäraufträgen im Jahr 1985 beteiligt. Ohne ihre »hervorragenden Forscher- und Technikerteams«, so die New York Times, wäre dieser Waffen-Entwicklungsschub aufgehalten worden. »Ohne diesen riesigen Verteidigungshaushalt hätten sie ihr Geschäft nicht besorgen können.«

Nach den Recherchen der New York Times erhielten die zwölf größten Teilnehmer am US-Rüstungsgeschäft im Rechnungsjahr 1985 folgende Militäraufträge in Milliarden Dollar:

McDonnell Douglas	7,7
Rockwell International	6,2
General Dynamics	6,1
Lockheed	5,0
Boeing	4,6
General Electric	4,5
Hughes Aircraft	3,2
United Technologies	3,2
Raytheon	3,1
Litton Industries	2,4
Grumman	2,4
Martin Marietta	2,3

Das waren insgesamt über 50 Milliarden Dollar für zwölf Unternehmen in einem Jahr. So hatten Reagans SDI-Projekt und die Produktion der offensiven Atomwaffen der dritten Generation ihre Eigendynamik angenommen.

Der US-militär-industrielle Komplex hatte also in den 80er Jahren des letzten Jahrhunderts während der Reagan-Administration eine kaum aufzuhaltende Eigendynamik angenommen. Trotz der Einwände Jimmy Carters und anderer friedensbewegter Amerikaner, die Rüstungsindustrie teilweise auf zivile Produktion umzustellen, versuchte diese mit allen Mitteln, eine Konversion von militärischer auf zivile Produktion in ihren Unternehmen zu verhindern. Vor allem auch, weil letztere ihr eben kein gesichertes stetiges Wachstum, Aufträge und Superprofite gewährt hätte, wie dies das Pentagon für sie tat.

Auf der Grundlage des 1985er Wertes des US-Dollars hatten die Vereinigten Staaten zwischen 1945 und 1985 rund 2,5 Billionen Dollar (2.500 Milliarden Dollar) für Verteidigung, Waffensysteme, Waffenforschung, Personal und Wartung ausgegeben, davon allein in den ersten 5 Jahren der Reagan-Regierung (1981 bis 1985) 1,2 Billionen Dollar. Bis 1990 wurden weitere 1,7 Billionen Dollar verplant (Zahlen stammen vom Londoner International Institute for Strategic Studies und vom schwedischen SIPRI-Institut).

Am Vorabend des Genfer Abrüstungsgesprächs mit Ronald Reagan im November 1985 unterbreitete Michail Gorbatschow nicht nur sein entgegenkommendes Friedensangebot, er provozierte auch amerikanische Konferenz-Delegierte und Journalisten mit der Behauptung, der US-militär-industrielle Komplex hätte einen zu großen Einfluss in den USA. »Rüstungsunternehmen«, so führte er aus, »treiben Präsident Reagans Strategische Verteidigungs-Initiative und seine Atomwaffen der dritten Generation an, um ihre Profite zu erhöhen«. Über dieses Statement Gorbatschows waren viele amerikanische Diplomaten empört und betrachteten es als »misinformation« über die USA. »Wie schwer es doch ist«, schrieb einer von ihnen, »mit dem führenden Politiker der anderen Seite zu reden und festzustellen, daß der eine so unaufgeklärte Meinung über Amerika hat.«

Die 1985er Abrüstungsgespräche blieben ergebnislos, wurden vertagt und die Rüstungsspirale drehte sich weiter. Weil die führenden Denkfabriken des US-militär-industriellen Komplexes vor der Installierung neuer Waffensysteme nun erst recht ihre Bedrohungslügen lieferten und damit Forschung, Entwicklung und Produktion anfeuerten, wurde die Sowjetunion – wegen der Möglichkeit eines amerikanischen atomaren Erstschlags – immer stärker zum Nachrüsten gezwungen, um dieser Gefahr zu begegnen. Gegen die Vorrüstung der USA mit SDI-Waffen und den offensiven Atomwaffen der dritten Generation rüsteten die Russen nun mit den atomaren Interkontinentalraketen SS-24 und SS-25 nach, ebenso mit seegestützten atomaren Raketen.

Es waren insbesondere die Denkfabriken »Committee on the Present Danger«, »Hudson Institute« und »RAND-Corporation«, die durch das Ausarbeiten immer neuer Kriegsführungs-Szenarien und Bedrohungslügen mithalfen, die Rüstungsspirale immer weiter anzuheizen. Wohlversorgt mit finanziellen Zuwendungen der Rüstungsindustrie und des Pentagon erfüllten sie die ihnen gestellte Aufgabe. Sie propagierten nun vor allem die strategische Unangreifbarkeit der USA durch das geplante SDI-Projekt und schufen dadurch enorme Wachstumsschübe für Forschung, Entwicklung und Installation dieser weltraumgestützten Abwehrwaffen. Mit diesen weltraumgestützten Abwehrwaffen, so das Committee on the

Present Danger, sei schließlich ein »begrenzter Atomkrieg, ein Enthauptungsschlag gegen die UdSSR eines Tages nicht nur führbar, sondern auch zu gewinnen«. Voraussetzung für einen solchen Enthauptungsschlag, d.h. eine Vernichtung ihrer politischen und militärischen Führung, mit atomaren, offensiven Präzisionswaffen sei eben die Unangreifbarkeit der USA durch die SDI-Waffen.

Im November 1987 gelang den USA im Rahmen des SDI-Projekts ein erfolgreicher Test mit einer weltraumgestützten Laserwaffe, die eine 880 km in der Stunde fliegende Drohne in der Erdatmosphäre punktgenau abschoss. Daraufhin wurde die Finanzierung des SDI-Projekts Ende 1987 mit 3,5 Milliarden Dollar aufgestockt. Anfang Februar 1988 gelang es den SDI-Forschern, eine 35 Meter lange Delta-Rakete mit einem 3 Tonnen schweren Abwehrsatelliten in den Weltraum zu schießen. Dieser Raketenabwehr-Satellit beförderte und stationierte im Weltraum 15 »Ladungen«, darunter »vier Attrappen sowjetischer Raketen und eine Batterie von Sensoren, die den Flug der Attrappen genau ausmachen sollten«. Die Aufgabe der Sensoren war es, im Kriegsfall die genaue Flugbahn anfliegender sowjetischer Raketen an weltraumgestützte Garagen-Satelliten weiterzugeben, aus denen dann Abfangraketen auf die sowjetischen Projektile abgeschossen werden sollten. Außerdem sollten die Sensoren wirkliche Atomsprengköpfe von Attrappen unterscheiden können. »Der Test im Weltraum ist erfolgreich verlaufen«, so Gordon Smith, damaliger stellvertretender Direktor des SDI-Projekts, »wir sind äußerst zufrieden mit dem Ablauf der Dinge.«

Obwohl die USA sich mit ihrem SDI-Programm erst in der Testphase befanden, bereitete man sich doch auf einen möglichen siegreichen atomaren Enthauptungsschlag gegen die Sowjetunion vor. Mit der exakten Ausarbeitung eines solchen SDI-gestützten atomaren Kriegsführungsszenarios beschäftigten sich vor allem die zwei Co-Direktoren des Hudson Institute, der Denkfabrik des berühmten Atomkriegsplaners Herman Kahn. Ihre Namen: Colin Gray und Keith Payne. Beide avancierten nach der Erstellung ihrer neuen Kriegsführungsdoktrin, der sie den Namen »Victory Is Possible« (»Sieg ist möglich) gaben, zu ständigen und engsten

Beratern der Reagan-Administration – insbesondere des »Nationalen Sicherheitsrates«.

In dem erstaunlichen »Victory Is Possible«-Text, den US-Verteidigungsminister Caspar Weinberger Wort für Wort in der offiziellen »Complete Defense Guidance 1984-1988« (»Vollständige Verteidigungs-Leitlinie für die Jahre 1984-1988) fortschreiben ließ, lesen wir u. a.:

»Die sowjetischen Führer werden weniger von dem amerikanischen Willen, einen begrenzten Atomkrieg gegen sie zu führen, beeindruckt sein, als vielmehr durch eine umfassende und plausible amerikanische Siegesstrategie. Eine solche Strategie muß die Zerstörung der sowjetischen Staats-, Partei- und Führungsorgane durch chirurgische atomare Einzelschläge einschließen. Die USA müssen also planen, die Sowjetunion in einem begrenzten Atomkrieg zu besiegen, und zwar zu einem Preis, der das Überleben der USA gewährleistet. Washington sollte seine Kriegsführungsziele so identifizieren, daß sie letztlich die Enthauptung der Sowjetunion von ihrer politischen und militärischen Führung ins Auge fassen und danach das Entstehen einer Nachkriegs-Weltordnung, die den westlichen Werten entspricht, gewährleisten«.

Gray und Payne und der Nationale Sicherheitsrat der USA waren also zur Strategie einer Enthauptung der UdSSR übergegangen und so formulierten sie weiter: »Die erschreckendste Bedrohung für die Sowjetunion ist die Enthauptung ihres politischen Systems. Darum sollten die USA in die Lage versetzt werden, die Schlüsselkader der Führung, ihre Kommunikationsmittel und wesentliche Instrumente der internen Kontrolle zu zerstören. Die UdSSR, mit ihrer Überzentralisierung, die in der riesigen Bürokratie in Moskau gipfelt, wäre bei einem solchen Angriff höchst verwundbar (...). Die Sowjetunion könne sich danach in Anarchie auflösen, umsichtige amerikanische Zielplanung und das Verfügen über die entsprechenden atomaren Präzisionswaffen können der UdSSR die Gewißheit ihres politischen Überlebens streitig machen.«

Eindeutig verlangten Gray und Payne und der Nationale Sicherheitsrat also, dass das sowjetische C³I-System (Kommando-, Kommunikations-,

Kontroll- und Aufklärungssystem) durch einen atomaren Enthauptungsschlag mit ausgeschaltet werden sollte. Oder wie sie es ausdrückten: Die Sowjetunion sollte »taub- und stummgeschossen werden«.

Schließlich fassten die Kriegsplaner auch ins Auge, dass es wohl auch in den USA »mindestens 20 Millionen Opfer geben wird«, aber nur dann, wenn es der UdSSR gelingen sollte, »nach präzisen chirurgischen Erstschlägen der USA« noch zu einem »atomaren Rest-Gegenschlag« zu kommen.

Für Gray und Payne und den Sicherheitsrat schien es überhaupt keine Frage nach der Moral eines solchen amerikanischen militärischen Engagements zu geben. Vielmehr meinten sie in ihrer Studie, dass derjenige, der mit Gewalt droht, nicht bluffen darf, denn »solange die Atomkriegsandrohung einen Teil des politischen Arsenals der USA darstellt, und vorausgesetzt, daß sie wirkliche Operationsabsichten widerspiegelt und nicht nur ein großer Bluff ist, werden die amerikanischen Politiker gezwungen sein, sich den möglichen Ablauf eines solchen Atomkriegs durch den Kopf gehen zu lassen.« So weit die Atomkriegsplaner vom Hudson Institute. Sie hatten mit ihrer Siegesstrategie ihrem Lehrmeister Herman Kahn alle Ehre getan.

Wie gesagt: Die Reagan-Administration hatte Billionen von Dollar in die Rüstungsindustrie hineingepumpt, um die Sowjetunion an die Wand zu drücken, damit sie »mit einem Winseln aus der Geschichte abtreten« würde. Die gewaltigen Rüstungsausgaben, die die UdSSR bis 1988 tätigen musste, um bei der Rüstungsspirale mitzuhalten, um nicht durch einen amerikanischen atomaren Erstschlag vernichtet zu werden, hatten das Land wirtschaftlich gesehen lahmgelegt, es in den Bankrott getrieben.

Die neue sowjetische Führung unter Michail Gorbatschow versuchte, dieses Dilemma aufzuhalten, und strebte nun mit aller Macht Abrüstung, soziale und wirtschaftliche Umgestaltung, Dezentralisierung und Demokratisierung an (siehe Glasnost und Perestroika). Sie versuchte, die Rüstungsspirale zurückzudrehen, um die Finanz-, Produktionsmittel- und Rohstoffressourcen des Landes endlich für zivilwirtschaftliche Ziele zu konvertieren. Die Sowjetunion brauchte für diese Ziele Abrüstung der atomaren Waffensysteme und Frieden um jeden Preis. Die US-Industrie aber brauchte einen großen Feind, das »Reich des Bösen«, um ihren militär-industriellen Komplex weiterhin mit genügend Geldmitteln zu versorgen. Gorbatschow wollte und musste den wahnsinnigen Teufelskreis von US-Vorrüstung und sowjetischer Nachrüstung auch deshalb beenden, weil dieser, so schreibt er in seinem Buch »Perestroika: Die zweite Russische Revolution«, »eines Tages die Welt in den Abgrund stürzen kann, selbst, wenn es keiner eigentlich gewollt hat«.

1986, nach einem Abrüstungsangebot Gorbatschows, scheiterten die Abrüstungsgespräche über strategische Interkontinentalwaffen (START I) in Reykjavik auch wegen des amerikanischen Festhaltens an den SDI-Waffensystemen.

1988 legte Michail Gorbatschow dem Obersten Sowjet einen Plan vor, nachdem er bis 1995 60 Prozent der Rüstungsindustrie auf zivile Produktion konvertieren und die Rüstungsausgaben um 40 Prozent senken wollte. Zudem sollten die zentralistische Planwirtschaft dezentralisiert und die Menschen am Wirtschaftsleben beteiligt werden. So versuchte Gorbatschow mit geradezu verzweifelten Anstrengungen, die Rüstungsindustrie auf zivile Produktion umzuwandeln, die Sowjetunion zu modernisieren, zu dezentralisieren und zu vermenschlichen.

Mit anderen Worten: Die Sowjetunion bewegte sich. Gorbatschow machte 1988 ein umfassendes Friedensangebot an die USA, das Chruschtschow 30 Jahre zuvor zu unterbreiten versäumt hatte. Aber es war zu spät. Die Wirtschaft lag danieder, das Volk war schon zu lange von der zentralistischen Planwirtschaft apathisch geworden. Und die Reagan-Administration hatte ihr Ziel erreicht: Sie hatte die Sowjetunion totgerüstet. Die UdSSR hatte den Rüstungswettlauf verloren. Gorbatschows Perestroika war zu spät gekommen. Dazu sagte der damalige Direktor der Moskauer Denkfabrik »USA-Kanada-Institut«, Georgij Arbatow, Folgendes: »Wir Russen bedrohen jetzt den amerikanischen militär-industriellen Komplex mit Frieden (…). Wir werden euch Amerikanern etwas Schreckliches antun, wir werden euch des Feindes berauben (...). Nun müßt ihr euch einen neuen Feind aussuchen.« (Der Spiegel, Nr. 23)

Nach dem Untergang der Sowjetunion und dem Sieg des Kapitalismus im Systemwettbewerb gegen den Staatssozialismus steht der Kapitalismus nun ohne Systemgegner dar, globalisierte in den letzten 20 Jahren die freie Marktwirtschaft bis nach China und Indien hinein und gewährleistete in den Worten von Gray und Payne eine »Weltordnung, die den westlichen Werten entspricht«. Die Welt muss sich nun mit dem globalisierten, finanzmarktgetriebenen Raubtierkapitalismus auseinandersetzen.

Zusammenfassend darf auch noch gesagt werden, dass der Rüstungswettlauf zwischen den USA und der Sowjetunion die größte Verschwendung an Rohstoffen und fossilen Energien verursachte, die die Welt bisher gesehen hatte.

Wie gesagt, der Systemwettbewerb war nun vorbei. Der Kapitalismus ist allein übrig geblieben, überzog auch Russland, China und Indien mit seiner Wachstums- und Renditebesessenheit und präsentierte sich – nach den Worten des US-Politologen Francis Fukuyama – als »Sieger der Geschichte«. Seiner Meinung nach sei nach dem Sieg des Kapitalismus über den Systemgegner Sozialismus sogar »das Ende der Geschichte« eingetreten. Denn die menschliche Gesellschaft habe mit der neoliberalen Marktwirtschaft die »Höchststufe der Zivilisation« erreicht.

6. Kapitel
Rio de Janeiro – Der größte Flop aller Zeiten

2 Jahre nach dem Untergang der Sowjetunion trafen sich in Rio de Janeiro vom 1. bis 12. Juni 1992 die Regierungen der Industrie- und Entwicklungsländer zur globalen »UNO-Umweltkonferenz«, um die Probleme der Umweltzerstörung und des Klimawandels auf unserem Planeten einvernehmlich zu lösen. Sie lösten nichts! Das Ergebnis des Treffens war der größte Flop aller Zeiten. Und schuld daran waren größtenteils die reichen Industriestaaten. Die nördlichen Industrieländer und nun auch China waren die größten Klimaschänder und praktizierten in der sogenannten Dritten Welt weiterhin einen Öko-Kolonialismus, der ihr verschwenderisches Leben auf Kosten der armen Südländer fortsetzte und den ökologischen Zusammenbruch unseres Planeten nicht aufhalten konnte.

Rio zeigte, dass die nördlichen Industrieländer und China dem Süden das Wohlstands- und Wachstumsmodell seiner Gesellschaften aufzwängten. Das aber brachte die Welt umso schneller in die Nähe einer globalen ökologischen Katastrophe. Das damalige und gegenwärtige Wirtschaftswachstums- und Wohlstandsmodell der industrialisierten Länder war und ist weder verallgemeinerungsfähig noch in der Lage, eine nachhaltige, überlebensfähige Weltwirtschaft zu erreichen. Wir müssen nach anderen Wegen Ausschau halten.

Die UNO-Umweltkonferenz zeigte auch, dass die Regierungen der alten Industrieländer nicht willens waren, von den Anweisungen ihrer Wirtschaftseliten, nämlich unbegrenztes, stetiges Wachstum und Wettbewerbsfähigkeit zu verteidigen, abzugehen. Dabei hatten auf den Sprung in die Industrialisierung stehende Schwellenländer wie Brasilien, Mexiko, Malaysia u. a. ehrgeizige Papiere für die Konferenz erarbeitet, in denen von »Vereinbarungen zu einer internationalen Umweltpartnerschaft, Verabschiedung richtungsweisender ökologischer Entscheidungen für das 21. Jahrhundert, Verständigung über unsere gemeinsame überlebensfähige Zukunft auf diesem Planeten« die Rede war.

Die deutsche Delegation und ihr Umweltminister Klaus Töpfer hatten für die Umweltkonferenz einen 220 Seiten langen »Nationalen Bericht« über den Zustand der Umwelt in Deutschland verfasst mit einem Kapitel über die »Perspektiven globaler Umweltpolitik«. Darin versprachen die Deutschen z. B. ihren FCKW (Fluorchlorkohlenwasserstoff)-Ausstoß, der die lebenserhaltende Ozonschicht durchlöcherte, bis 2001 zu verringern und zu Beginn des 21. Jahrhunderts erneuerbare Energien in ihren Energiemix einzusetzen, um die CO_2-Emission, die den Klimawandel verursachte, ebenfalls zu verringern. Letzteres aber nur, wenn die anderen Industrienationen mitzögen. Das war der fortschrittlichste Vorschlag damals. Doch der deutsche Vorschlag scheiterte an den Vorbehalten der USA, Kanadas, Japans, Großbritanniens, aber auch schon Chinas. Dabei waren die USA damals mit großem Abstand internationaler Spitzenreiter bei der Aufheizung des Weltklimas. Die Vereinigten Staaten (1992: 5 Prozent der Weltbevölkerung) benutzten 30 Prozent der fossilen Erdenergien und emittierten dabei über 25 Prozent der weltweiten klimaschädigenden Spurengase, insbesondere CO_2. Die USA weigerten sich hartnäckig, diesen Umweltfrevel einzudämmen, und erkannten während der Bush-Senior- und später während der Bush-Junior-Administration den Treibhauseffekt und die damit verbundene Klimaveränderung nicht als ein umweltschädliches, für Mensch und Natur gefährliches Phänomen an. Einige der US-Delegierten waren damals sogar der Meinung, dass die Klimaveränderung nur eine Kopfgeburt europäischer Umweltschützer wäre.

So verhinderte die Nation mit dem größten CO_2-Ausstoß die dringend notwendige globale Klimaschutzpolitik, denn weltweit machten nun die Lobbys der Energiekonzerne und Energiegroßverbraucher gegen nationale Alleingänge mobil, solange der Großemittent USA nicht mitzog. Und so verfolgten auch die Deutschen ihre Vorschläge erst mal nicht weiter.

Die US-Verweigerungspolitik basierte auch darauf, dass Bush senior im Jahre 1992 um seine Wiederwahl kämpfte. Umweltschutz und Limitierung des industriellen CO_2-Ausstoßes bedeuteten für den Präsidenten den Verlust amerikanischer Jobs und Wählerstimmen. Er fürchtete, abgewählt zu werden, wenn Wirtschaftswachstum gedrosselt und fossile Energie-Emissionen eingespart werden müssten. Die US-Wirtschaft war auch damals angeschlagen, weil Washington es versäumt hatte, die Infrastruktur aufzubessern und Rahmenbedingungen für eine ökologische Modernisierung zu schaffen. Die Totrüstung der Sowjetunion während der vorherigen Reagan-Administration hatte den US-Staatshaushalt ausgeraubt und die USA zu einem Schuldnerland gemacht.

Jedenfalls trafen sich Vertreter aus 166 Ländern, darunter allein 100 Staatschefs, Tausende von Beratern, Journalisten und Lobbyisten, im Juni 1992 auf der Weltkonferenz für Umweltschutz und Klimawandel in Rio de Janeiro. US-Präsident Bush senior konnte sich nicht entschließen, persönlich an der Konferenz teilzunehmen. Die Verweigerungspolitik der USA und die Spaltung der Welt in Nutznießer und Habenichtse blockierte konkrete Beschlüsse auf diesem Riesen-Gipfel. Die Industrienationen des Nordens und das aufsteigende China, beide verantwortlich für den größten Teil der Umweltzerstörung, waren die eigentlichen Angeklagten auf der Konferenz. Aber sie waren und sind auch die einzigen, die durch ihre Technologien (Anwendung der erneuerbaren Energien) helfen könnten, die endgültige Klimakatastrophe zu verhindern.

In den 2 Jahrzehnten seit dem ersten Welt-Umweltgipfel 1972 in Stockholm hatte sich trotz wachsenden Umweltbewusstseins der Zustand der Erde in einer rasanten Talfahrt verschlechtert. Treibhauseffekt und Ozonloch, die zunehmende Vernichtung der Regenwälder und der Artenvielfalt, der Kampf um die immer knapper werdenden Rohstoffe, der sich bedrohlich entwickelnde Zustand der Weltmeere, der wachsende Berg von Giftmüll und atomarem Abfall, dic einsetzende Verseuchung von Boden, Luft, Wasser, Nahrungsmitteln und Trinkwasser, die Bevölkerungsexplosion – mit diesen Problemen stand die Bewohnbarkeit der Erde zur Debatte. Doch all diese Probleme blieben in Rio ungelöst.

Trotzdem wollte man auf der Klimakonferenz nicht ohne ein abschließendes »Abkommen« auseinandergehen. Man versprach einander, auf zukünftigen Klimagipfeln diese Probleme anzugehen. Doch bis heute – Ende 2014 – ist außer dem Minimalst-Kompromiss in Kyoto nichts geschehen. Die beiden letzten großen Klimakonferenzen in Durban 2011 und Katar 2012 waren ein großer Schwindel.

Der Versuch, in Rio konkrete Mengen und Fristen zur Reduktion der globalen CO_2-Emissionen festzuschreiben, scheiterte vor allem am Widerstand des größten Energieverschwenders USA, der laut UNCED-Generalsekretär Maurice Strong als »notorische Vetomacht und Bremser« auftrat. Aber auch die anderen Industrieländer – einschließlich China – konnten sich nicht dazu durchringen, die von vielen Nichtregierungsorganisationen (NRO), Umweltverbänden und wissenschaftlichen Instituten als unbedingt erforderlich angesehene 50-prozentige Reduzierung des weltweiten CO_2-Ausstoßes bis zum Jahre 2000 (auf der Basis des Ausstoßes von 1990) oder »irgendeine andere erhebliche Reduktion« zu akzeptieren.

Chinas Kritik an den alten Industrieländern lautete: Ihr habt seit 200 Jahren CO_2 ausgestoßen und damit eure Industrien aufgebaut, nun brauchen wir auch Zeit, unsere aufzubauen. Wenn also einer den Kohlendioxid-Ausstoß vermindern muss, dann seid Ihr es. Diese Kritik meldeten die Chinesen auch 2011 in Durban und 2012 in Katar an. Brasilien war 1992 und danach nicht willens, das Abholzen seiner Regenwälder – der grünen Lunge unseres Planeten – einzustellen. Wir brauchen Landflächen zur Industrialisierung und zum Anbau von Nahrungsmitteln, so die brasilianische Antwort.

NRO wie Greenpeace, Friends of the Earth u. a. sprachen vom »Klima-Karneval in Rio« und von einer »sinnlosen Öko-Show«. Schließlich kam man überein, dass eine »umweltverträgliche Entwicklung der Dritten Welt« durch einen »Globalen Umweltfonds« (GUF) in Gang gebracht werden sollte. Die reichen Industrieländer veranschlagten hierfür 20 Milliarden Dollar jährlich. Doch die wirklichen Erfordernisse bewerteten Fachleute wissenschaftlicher Institute auf das Sechs- bis Siebenfache. Verwaltet werden sollte dieser Fonds zu allem Überfluss ausgerechnet von der Weltbank, die aufgrund ihrer harten Zinsbedingungen vielen Entwicklungsländern als Inbegriff »nördlicher Ausbeutung und Bevormundung« gilt. »Da soll der Bock zum Gärtner gemacht werden«, befürchtete Josh Karliner von Greenpeace International und warnte vor dem Versuch von Nord-Regierungen wie transnationalen Konzernen, sich in Rio mit wenig Geld und vielen Worten »grünzuwaschen«. Zu den vielen Worten gehörte auch im »Globalen-Umweltfonds-Papier« die Bemerkung der Nordstaaten: »Wir sitzen doch alle im selben Boot.«

Die reichen Nordstaaten konnten sich bis heute (2014) nicht entschließen, ihre Zusagen von Rio de Janeiro einzulösen. Im Gegenteil: Sie streiten noch immer um die Höhe und das Wie der Verteilung dieser Öko-Gelder. Gerade einmal 2 Milliarden Dollar zahlten sie z. B. bis 1994. Danach wurde mal gezahlt, mal nicht. Die Deutschen senkten ihren Beitrag in den 90er Jahren des letzten Jahrhunderts um 60 Prozent – wegen der Wiedervereinigung, wie es hieß. So verwandelte sich der »Globale Umweltfonds« der UNO in eine Farce.

Es fehlte den Regierungen von Nord und Süd auf dem Umweltgipfel nicht nur an Bereitschaft zu konsequentem Handeln, sondern auch an gemeinsamen Modellen und Visionen, um eine Umkehr der bestehenden Situation zu bewirken. Die wohlhabenden Nordländer lebten schon lange auf Kosten des armen Südens. Einen reichen Süden, wohlhabend wie der Norden, kann sich die Menschheit nicht leisten. Wir würden dann mit globalen CO_2-Ausstößen vernichtet werden, im Müll versinken, von den Ozeanen überflutet werden, an Rohstoffmangel leiden. Immer noch (bis Dezember 2014) fehlt ein umfassendes Wohlstandsmodell, das die Erde nicht in die ökologische Katastrophe führt. Der Norden müsste mit seinem aufs stetige Wachstum bedachte »Bruttoinlandsprodukt-Modell« zurückstecken und gemeinsam mit dem Süden ein Modell entwickeln, das die Kosten für Obsoleszenz, für Verschwendung an Rohstoffen, Vermüllung, Verseuchung der Böden, der Luft und des Wassers, kurz: die

Kosten für die Benutzung der Natur und der Umwelt etc. berücksichtigt. Nur ein solches Modell wird unser Überleben auf dem Planeten Erde gewährleisten.

Und genau um ein solches umweltverträgliches, nachhaltiges, globales Wohlstandsmodell ging es beim alternativen Treffen von Entwicklungs- und Umweltschutz-Organisationen, das parallel zum UNO-Gipfel im Flamingo-Park von Rio de Janeiro unter dem Namen »Global Forum 92« stattfand. Auf diesem Treffen wurden Vorschläge und Initiativen von NRO wie »Third World Network«, »Global Trade Watch«, Greenpeace, Friends of the Earth, Robin Wood, W.E.E.D. (Weltwirtschaft, Ökologie und Entwicklung) und vieler anderer Umweltschutz- und Entwicklungs-Organisationen aus Nord und Süd auf 150 Veranstaltungen erarbeitet und schließlich zu Papier gebracht. Insgesamt nahmen 10.000 Teilnehmer aus aller Welt an diesem alternativen Konvent teil. »Die Zusammenarbeit und Vernetzung zwischen Umweltschützern aus dem Norden und sozialen Basisgruppen aus dem Süden halte ich für das wichtigste langfristige Ergebnis von Rio«, sagte Peter Wahl von der NRO W.E.E.D.

Das vom alternativen »Global Forum 92« erarbeitete Papier forderte die Industriestaaten auf, als Erstes 1 Prozent ihres jährlichen BIP – einschließlich Zinserlass – als Öko-Hilfe an die Entwicklungsländer abzuführen. Das Papier plädierte für eine schnellstmögliche Entwicklung einer nachhaltigen Weltgesellschaft, in der die Industriestaaten ihr Wirtschaftswachstum drosseln, weltweit die CO_2-Emissionen bis zum Jahre 2000 um 50 Prozent senken (auf der Basis von 1990), einen sofortigen FCKW-Stopp einführen, alternative erneuerbare Energien schon zu Anfang des 21. Jahrhunderts in Nord und Süd anwenden und damit die fossilen Energien Kohle, Öl und Erdgas bis spätestens um 2020 gänzlich ersetzen sollten.

Notfalls, so das Global-Forum-Papier, müsste der Norden dem Süden die neuen Energietechnologien anfangs kostenlos zur Verfügung stellen, um die klimagefährdenden, Kohlendioxid ausstoßenden alten Energien abzusetzen. Diese Vorschläge und Forderungen der Umwelt- und Entwicklungs-NRO aus dem Flamingo-Park lassen eindeutig die Unterschiede zu den erzielten Ergebnissen der offiziellen Gipfelkonferenz der Regierungen und ihrer Weisung gebenden Wirtschaftseliten in Rio erkennen.

Der deutsche Professor Ernst Ulrich von Weizsäcker, damaliger Präsident des Wuppertaler Instituts für Klima, Umwelt und Energie, meinte zum UNO-Gipfeltreffen, dass dieses zum »Gipfel der Scheinheiligkeit« wurde. Die Vertreter aus dem Norden, schrieb er in der Zeitschrift »Natur-Magazin«, wollten zwar die globale Umwelt schützen, aber gerade im »Norden säßen die bei weitem größten Verursacher der Zerstörung«. Denn der Norden verbrauchte »pro Kopf rund zehnmal soviel Energie und andere natürliche Ressourcen wie die Menschen im Süden«. Und da wollen wir ihnen erzählen, wir müssten alle »gemeinsam« die Natur schonen, säßen alle gemeinsam im selben Boot. »Zur Verteidigung sagen unsere Politiker und Wirtschaftsführer dann«, so von Weizsäcker des Weiteren, »wir brauchten eben eine leistungsfähige Wachstumswirtschaft, um uns den Umweltschutz leisten zu können. Das aber führt nicht weiter.«

Denn das prompte Echo aus dem Süden, das auf diese Beteuerung erschallt, hört sich nach von Weizsäcker folgendermaßen an: Lasst uns doch erst mal so reich und leistungsfähig werden wie ihr, dann wollen wir uns gern gemeinsam um die Umwelt und das Klima kümmern, dann können wir gemeinsam in einem Boot sitzen. »Erst wirtschaftliche Entwicklung, dann Umwelt- und Klimaschutz, das ist die ebenfalls scheinheilige Formel des Südens.« Damit folgt der Süden dem Wohlstandsmodell des Nordens. Das aber »führt uns noch schneller in die Katastrophe«. Doch der Norden hat diesen Prozess eingeführt und erweitert. Und er wollte auch in Rio sein Wirtschaftswachstums- und Verschwendungsmodell nicht in Frage stellen lassen.

Es ist der Norden, es sind die postindustriellen Länder, die ihr Wirtschaftswachstum drosseln, ihre Verschwendung beheben, ihren fossilen Energieverbrauch auf erneuerbare Energien umstellen und den CO_2-Ausstoß reduzieren müssen. Die Industrienationen müssen ihre Produktiv- und Verschwendungskraft auf eine niedrigere Stufe herunterfahren. Nur dann sind sie berechtigt, dem Süden zu erzählen, wir säßen alle im selben Boot und müssten gemeinsam die Natur schützen. Nur dann wird es dem Süden gelingen, eine umweltverträgliche Wirtschaftsentwicklung anzupacken. Nur dann wird es weltweit »sustainable development«, d. h. eine nachhaltige, überlebensfähige statt auf Raubbau, Obsoleszenz, Verschwendung und Zerstörung basierende wirtschaftliche Entwicklung geben können. Aber wie es scheint – siehe Kyoto – ist der Norden nicht willens, diese Schritte zu unternehmen. Das Gleiche gilt nun für China.

Es gibt noch ein anderes Thema, bei dem der Norden eine unglaubwürdige Rolle spielte und noch immer spielt: bei der Schuldenkrise. In den 70er und 80er Jahren des 20. Jahrhunderts, als die Industrienationen Angst vor der Verknappung der Rohstoffe bekamen, wurden in großem Maße Rohstoffvorkommen im Süden ausgebeutet. US-Konzerne taten es in Lateinamerika, EU-Konzerne in Afrika, japanische Konzerne in Südostasien. Diese Konzerne und ihre Regierungen liehen dem Süden das Kapital dafür. Und bald sprudelten die Rohstoffquellen. Die Folgen waren Überangebot und Preisverfall. Die Exporterlöse des Südens sanken. Daraufhin stiegen die Zinsen. Immer mehr Natur musste verkauft werden, um die Kredite und die Zinsen abzuzahlen. So wurden Kupfer und Zinn und Silber und Phosphate aus Bolivien und Peru ausgebeutet, Bauxit und Salpeter aus Chile, Kupfer und Wolfram aus dem Kongo, Erdöl aus Nigeria, Bauholz und Edelhölzer aus Brasilien, Malaysia und Indonesien usw., usw. Der Norden hatte dabei einen doppelten Vorteil: Zu billigen Rohstoffimporten kamen steigende Zinszahlungen. Viele Jahre lang – bei einigen Rohstoffen bis heute – ergab das einen Netto-Wertetransfer vom Süden in den Norden. Immer ging dies auch zu Lasten der Natur.

Wie gesagt, der Erdgipfel in Rio scheiterte völlig, vor allem auch, weil nicht erkennbar war, dass die Industrienationen fühlbare Einschränkungen ihres Energieverbrauchs und damit auch ihres Konsums in Kauf nehmen wollten. Nicht nur die USA, auch Japan, Frankreich, Großbritannien, selbst die Länder der ehemaligen Sowjetunion agierten als unverantwortliche Bremser, die wirksame Maßnahmen wie eine sofortige Teil-Reduzierung ihres CO_2-Ausstoßes oder einen höheren Energiepreis – und damit auch einen ökologischen Strukturwandel der Sektoren Energie, Industrie und Verkehr – ablehnten. Es war von vornherein mehr als unwahrscheinlich, dass selbst die gemäßigten Vorschläge des deutschen Umweltministers Klaus Töpfer für eine Stabilisierung der CO_2-Emissionen bis zum Jahre 2000 – auf der Basis der 1990er Emissionen – und einer danach folgenden schrittweisen Reduzierung in Rio Rückendeckung bekommen würden.

Unter den Vertretern der südlichen Entwicklungsländer kritisierten Tropenwaldländer wie Brasilien, Malaysia und Indonesien, dass ihnen der »Schutz der grünen Lungen der Erde« aus dem Norden diktiert würde, während die Nordländer wiederum ihre eigenen Wälder wegen ihrer Industrialisierung schon lange vorher zugrunde gerichtet hatten und den Rest wohl jetzt durch »sauren Industrieregen« zerstörten.

Die meisten anderen armen Nationen Afrikas, Lateinamerikas und Südostasiens blickten ebenfalls mit großer Skepsis auf die Ergebnisse der offiziellen Umweltkonferenz. Sie alle standen und stehen noch immer auf der Skala der Umwelt- und Klimaschänder ganz unten, sind aber die Hauptleidtragenden der globalen Klimaveränderung.

Unter den Vertretern der Umwelt- und Entwicklungs-NRO, die sich in Rios Flamingo-Park trafen, wuchs schon zu Beginn die Skepsis, ob es auf dem Umweltgipfel überhaupt um die gemeinsame Zukunft auf dem Planeten Erde ginge. Sie befürchteten zu Recht, dass in Rio globale Umweltstrategien festgeschrieben würden, die das üppige Leben des Nordens auf Kosten des Südens fortsetzen sollten und langfristig den ökologischen Zusammenbruch nicht verhindern könnten. Sie hatten verstanden, dass der Norden sein quantitatives Wirtschaftswachstums- und Wohlstandsmodell nicht aufgeben wollte und dass es deshalb schon zu keiner nachhaltigen, umweltverträglichen Weltwirtschaftsentwicklung kommen konnte, an der der Süden gleichberechtigt partizipieren würde. Vielmehr, so schrieben sie es in einem Papier, käme es zu einer »One World but two Lifestyles«. Der Norden hatte sich ihrer Meinung nach in Rio de Janeiro als »Öko-Kolonialist« aufgespielt.

Dieser Meinung war auch Klaus Michael Meyer-Abich, damaliger Professor für Naturphilosophie im Kulturwissenschaftlichen Institut des Wissenschaftszentrums Nordrhein-Westfalen. »Wegen des globalen Umweltschutzes in ein Boot gepfercht zu werden, das andere steuern und in dem die besten Plätze schon vergeben sind«, so schreibt er, »ist eine Befürchtung, die unter dem Stichwort Ökokolonialismus in der Dritten Welt zu Recht zunehmend um sich greift«. Der Süden, so Meyer-Abich des Weiteren, hat berechtigte Gründe zu diesem Vorwurf und wird auch in Zukunft nicht willens sein, noch die letzten Plätze in dem vom Norden propagierten gemeinsamen Boot zu besetzen. Vielmehr wird der Süden auch weiterhin sagen: »Ihr Reichen im Norden habt doch jahrhundertelang an euch gerafft, was die Erde zu bieten hat. Ihr habt früher aus unseren Ländern und Territorien Kolonien gemacht und verdankt auch uns euren Vorsprung.« Meyer-Abich glaubt, dass die heutige Verteilung des Wohlstands auf der Welt für den Süden nicht akzeptabel ist, vor allem deshalb nicht, weil der Norden in den 70er und 80er Jahren des 20. Jahrhunderts schon wieder – vor allem an Rohstoffen – »mehr aus dem Süden wegnimmt, als aus dem Norden zum Süden zurückfließt«. Da der Süden dem Norden direkt nichts wegnehmen kann, so beendet Meyer-Abich seine Streitschrift, »will der Süden zumindest die Güter der Erde genauso nutzen wie der Norden und wird sich nehmen, was übriggeblieben ist«.

Der Süden wird also weiterhin einwenden, wenn die Natur weltweit mehr geschützt werden muss, als es der Norden in der Vergangenheit getan hat, sei es nicht an ihm, damit zu beginnen. In ein gemeinsames Boot, das den Wohlstand des Nordens und die Armut des Südens verewigt, wird sich die Dritte Welt nicht hineinziehen lassen.

Noch einmal: Das quantitative Wirtschaftswachstumsmodell der nördlichen Industrieländer war schon 1992 nicht verallgemeinerungsfähig. Zwar mag es vorübergehend möglich sein, dass ein Viertel der Menschheit zu Lasten fast der gesamten Natur, der übrigen drei Viertel der Menschheit und der nachfolgenden Generationen lebt, doch schon mittelfristig – vor allem durch den zwischenzeitlichen Aufstieg Chinas –, nämlich in der zweiten Hälfte des 21. Jahrhunderts, wird das für die gesamte Erdbevölkerung nicht nur unvorstellbar, sondern zerstörerisch zugleich sein.

Da die Grenzen der Belastbarkeit des Planeten Erde schon 1992 durch den Wohlstand der damaligen Industriestaaten fast erreicht wurden, wie es die Klimaveränderung, die Ozonlöcher, die chemische Verseuchung von Boden, Luft und Wasser, das beginnende Abschmelzen der Pole etc. aufzeigten, bleibt für eine entsprechende Ausbeutung der Natur durch die Länder des Südens kaum noch Spielraum. Nur China hat sich diesem »Nicht-Spielraum« entzogen – mit unabsehbaren Treibhausfolgen.

Nach Rio 1992 haben die südlichen Entwicklungsländer folgende Fragen an die postindustriellen Länder zu stellen: Was wird aus uns, nachdem ihr die Handlungsspielräume so eingeengt habt, dass wir nicht einmal mehr eure Fehler machen dürfen, um unsere Not zu überwinden? Werdet ihr uns dafür entschädigen, dass ihr uns zuvorgekommen seid, dass ihr alles an euch gerafft habt und wir jetzt alle vor den Resten stehen? Werdet ihr uns die Schulden erlassen? Werdet ihr die Rohstoffe bewahren helfen? Werdet ihr die erneuerbaren Energien rechtzeitig einsetzen und uns diese Technologie umsonst zukommen lassen, damit wir gemeinsam die Klimakatastrophe verhindern können?

Mit anderen Worten: Der Süden wird vom Norden fordern, sich zu ändern, seinen Lebensstandard zu senken, seine geplante Obsoleszenz, seine Verschwendung zu beenden. Auf den beiden Umweltgipfeln in Durban und in Katar ist daraus nichts geworden. Im Gegenteil: Die angesprochenen Probleme haben sich enorm verschlechtert. Und irgendwann am Ende des 21. Jahrhunderts befinden wir uns alle im sinkenden Boot. Aus dem Flamingo-Park aber, dem Treffen der NRO, ging schließlich die glaubwürdige Botschaft an uns alle: Die Verschwendung und Klimaschändung der Industrienationen ist das zentrale Hindernis für die Rettung unseres Lebens auf der Erde.

7. Kapitel
Entfesselter Raubtierkapitalismus

Nach dem Untergang des Systemgegners Sowjetunion im Jahre 1990 und dem für die postindustriellen Länder und China scheinbar positiv verlaufenen 1992er Umweltgipfel in Rio de Janeiro hatte der Kapitalismus freie Bahn wie zu seinen Anfängen in Manchester. Er brauchte nun seine sozialen Maskierungen wie die deutsche »soziale Marktwirtschaft« nicht mehr. Der »Kapitalismus pur« (Ulrich Beck) bedurfte dieser Variante, dieses kleineren Übels nicht mehr, sie hatte ausgedient. Solange die UdSSR als der »große Feind« unserer Gesellschaftsordnung existierte, spielten die Manager den Wolf im Schafspelz. Die kapitalistische Wirtschaftspolitik hatte immer auch einen ideologischen Impetus, nämlich ein menschliches Antlitz des Kapitalismus zu zeigen, etwa in seiner Spielart der sozialen Marktwirtschaft. So sollte demonstriert werden, dass das kapitalistische Wirtschaftssystem dem Staatssozialismus in jeder Hinsicht überlegen war.

Heute ist das anders. Die Konzernmanager, Investmentbanker und Hedgefonds müssen keine Rücksicht mehr nehmen auf Gewerkschaften, Arbeitnehmer, nationale Politik oder nationale Identität. Damit entwickelte sich eine neue Tyrannei: Statt des politischen sind wir heute mit einer Form des ökonomischen Totalitarismus konfrontiert. Unsere Politiker sind zu Kellnern des Kapitals geworden, gehorchen den Weisungen der Wirtschaftselite und retten sogar ihre kriminellen Geschäfte mit künstlichen Finanzmarktprodukten durch steuerliche Hilfspakete, die Ausmaße von Tausenden Milliarden Dollar/Euro erreicht haben.

Die Ersten, die nach dem Untergang der Sowjetunion den neuen Raubtierkapitalismus praktizierten, waren die sogenannten »Downsizer« und Options-Abkassierer. Es waren US-amerikanische Manager, die den Kult um die Aktie, den »Shareholder Value«, nun als neue »Corporate Culture« in den 90er Jahren vorantrieben. »Shareholder Value« – die Wertsteigerung der Aktienkurse an der Börse – wurde zur Religion für erfolgreiches Management, genauso wie Wettbewerbsfähigkeit. Der Börsenkurs der Aktie galt seitdem als Aushängeschild eines erfolgreichen Unternehmens.

Die neue Managergeneration betrachtete Arbeitnehmer nur noch als Kostenfaktor, den man minimieren musste. Weder lebenserhaltende Löhne noch die Sicherheit ihrer Jobs interessierten die Bosse, im Gegenteil: Der Verlust hunderttausender Arbeitsplätze wurde einkalkuliert – um der Renditen willen. Es ging schließlich um Effizienz, nicht um Gerechtigkeit. Die Topmanager hörten sich an wie Börsenspekulanten, ihre Aufmerksamkeit galt dem globalen Markt, sie wollten »Global Player« sein und nicht mehr auch für ihre Belegschaften verantwortliche Lenker. »Shareholder Value« zeitigte häufig verheerende Ergebnisse, denn je höher die Aktienkurse, die Gewinne und die Managereinkommen stiegen, desto mehr Arbeitnehmer wurden entlassen.

Zwischen 1990 und 1996 bereicherten die zehn erfolgreichsten US-amerikanischen Konzerne ihre Aktionäre um mehr als 300 Milliarden Dollar. Zu den erfolgreichsten Geldvermehrern ihrer Aktionäre zählten der Coca-Cola-Chef Roberto Goizueta und der CEO von General Electric (GE), Jack Welch. Sie trieben dabei zugleich ihre eigenen Gehälter durch die von ihnen geforderten Aktienoptionen hoch. Europäische Manager, vor allem deutsche, zogen nach. Daimler-Benz-Chef Jürgen Schrempp oder der VEBA-Vorstandsvorsitzende Ulrich Hartmann galten hierzulande als die exponiertesten Protagonisten dieses Kults. Als Vorbild galt ihnen Jack Welch. Dieser Mann war so etwas wie der Hohepriester der »Shareholder-Value-Sekte«.

Als Boss einer der größten Konzerne der USA herrschte Welch über ein weitverzweigtes Imperium von Elektronik- und Haushaltsgerätefirmen, Turbinenwerken, Fernsehsendern etc. Er trieb Aktienkurse und Gewinne seines Konglomerats mit einer einfachen und zugleich radikalen Strategie nach oben: Rendite rauf – oder dichtmachen bzw. verkaufen. Wenn ein Geschäftsbereich von General Electric nicht auf Dauer weltweit die Nummer eins oder zwei auf dem Markt werden konnte, trennte sich Welch davon. Bis 1997 reduzierte Boss Welch die Zahl der Beschäftigten bei General Electric von über 400.000 auf 200.000. Durch den Einsatz modernster Robotertechnik entvölkerte Welch ganze Fabrikhallen. So machte er das Unternehmen schlank (»Downsizing«) und gewinnträchtig und forderte zusätzlich zu seinem Riesengehalt immer größere Bonuszahlungen (Aktienoptionen). Seine Ankündigungen von Stellenstreichungen lösten regelmäßig große Kurssprünge der GE-Aktie nach oben aus. So wurde der Produktionsfaktor Arbeit auf dem Altar von Kursgewinnen geopfert. Bei den US-Gewerkschaften konnte Welch allerdings nicht punkten. Unter Anspielung auf die Neutronenbombe – die Menschen tötet und Gebäude verschont – nannten sie ihn »Neutronen-Jack«.

Bis 1996 häufte Jack Welch 350 Millionen Dollar an GE-Aktienoptionen an. Ein Jahr darauf strich er an Gehalt und Aktienoptionen 57 Millionen Dollar ein. Im Juli 1997 wurde er vom »Spiegel« interviewt. Gefragt, ob es denn gerechtfertigt sei, dass ein normaler Arbeiter in seiner Firma für die gleiche Summe Tausende von Jahren arbeiten müsste, antwortete Welch: »Wir gehen nicht auf die Straße und zwingen Leute mit vorgehaltener Pistole in unsere Fabrikhallen.«

Der im Oktober 1997 gestorbene Coca-Cola-Chef Roberto Goizueta hatte zwischen 1990 und 1997 mit seinen Optionen ein Aktienvermögen von einer Milliarde Dollar angehäuft. Der CEO der Investmentbank Green Tree, Lawrence Coss, scheffelte allein 1996 über 100 Millionen Dollar an Optionen. Knapp 100 Millionen Dollar kassierte Intel-Boss Andrew Grove im selben Jahr, mehr als 65 Millionen Anthony O'Reilly, der Chef der Ketchup-Firma Heinz. 1995 erhielt AT&T-Boss Robert Allen nach der Aktionärs-Hauptversammlung einen Sonderbonus von mehr als 10 Millionen Dollar, denn er hatte auf einen Schlag 40.000 abhängig

Beschäftigte rausgeworfen und dadurch das Unternehmen »verschlankt« und gewinnträchtiger gemacht. Es war eine der größten Massenentlassungen in der US-amerikanischen Geschichte. Im gleichen Jahr kassierte der als »Kettensägen-Al« verschriene Al Dunlop, CEO bei Scott Paper, Nummer eins im Weltmarkt für Küchen- und Klopapier, 100 Millionen Dollar an Optionen, nachdem er zuvor 11.200 Arbeitnehmer gefeuert hatte. Michael Eisner, CEO bei Disney, sicherte sich 1997 vertraglich für die nächsten Jahre Aktienoptionen im Wert von 200 Millionen Dollar. Da Disneys Aktienkurs weiterhin stieg wie bisher, erhöhten sich die Optionen auf knapp eine halbe Milliarde Dollar, usw.

Kritik an ihren astronomischen Gehältern und Aktienoptionen weisen die US-Manager beleidigt zurück. »Was wollt ihr?«, meinte einer von ihnen, Charles Sweet von der Unternehmensberatungsfirma A. T. Kearney: »Die USA haben die aufregendste Wirtschaft der Welt«, die hohen Gehälter seien eben der Preis dafür.

Die Anwendung des »Shareholder-Value«-Systems begann also gleich zu Beginn der 90er Jahre des letzten Jahrhunderts. Seitdem bedrängen die Manager die Aktionäre unaufhaltsam mit ständig wachsenden Forderungen nach Teilhabe an den steigenden Börsenkursen der Aktien und der Minderung der Kosten durch »Downsizing«. Und die Aktionäre koppelten die Optionen kurzerhand an den Erfolg, d. h. wer Gewinn und Aktienkurse nach oben trieb, die Kosten durch Entlassungen minimierte, der sollte durch ein Zubrot daran beteiligt werden. Seither gibt es Aktienoptionen und andere Boni zusätzlich zum Gehalt der Manager. Sie geben den Managern u. a. das Recht, Aktien des eigenen Unternehmens nach einer bestimmten Zeitspanne zu einem Vorzugspreis zu kaufen und sie später zum höheren Börsenkurs abzustoßen. Dieses System wurde dann seit Mitte der 90er Jahre auch in Europa – vor allem in Großbritannien und Deutschland – angewandt.

Auf diese Weise haben sich die Manager seit den 90er Jahren von der allgemeinen Entwicklung völlig abgekoppelt. Während sie mit aller Macht die Lohnkosten senkten und Massen von Arbeitnehmern in die Arbeitslosigkeit schickten, trieben sie selbst skrupellos die eigenen Gehälter, Optionen und andere Boni in astronomische Sphären. Letzteres haben die Investmentbanker, ihre Trader, Analysten und Hedgefonds zu Beginn des 21. Jahrhunderts dann auf die Spitze getrieben. Warum gab es keine gesetzlichen Regeln gegen diesen Raubtierkapitalismus?

Die staatlichen Regulierungen für einen humaneren Kapitalismus wurden schon mit Beginn der Reagan-Administration aufgehoben. Märkte, Börsen und vor allem Großbanken wurden von »einschränkenden Gesetzen entfesselt«. Insbesondere mit der Aufgabe des »Glass-Steagall Act« 1998 – während der Clinton-Administration –, der es den US-Großbanken bis dahin verboten hatte, auf eigene Rechnung Spekulationsgeschäfte zu tätigen, ließ ein hemmungsloses Investmentbanking der Großbanken entstehen. Das Gleiche gilt für Großbritannien, wo die Großbanken von der Regulierung »befreit« wurden, keine Spekulationsunternehmungen auf eigene Rechnung durchführen zu dürfen. Dadurch entstand das anglo-amerikanische Investmentbanking mit virtuellen Finanzmarktprodukten wie Subprime Credits, Lehman-Zertifikaten, CDS, Index-Fonds etc. Dadurch entstanden auch die von den Investmentbanken finanzierten Hedgefonds und Private-Equity-Fonds, die wie Heuschrecken über die postindustriellen Länder herfielen, ihre Unternehmen oft auf Pump aufkauften, um sie so schnell wie möglich mit hohem Gewinn zu verhökern.

Letzteres war selbst in Deutschland möglich, weil auch hier die rotgrüne Administration »deregulierte«. Seit Beginn des 21. Jahrhunderts sind es genau diese Hedge- und Private-Equity-Fonds der New Yorker Wall Street und der Londoner Fleet Street, die deutsche Unternehmen mit feindlichen Übernahmen bedrohen. Warum machten sich diese anglo-amerikanischen Investmentfonds erst jetzt bei uns breit? Bis Ende der 90er Jahre galt die deutsche Unternehmenslandschaft für feindliche und halbfeindliche Übernahmen als uneinnehmbares Terrain. Die Großbanken (Deutsche Bank, Commerzbank, Dresdner Bank) und die Versicherungskonzerne wie Allianz und Münchner Rück bildeten durch ihre enormen Aktienbeteiligungen eine Art Schutzschild um die Unternehmen. Man nannte es die »Deutschland AG«. Gleichzeitig schob die deutsche Steuerpolitik feindlichen Übernahmen einen Riegel vor, weil bei einer Veräußerung von Unternehmensbeteiligungen hohe Steuerzahlungen erhoben worden wären. So formten Konzerne, Großbanken, Versicherungskonglomerate und Staat ein geschlossenes Abwehrsystem gegen Übernahmebestrebungen der Investmentfondsmanager.

Doch die Deutschland AG löste sich auf, weil die deutschen Großbanken sich mehr und mehr an anglo-amerikanischen Spekulationsgepflogenheiten orientierten. Mit anderen Worten: Sie wandten sich vom normalen Kreditgeschäft ab und dem Investmentbanking zu. Denn dieses generierte Profite von über 25 Prozent – also weit höhere als die Gewinnmargen im Kreditgeschäft. Schließlich tat ihnen die rot-grüne Bundesregierung den Gefallen und senkte den Steuersatz für Veräußerungsgewinne im Jahre 1999 auf null. Das kam einem Milliardengeschenk an die Großbanken und Versicherungen gleich, das aber weitergehende, fatale Folgen nach sich zog. Die deutschen Großbanken und Versicherungskonglomerate verkauften nun einen großen Teil ihrer Unternehmensbeteiligungen (Aktienpakete) an der Börse und überließen dadurch viele Unternehmen schutzlos den Übernahmeversuchen durch die anglo-amerikanischen Hedge- und Private-Equity-Fonds. Die schlugen dann zu diesem Zeitpunkt auch wirklich wie Heuschrecken zu und stürzten sich förmlich auf deutsche Unternehmen.

Zwischen 2000 und 2003 übernahmen bzw. kontrollierten diese Investmentfonds bereits 5.000 Unternehmen in Deutschland, in denen über 400.000 Beschäftigte arbeiteten. Im Jahre 2004 kauften sie an der Börse für 22,5 Milliarden Euro deutsche Firmen auf. Und das war erst der Anfang, nachdem sie ihren Raubzug durch die amerikanische, britische, japanische und südkoreanische Unternehmenslandschaft getätigt hatten. Die deutschen Unternehmen galten, wie die amerikanischen Unternehmen, für die »Globalen Spieler« der Hedgefonds als »Übernahme-Paradies«. Sie sind im internationalen Vergleich »unterbewertet« (hoher Substanzwert, niedriger Börsenkurs). Und waren nun, da die Deutschland AG seit 2000 zerfiel, noch leichter zu übernehmen. Zu den größten Übernahmen anglo-amerikanischer Hedge- und Private-Equity-Fonds in Deutschland zählen u. a. die Übernahme des Kabelbetreibers Kabel NRW durch Callahan Associates für 2,5 Milliarden Euro im Jahre 2000; die

Übernahme des Chemiekonzerns Celanese für 3,1 Milliarden Euro durch Blackstone im Jahre 2003; die Übernahme des Chemiekonzerns Dynamit Nobel durch Kohlberg, Kravis, Roberts für 2,3 Milliarden Euro im Jahre 2004; die Übernahme von Thyssen-Krupp-Häuser durch Morgan Stanley und Corpus für 2,1 Milliarden Euro im Jahre 2005.

Diese feindlichen Übernahmen werden größtenteils über Anleihen (Bonds) kreditfinanziert. Dann übertragen die Fondsmanager die aufgenommenen Kaufschulden auf das erbeutete Unternehmen, d. h. diese Kredite müssen dann aus den Mitteln des übernommenen Unternehmens getilgt werden. Das letztendliche Ziel einer feindlichen Übernahme ist der sogenannte »Exit«, der Ausstieg aus dem Unternehmen, wenn die erworbenen Beteiligungen nach zumeist 2 bis 5 Jahren mit deutlichem Gewinn verkauft werden. Erbringt ein Unternehmen in diesem Zeitraum nicht die angestrebte Rendite von 25 Prozent, dann wird es zerschlagen und die Teile werden verkauft. Schon 2006 verwalteten rund 8.000 Hedgefonds Unternehmenswerte in Höhe von 2.000 Milliarden Dollar. Dieser finanzmarktgetriebene Raubtierkapitalismus der Investmentbanken und ihrer Hedgefonds fand in den Jahren 2007/2008 seinen kriminellen Höhepunkt in der Immobilien- bzw. Finanzmarktkrise. Weltweit hatten die Investmentbanken und ihre Fonds virtuelle, toxische Finanzmarktprodukte verscherbelt und die Welt in ein finanzielles Chaos gestürzt. (Ich komme später darauf zurück).

Aber auch außerhalb der Finanzwirtschaft entstand ein deregulierter, globaler Raubtierkapitalismus, der Arbeitnehmer und Gewerkschaften mit Auslagerung der Produktionsstätten in sogenannte Billiglohnländer bedrohte, falls diese aufmuckten und höhere Löhne und gerechtere Sozialversicherungsbeiträge der Unternehmen einforderten. Das Ganze wurde auch mit dem Begriff »Globalisierung« verbrämt. Doch die sogenannte Globalisierung ist eher ein Produkt gelenkter, spektakulärer Informationen als ein beweisbares Phänomen. Die Globalisierung deutscher güterproduzierender Unternehmen konzentriert sich z. B. maßgeblich auf die Regionen Europäische Union und Nordamerika. Selbst in China und Indien haben sich bisher nur wenige »Joint Ventures« entwickelt. Von einer Welt-Globalisierung zu sprechen, ist Unsinn. Die für Arbeitnehmer bedrohlichen Globalisierungsszenarien sollen dann auch dem nationalen und internationalen Hightech-Kapitalismus neue Profitquellen durch Lohndumping, angedrohte Auslagerung von Arbeitsplätzen und Sozialabbau eröffnen und zudem Politiker, Gewerkschaften und Beschäftigte gefügig machen. In diesem Sinne sitzen wir tatsächlich – besonders in den USA und der EU – in einer »Globalisierungsfalle«.

Der vermeintliche Sachzwang »Globalisierung« gilt in allen postindustriellen Ländern als willkommene Begründung des gesellschafts- und sozialpolitischen Rollback, also für die Kürzung der Lohnnebenkosten, Streichung des Urlaubs- und des Weihnachtsgeldes, Austausch der Stammbelegschaften gegen Leiharbeiter, für die die Unternehmen keine Sozialversicherung zahlen müssen, und schließlich für die als unvermeidlich angesehenen Massenentlassungen wegen Rationalisierung. Zumeist wird eine fortgeschrittene weltweite Vernetzung der Produktmärkte ebenso umstandslos als gegeben von der Manageroligarchie unterstellt wie auch eine schier grenzenlose internationale Mobilität der Großunternehmen. Das global agierende Unternehmen, der »transnationale Konzern« (»TNK«), gilt dabei als die einzige Organisationsform, die sich an den neuen globalen Markt anpassen kann. Selbstverständlich werden heutzutage Aktien deutscher Konzerne wie Bayer, Siemens, Hoechst (jetzt Aventis), BMW, Mercedes, VW an der Wall Street gehandelt und sie haben Produktionsstätten und »Joint Ventures« in China, Südafrika, Mexiko Brasilien, USA, Kanada, Australien und Indien aufgebaut bzw. errichtet. Ihre Auslandsinvestitionen sind erheblich. Sie bilden dennoch eine Ausnahme. Denn der größte Teil der deutschen TNK investiert in Länder der EU, also in unseren gemeinsamen europäischen Markt.

Der deutsche Wirtschaftswissenschaftler Ulrich Dolata kam in einer Dokumentation über die sogenannte Globalisierung 1997 zu folgenden Ergebnissen: Bis zur Jahrhundertwende seien 92 Prozent der weltweit getätigten 4.200 strategischen Kooperationsabkommen einschließlich »Joint Ventures« in drei Regionen abgeschlossen worden. Diese von Dolata als »TRIADE« bezeichneten Regionen umfassen die EU, NAFTA (Nordamerikanische Handelsorganisation der Staaten USA, Kanada und Mexiko) und China und Japan einschließlich Südkorea, Taiwan, Singapur.

Der intrakontinentale Handel in den TRIADE-Regionen betrug 48,7 Prozent. Der Anteil der TRIADE am gesamten Welthandel belief sich auf 73,6 Prozent. Einen großen Teil des Restes verbuchten Russland und Indien. Wir sollten also die Globalisierung auf die TRIADE-Regionen einschränken und besser von »Triadisierung« sprechen, denn die größten Teile Lateinamerikas, Afrikas und Südostasiens bleiben auch heute noch immer außen vor.

Vor dieser Kulisse konnten Standort- und Wettbewerbshysterien dennoch prächtig gedeihen. Lohnzurückhaltung, Sozialabbau (Hartz IV) und Regulationsdumping erscheinen dann als permanent notwendige nationale Opfer in einem gnadenlos geführten weltweiten Kampf um beste Standorte, wobei einer aller Handlungsspielräume beraubten staatlichen Wirtschaftspolitik die Aufgabe zufällt, den großen Unternehmen möglichst kostenlos optimale (politische, ökonomische und rechtliche) Rahmenbedingungen zur Verfügung zu stellen. Und dazu gehören vor allem steuerfreie Standorte.

Zu dieser Situation sagte einer der erfolgreichsten europäischen Manager, der Vorstandsvorsitzende von ABB (Asea, Brown, Boveri – Elektrotechnik und Anlagenbau), Percy Barnevik, im Jahre 2000 während einer Rede vor Topmanagern und führenden europäischen Politikern: »Ich definiere Globalisierung als die Freiheit unserer Firmengruppe, zu investieren, wo und wann sie will, zu produzieren, was sie will, zu kaufen und zu verkaufen, wo und wann sie will, und alle Einschränkungen durch Arbeitsgesetze oder andere staatliche Regulierungen auf ein Minimum zu reduzieren.«

Der US-amerikanische Wirtschaftswissenschaftler Lester Thurow (Massachusetts Institute of Technology) äußerte sich in seinem Werk »The Future of Capitalism« zur Globalisierung folgendermaßen: »Für Konzernmanager bedeutet das, dass alle Produkte und Dienstleistungen jeweils dort hergestellt werden können, wo die dafür entstehenden Kosten am niedrigsten sind. Die so entstandenen Produkte und Dienstleistungen können dann in den Teilen der Welt verkauft werden, in denen Preise und Gewinne am höchsten sind.«

Staat und Wirtschaftsführer bauen heute Hand in Hand den Sozialstaat ab, reduzieren Unternehmenssteuern auf null, bürden der Bevölkerung die Mehrkosten der erneuerbaren Energien auf, senken die Löhne und kreieren Leiharbeit ohne Kündigungsschutz und ohne Sozialversicherung. Der Sozialsaat wird umgewandelt in einen allein von der Manageroligarchie beherrschten Standortstaat. Dabei betonen die Boni-Eliten kontinuierlich, dass diese Entwicklung quasi naturgegeben und unaufhaltsam sei. »Jeder, der denkt, dass die Globalisierung unterbrochen werden könnte, sollte uns sagen, wie er den ökonomischen und technologischen Fortschritt einfrieren will. Das wäre, als versuche man, die Rotation der Erde zu stoppen«, verkündete Renato Ruggiero, ehemaliger Chef der Welthandelsorganisation (WTO), während der Jahrhundertwende in Genf. Und sein Kollege Michel Camdessus, Bankmanager und damaliger Direktor des Internationalen Währungsfonds (IWF), hob zur selben Zeit die »erzieherischen Kompetenzen des globalen Marktes« hervor, indem er kundtat: »Wenn die Wirtschaftspolitik einer Regierung solide ist, werden Investitionen im Lande bleiben und wachsen. Doch wenn sie nicht richtig konzipiert wird und die ökonomische Ordnung gefährdet, dann geht das Kapital natürlich weg. Diese Tatsache, und das sollte uns nicht überraschen, lastet auf den Regierungen wie ein Gewicht, damit sie sich korrekt verhalten.« Deutlicher kann man es kaum sagen.

Das ist die Lektion, welche die Kellner des Kapitals, so muss man heute die Beziehung zwischen Regierungen und Manageroligarchie charakterisieren, lernen müssen. Einer der Topmanager der US Mobil Oil Corporation formulierte es vor 3 Jahren folgendermaßen: »Einige Märkte sind profitabler als der US-Markt. Wir gehen dann dahin, wo die Profitraten höher sind und die Regierungen ein gastfreundliches Geschäftsklima garantieren.« US-Mobil ging mit Teilen des Unternehmens nach Saudi-Arabien.

Da die Manager des neoliberalen Kapitalismus ihre Standorte nach diesen Kriterien wählen, entsteht unter den nationalen Regierungen ein verschärfter Wettbewerb um Unternehmensansiedlungen. Wenn z. B. europäische Unternehmen Standorte in China, USA oder Japan aussuchen, sichern sie sich zugleich auch einen Marktanteil in diesen Ländern der

TRIADE-Region. Doch dem entsprechenden europäischen Staat fehlen dann die Steuereinkommen, mit denen er die von seinen Wählern nach wie vor erwarteten Sozialleistungen bezahlen könnte. Dadurch, dass sie einige ihrer neuen Produktionsstätten in die USA (North Carolina, Alabama) auslagerten, weil Lohn- und Standortkosten dort niedriger als in Deutschland waren, reduzierten z. B. Mercedes und BMW ihren Anteil an der Finanzierung der staatlichen deutschen Rentenversicherung. Das Gleiche gilt für VW, Siemens und Bayer, die Standorte nach Mexiko, USA, Südafrika, China und Brasilien verlegten.

Außerdem reduzierten viele Regierungen die Unternehmens- bzw. Körperschaftssteuer erheblich, um heimische Unternehmen im Land zu halten oder ausländische hereinzuholen, was wiederum die Steuereinkommen des Staates senkt und die staatlichen Sozialleistungen kappt. In Deutschland sind – während der rot-grünen Koalition – die Körperschaftsteuern für Unternehmen und die Besteuerung von Veräußerungsgewinnen der Banken (Verkauf von Aktienpaketen deutscher Unternehmen) ab 2001 auf null gesunken. Im Jahre 2008 holte das Bundesland Nordrhein-Westfalen z. B. zu günstigsten, steuerlosen Standortbedingungen den finnischen transnationalen Hightech-Konzern NOKIA ins Land hinein. Damit dieser TNK – wie es seine Manager wünschten – seinen internationalen Markt erweitern könnte, bedachten das Land Nordrhein-Westfalen und der Bundeshaushalt NOKIA mit einem steuerlichen Hilfspaket von 60 Millionen Euro. 2 Jahre später verlegte NOKIA seinen deutschen Standort nach Rumänien, weil die Arbeitskosten – so sein Management – in Deutschland zu hoch, in Rumänien bedeutend niedriger wären. Nur durch solche Kostensenkung könne man seine Wettbewerbsfähigkeit erhalten. Die 60 Millionen Euro aus dem deutschen Staatshaushalt waren futsch. So werden eben aus Sozialstaaten Standortstaaten, eben Staaten der Manager.

Der Staat ist nach dem Credo der Manager-Oligarchie, nämlich nach unbedingter Wettbewerbsfähigkeit und günstigster Standortsicherung, zum Servicebetrieb für TNK und Groß- und Investmentbanken und ihrer Hedgefonds verkommen. Die treibenden Kräfte dieser Entwicklung sind auf dem virtuellen Finanzmarkt die Investmentbanken und ihre räuberischen Hedgefonds, auf dem güterproduzierenden Markt sind es die TNK.

Jean-Jacques Rousseaus Gedanke vom »Contrat Social«, die demokratische Einflussnahme der Staatsbürger, die Souveränität der Volksmehrheit, Schranken gegen ruinösen wirtschaftlichen Wettbewerb, das sittliche und moralische Korrektiv der Gesetzgebung zum Schutz der Mehrheit gegen die Machtanhäufung einer Minderheit, die »checks and balances« der US-Verfassung – all das gibt es nicht mehr in den Herrschaftsvorstellungen der »globalen Spieler«.

Die Wettbewerbsfähigkeit der Konzerne und Großbanken zu verbessern ist in den meisten Ländern der TRIADE zu einer der wichtigsten Regierungsaufgaben geworden. So wurden u. a. in den USA, Japan, der EU – und nun auch China – regierungsamtliche Arbeitsgruppen eingerichtet, um die Wettbewerbsfähigkeit der heimischen Unternehmen und der nationalen Standorte zu bemessen und zu verbessern. In den USA wurde zuerst von der Bush-Senior-Administration ein »US Policy Council for Competitiveness« (US-Regierungsrat für Wettbewerbsfähigkeit) ins Leben gerufen. Die Präsidenten Clinton und Bush junior haben diesen Regierungsrat noch erweitert, der seitdem jährlich einen Bericht für den Präsidenten und den Kongress erstellen muss, in dem analysiert wird, wie der Standort USA wettbewerbsfähiger werden kann. Einer der letzten Berichte des Council trug den bezeichnenden Titel »A Competitiveness Strategy for America«.

Die EU ließ sich nicht lumpen. Brüssel zog 2003 nach und erarbeitet seitdem eine jährliche Analyse über die Wettbewerbsfähigkeit europäischer Unternehmen und Standorte mit dem Titel »The Competitiveness of Europe and its Enterprises« (Die Wettbewerbsfähigkeit Europas und seiner Unternehmen).

Der Wettbewerbsfähigkeitskult der Managerelite hat sein eigenes internationales Instrumentarium entwickelt, den »Global Competitiveness Report« und den »World Competitiveness Index« (WCI). Der WCI wird von einer Schweizer Banken- und Versicherungs-Stiftung und dem

»Weltwirtschaftsforum« herausgegeben, die den Index jährlich veröffentlichen. Der Grad der technologischen und wettbewerbsfähigen Aggressivität eines Landes bzw. einer Region ist in den Index-Hochrechnungen der Hauptindikator. Die Global Competitiveness Reports, ebenfalls vom Weltwirtschaftsforum herausgegeben, enthalten auch einen »Standortkatalog für OECD-Länder«. Beurteilt wird darin u. a. nach folgenden Kriterien: »Marktoffenheit für Außeninvestitionen und Welthandel; Ausgaben-, Steuer- und Regulierungspolitik der Regierung; Qualität der Finanzmärkte und der Infrastruktur; Qualität von heimischer Forschung und Entwicklung und heimischem Management; Flexibilität des Arbeitsmarktes mit Augenmerk auf Lohnkosten und Auslagerungsmöglichkeiten; Qualität der juristischen und politischen Institutionen«. Letztere Qualität fragt: »Ist das Rechtssystem brauchbar, werden Verträge eingehalten, Profite nicht eingeschränkt, Eigentumsrechte gesichert.«

Diese Global Competitiveness Reports stellen eine Art Welt-Richtlinie der globalen Spieler dar. Ihr reiner, auf Profitmaximierung, Standortsicherung und Wettbewerbsfähigkeit ausgelegter Utilitarismus zeigt sich offenkundig. Rechte wie das Grundrecht auf Arbeit, Schranken gegen ruinösen wirtschaftlichen Wettbewerb, »checks and balances« etc. würden sich in solchen Richtlinien als störende Fremdkörper erweisen.

Wenn der Staat seine beschützenden Funktionen im Interesse seiner Bürger verliert bzw. abgibt und sich in ein simples Exekutionsinstrument einer übergeordneten Gruppe oder Elite – hier die Managerelite – verwandelt, ist der Schritt zum Totalitarismus nicht mehr weit. Der einzelne neoliberale Staat stellt das aktuelle Herrschaftsinstrument der transnationalen Manager dar. Sie verfügen bereits über die wesentlichen internationalen Instanzen für ihre Machtkonzentration, um ihre Ziele zu verwirklichen. Die Gruppe der postindustriellen G-7-Nationen plus Russland, die Gruppe der 20 Nationen einschließlich China, Indien, Brasilien, die Welthandelsorganisation, der Internationale Währungsfond, die Weltbank, die OECD, das Weltwirtschaftsforum sind wesentliche globale Institutionen, die über die nationalen Regierungen hinweg im Interesse der transnationalen Konzerne und der globalen Groß- und Investmentbanken handeln, und zwar als eine Art »Weltorganisation der Global Player«.

Kurioserweise hat der Internationalismus, einst Programm der Sozialisten gegen nationale kapitalistische Ausbeuter und Kriegstreiber, heute die Seite gewechselt. Weltweit, oder besser gesagt in den TRIADE-Regionen, spielen rund 30.000 transnationale Konzerne, Groß- und Investmentbanken und Versicherungen die Beschäftigten ebenso wie die einzelnen Staaten gegeneinander aus. In der Konsequenz werden aus Staaten Standorte, aus den Stammbelegschaften der Unternehmen Leiharbeiter und Subunternehmer ohne Sozialversicherung. Je mehr Produktion und Finanzkapital in Zukunft ausgelagert werden, umso mächtiger und unkontrollierbarer werden die TNK und vor allem auch die Hedgefonds der Investmentbanken, die sich in der Zwischenzeit zu über dem Gesetz stehenden, total deregulierten Schattenbanken entwickelt haben. Letztere treten heute auf den Agrarrohstoff-Märkten auf und spekulieren aufgrund ihrer enormen Finanzmittel mit unseren Nahrungsmitteln und bestimmen schließlich für große Teile der Welt die Brotpreise.

Dieser fortschreitende Prozess sprengt die Regeln der nationalen Ökonomien und unterminiert die sozialen und kulturellen Werte der Nationalgemeinschaften. Er beschleunigt nicht nur Spekulationen, Ausbeutung, Finanzzockerei, sondern auch geplante Obsoleszenz. Zwangsläufige Folge ist ebenfalls ein Wirtschaftswachstum, das wegen zunehmender, umfassender Automation und Rationalisierung keine zusätzlichen Arbeitsplätze schafft. In den USA nennt man das »jobless growth« (Wachstum ohne neue Arbeitsplätze). Zudem zerstören diese Kräfte, die den Globalisierungsprozess entfachen und den Hightechkapitalismus beschleunigt haben, nicht nur die gewachsenen Bande unserer nationalen Kultur und Identität, sondern auch unsere gesellschaftliche Solidarität, unser Gefühl von Zusammengehörigkeit, aus dem heraus soziale Verantwortung erwächst.

Schon auf einer internationalen Konferenz der wichtigsten Bank- und Konzernmanager der TRIADE trafen sich im September 1995 500 von ihnen im Fairmont Hotel in San Francisco. Dort versammelte sich die Wirtschaftselite des Raubtierkapitalismus, die selbst ernannten »Masters of the Universe«, um die »mittelbare globale Zukunft« von Arbeit, Wirtschaftswachstum, Wettbewerbsfähigkeit, neuen Märkten und neuen Renditequellen vorherzubestimmen. Auf dieser Konferenz wurde von den 500 Topmanagern, wie es der eingeladene Konferenzbeobachter Lester Brown, damaliger Direktor des World Watch Institute, berichtete, klar zum Ausdruck gebracht, dass es im zweiten Teil des 21. Jahrhunderts eine heute noch kaum vorstellbare Massenarbeitslosigkeit, eine Hightech-Wirtschaft fast ohne Arbeit geben wird, eine voll automatisierte Weltwirtschaft mit arbeiterlosen Fabriken, in der höchstens noch ein Fünftel der Menschheit Beschäftigung in der Erwerbsarbeit finden wird. Diese »Herren der Welt« sprachen in San Francisco von einer »20:80-Gesellschaft«. Wobei die 80 Prozent, die »Überflüssigen«, mit »Tittytainment«, d. h. durch eine Mischung aus »betäubender Unterhaltung« (intoxicating entertainment) und ausreichender Ernährung »an den Brüsten der wenigen Produktiven« bei Laune gehalten werden sollen, um »nicht auf dumme Gedanken zu kommen«. Die wenigen Produktiven, die 20 Prozent, rekrutieren sich dabei aus dem neuen »Wissenskapital«, aus den sogenannten »Systemanalytikern«, kurz: aus Wissenschaftlern, Managern, Ingenieuren, Informatikern, Industrie-Designern etc. Also Brot und Spiele für die arbeitslosen Massen wie im antiken Rom.

Die Kaltschnäuzigkeit der Masters of the Universe verblüffte selbst Eingeweihte wie Lester Brown. Die neuen Weltenlenker verkündeten tatsächlich, dass 20 Prozent der arbeitsfähigen Bevölkerung im zweiten Teil des 21. Jahrhunderts ausreichen würden, um eine beinahe vollautomatisierte Hightech Weltwirtschaft in Gang zu halten. Ein Fünftel aller Arbeitswilligen (André Gorz nennt sie die »Hochleister«) genüge dann, um die Waren zu produzieren und die Dienstleistungen anzubieten, welche die neue Weltgesellschaft zum Wohle der Manager verbrauchen und in Anspruch nehmen könnte. Mehr Jobs wären auf den »technologisch aufwendigen Wachstumsmärkten und bei den Hightech-Zukunftsbranchen« nicht erforderlich.

Wie »Tittytainment« allerdings das Problem der Kaufkraft von vier Fünfteln der Weltbevölkerung lösen soll, bleibt ein Rätsel. Soll etwa das eine Fünftel der Beschäftigten der »Informations- und Wissensgesellschaft« alles kaufen, was die transnationalen Konzerne produzieren? Oder sollen nur noch Luxusgüter für diese 20 Prozent hergestellt werden? Einer der

Teilnehmer der neuen Weltenlenker meinte dazu: Man könne ehrenamtliche Tätigkeiten der Arbeitslosen für freiwillige Gemeinschaftsdienste in Krankenhäusern, bei Nachbarschaftshilfe, bei der Straßenreinigung, in Kirchen und Sportvereinen durch eine »bescheidene Bezahlung aufwerten und so die Selbstachtung von Millionen Bürgern fördern«. So sind wir denn unterwegs zu einer neuen Zivilisation, die vier Fünftel der Weltgesellschaft mit Almosen abspeisen und sie mit betäubender Unterhaltung im Zaum halten will – die kommende Zivilisation der Manager.

Für die 500 Topmanager der San-Francisco-Konferenz ist »Tittytainment« das unabwendbare Schicksal der 80 Prozent von der Erwerbsarbeit Entlassenen. Aber noch ist es nicht so weit. Noch können wir gegen dieses Managerparadies etwas unternehmen. Wie ich in meinem Buch »Okkupierte Welt« darstellte, befinden wir uns heute am Anfang einer mächtigen, von Managern und ihnen hörigen Wissenschaftlern beschleunigten Technologierevolution, die nicht nur große techno-ökonomische, sondern auch große soziale Veränderungen mit sich bringt wie noch nie zuvor in der Geschichte der Menschheit. Diese »Dritte Industrielle Revolution«, von der heute viele sprechen, die für die ominösen 20 Prozent der Gesellschaft, für die »neue Klasse der elitären Wissensarbeiter und Systemanalytiker« (Robert Reich), gut bezahlte Hightech-Jobs zur Verfügung stellen wird, bedeutet zugleich für die vier Fünftel, die »Verlierer«, technologische Arbeitslosigkeit.

Wenn aber die Produktivität und die Produktivitätszuwächse nicht mehr vom Produktionsfaktor Arbeit, also von der Lohnarbeit, sondern größtenteils von den neuen Produktionsmitteln Computer, Roboter, Sensoren, Scanner, Glasfaservernetzung etc., also von der Automatisierung, erwirtschaftet werden, dann hat der Kapitalismus als solcher ein Problem, nämlich die fehlende Kaufkraft der Vielen, die vom Erwerbssektor entlassen wurden. Immer effektivere Automaten produzieren immer größere Warenmengen und brauchen dazu immer weniger Arbeitnehmer. Folglich sinkt der Wert der Arbeit, Löhne und Gehälter schrumpfen, bis es zu den Almosen kommt. Doch damit die Masse der Konsumenten die Produkte noch kaufen kann, müssen diese immer billiger werden und damit sinken ebenfalls die Profite der Kapitaleigner. Auf der einen Seite basiert der Kapitalismus auf Warenproduktion durch Lohnarbeit, Ausbeutung der Arbeitnehmer und Schaffung von Mehrwert, auf der anderen Seite basiert er auf der Fähigkeit der Entlohnten, mit ihren Gehältern und Löhnen die Waren der Arbeitgeber zu kaufen. Wenn aber diese Kaufkraft und Ausbeutung durch Automation aufgehoben wird, könnte es zum Zusammenbruch des kapitalistischen Systems kommen. D. h.: Der Kapitalismus richtet sich selbst zugrunde. Denn im Kapitalismus muss der Konsum ständig wachsen, anders können Profite immer weniger realisiert werden. Deshalb müssen immer neue Wachstumsfelder gefunden werden und die Warenwelt wird bis ins Absurde aufgeblasen, bis zu den künstlichen Bedürfnissen der Angebotswirtschaft, bis zur Produktion immer kurzlebigerer Güter, bis zur geplanten, eingebauten Obsoleszenz. Und als das nicht reichte, verließ man die »Old Economy«, weil die Renditen und das Wachstum dort nicht mehr hoch genug waren, und investierte in die »New Economy«, in die Hightech-, Telekommunikations- und Biotech-Industrie, kurbelte dort die Renditen durch betrügerische Aktienkurse und Bilanzfälschungen hoch, bis der ganze Schwindel 2002 aufflog.

Im Jahre 2002 platzte eine ungeheure Spekulationsblase bei den Kurswerten der New-Economy-Unternehmen in den USA und Teilen der EU. Investmentbanker, Hedgefonds, Wirtschaftsprüfungskonzerne und New-Economy-Manager trieben durch Bilanzfälschungen, Insiderhandel, Kursbetrügereien und Selbstbereicherung (»Shareholder Value«/Aktienoptionen) die Börsenkurse dieser neuen Wirtschaftssparte in schwindelerregende Höhen, bis – wie gesagt – der ganze Schwindel zusammenbrach, die Börsenblase platzte und dieser Sparte schwerer Schaden zugefügt wurde. Ein Flächenbrand von Wirtschaftskriminalität überzog die USA und schwappte auch nach Europa – insbesondere Deutschland – über.

In dieser neuen Wirtschaftssparte, deren Produkte auch die »Ungreifbaren« (Intangibles) genannt werden, zeigte sich Ende der 90er Jahre des letzten Jahrhunderts der spektakulärste Auswuchs eines zuvor noch nie dagewesenen Kursanstiegs der Aktien an den Börsen. Dieser Börsenboom speiste sich auch aus den enormen Mengen an Finanzkapital, welches Investmentbanken durch die feindlichen Übernahmen ihrer Hedgefonds und den daraus entsprungenen Gewinnen, den Verschlankungen von Unternehmen und der damit einhergehenden Schrumpfung der gesellschaftlichen Lohnmasse – sprich Entlassungen und Lohndumping – angehäuft hatten. Doch der Hauptgrund des Booms war: Investmentbanken, ihre Analysten und Hedgefonds hatten eine neue Renditequelle gefunden, die sie zur eigenen Bereicherung und jener ihrer Kunden ausweiden konnten, nämlich die »Neue Wirtschaft«.

Diese Leute, so die New York Times, haben mit Bilanzfälschungen, Insiderhandel, Kursbetrügereien und einer kriminellen Selbstbedienungsmentalität alle Rekorde gebrochen. Ihre Vorgehensweisen bewegten sogar den damaligen US-Präsident George W. Bush, gegen den selbst 1990 wegen Insiderhandel ermittelt worden war, von »Verantwortungslosigkeit« zu sprechen. In einer Rede vor Topmanagern im Juli 2002 bezeichnete Bush die Aktivitäten von Investmentbankern und New-Economy-Managern als »Exzesse« in den Vorstandsetagen und einen »Missbrauch wirtschaftlicher Macht«, der das finanzielle Wohlergehen von Millionen Amerikanern bedrohe.

Seit Januar 2001 erschütterten immer neue Skandale das Vertrauen der Amerikaner in ihre Wirtschaftsführer. Es begann mit dem betrügerischen Bankrott des Energie- und Biotech-Konzerns ENRON, des damals siebtgrößten Unternehmens der USA. Es folgten wegen Bilanzfälschungen und Kursbetrügereien der nach AT&T zweitgrößte Telekommunikationskonzern der USA, WorldCom, die Medien- und Hightech-Konzerne Global Crossing und Adelphia, der Mischkonzern TYCO International usw. Seit 2003 wurde staatsanwaltlich wegen gleicher Gründe auch gegen die Großkonzerne der Medien-, Internet- und Telekommunikationsbranchen AOL, Time Warner, General Electric, Cisco, IBM und AT&T ermittelt.

Millionen von US-Aktionären fühlten sich von den Bankern und Managern um ihre Anlagen gebracht. Zwischen Januar 2001 und September 2003 wurden über 200 Sammelklagen von Aktionären und Pensionskassen gegen Investmentbanken und Firmen der New-Economy-Branche wegen oben genannter Machenschaften angestrengt. Die Sammelklagen zeigten auf, so die Ermittler, dass die hemmungslose Selbstbereicherung amerikanischer Wirtschaftsführer »Dimensionen von Betrug und Diebstahl« angenommen habe.

Hier ein Beispiel: Beim ENRON-Konzern hatten die Manager, insbesondere der CEO Kenneth Lay, ein persönlicher Freund Präsident George W. Bushs, jahrelang mithilfe von Wirtschaftsprüfungskonzernen und Investmentbank-Analysten die Bilanzen und die Aktienkurse gefälscht und sich per Aktienoptionen bereichert. ENRON erwirtschaftete im November 2001 ein Minus von 60 Milliarden Dollar. Kurz vor dem Konkurs des Unternehmens im Dezember 2001 brachten die Manager per Aktienoptionen und Sonderkredite noch 1,1 Milliarden Dollar auf ihre Privatkonten, während die ENRON-Aktionäre ihr angelegtes Kapital, rund 66 Milliarden Dollar, verloren. Zehntausende Beschäftigte wurden arbeitslos und ihrer betrieblichen Altersversorgung beraubt. Die Wirtschaftsprüfungskonzerne, halb-öffentliche Institutionen, hatten die Plünderungen der ENRON Manager regelmäßig abgenickt.

Den Investmentbanken, die schon im Februar 2002 wegen ihrer bewusst falschen Hochbewertung der New-Economy-Aktienkurse verurteilt werden sollten, gelang es, durch eine vorauseilende Geldbuße von jeweils 100 Millionen Dollar eine Verurteilung zu vermeiden. Den gleichen Weg gingen auch die betrügerischen Wirtschaftsprüfungskonzerne. Einige der Topmanager der New Economy erhielten Gefängnisstrafen.

Auch in Deutschland hatten Manager der Medien- und Telekommunikationsbranche mithilfe von Investmentbank-Analysten diese amerikanischen Methoden der Selbstbereicherung angewandt. Ebenfalls wegen dieser Machenschaften standen die Vorstandschefs der Medienkonzerne EM.TV und ComROAD seit Juni 2002 vor Gericht. Den EM.TV-Bossen Thomas und Florian Haffa wurden von der Schutzgemeinschaft der Kleinaktionäre Kursbetrug und Bilanzfälschung (es ging um 500 Millionen Euro) vorgeworfen. Im April 2003 verurteilte das Landgericht München den EM.TV-Gründer Thomas Haffa zu einer Geldstrafe von 1,2 Millionen Euro, sein Bruder kam mit 240.000 Euro davon. Die Brüder, so das Gericht, wussten längst von der selbst initiierten Misere ihrer Firma, kündigten trotzdem hohe Gewinne an und zogen so Aktionäre an.

Viele Aktionäre verloren ihr investiertes Geld. Auch der ComROAD-Boss Bodo Schnabel wurde im November 2002 zu 7 Jahren Haft verurteilt, weil er mit »Luftbuchungen«, so das Münchener Landgericht, den Kurs der ComROAD-Aktien künstlich in die Höhe getrieben, durch eigene Aktienverkäufe abkassiert und den Umsatz seiner Firma von Hunderten Millionen Euro fast komplett erfunden hatte.

Am schlimmsten hatte es der Medien- und Telekommunikationskonzern Telekom getrieben. Ende Juli 2002 erstatteten die Wirtschaftsanwälte Mark Binz und Martin Sorg Strafanzeige gegen die Telekom-Bosse wegen des Verdachts der Untreue. Telekom-Vorstandsvorsitzender Ron Sommer und seine sieben Vorstandskollegen hatten sich ein Geschenk machen wollen. Sie hatten sich einen Aktienoptionsplan im Gesamtwert von einer Milliarde Euro genehmigt. Die Anwälte warfen den Telekommanagern vor, dass sie durch diesen Optionsplan allein im Jahre 2001 die Aktionäre um mindestens 375 Millionen Euro geschädigt hätten. Sie rügten, dass der Aufsichtsrat der Telekom die Aktionäre über den Optionsplan »grob wahrheitswidrig« unterrichtet habe. Auch hätten Vorstand und Aufsichtsrat gewusst, dass der Optionsplan vor allem wegen der gewaltigen Kurseinbrüche und der »geschüttelten Telekom-Bilanz« nicht mit den Interessen der Aktionäre vereinbar gewesen sei. Der Anzeige zufolge waren die Aktienoptionen »dem Grunde und der Höhe nach unangemessen« angesichts der Tatsache, dass der Kurs der Telekom-Aktie am Tage der Aufsichtsratszustimmung des Optionsplans von einem Höchststand von 103,5 Euro auf 19,1 Euro gesunken war.

Telekom-Chef Ron Sommer war nicht mehr zu halten. Am 16. September 2002 berichtete der »Spiegel«, dass Sommer eine Abfindung von rund 60 Millionen Euro erhalten sollte. Andere Quellen sprachen von »nur« 12 bis 15 Millionen Euro. Anfang Oktober gab Telekom bekannt, dass man im Geschäftsjahr 2003/2004 wegen der großen Verluste bis zu 54.000 Mitarbeiter entlassen müsste. Am 15. November 2002 stellte sich heraus, dass die Telekom einen Verlust von 25 Milliarden Euro angehäuft hatte, der höchste Verlust eines Unternehmens in der deutschen Wirtschaftsgeschichte. 3 Millionen Kleinaktionäre verloren fast drei Viertel ihrer Anlagen, vor allem wegen des von Analysten künstlich hochgetriebenen

Aktienkurses. Übrigens: Um einer staatsanwaltlichen Ermittlung zuvorzukommen, verzichteten der Telekom-Chef und seine sieben Vorstandskollegen für das Jahr 2002 auf ihre Aktienoptionen.

Der New-Economy-Börsencrash von 2001/2002 verursachte weder Depression, wie nach dem Börsencrash von 1929, noch Sanierung. 2007 begann sich bereits eine neue Spekulationsblase abzuzeichnen, nämlich die Immobilienblase, die sich 2008 zu einer globalen Finanzmarktkrise ausdehnte. Seither wandelt der finanzmarktgetriebene Raubtierkapitalismus am Rande des Abgrunds, schiebt einen noch nie dagewesenen Schuldenberg vor sich her, hält sich mit substanzloser Geldvermehrung (Geld als Ware) über Wasser und versucht, durch Finanzmarkt-Akrobatik (spekulative Finanzmarktprodukte) die Frage, die sich ihm stellt, zu umgehen: Wie kann die kapitalistische Warengesellschaft weiter bestehen, wenn die Produktion von Gütern und Dienstleistungen wegen zunehmender Automation und Sättigung der »Old-Economy-Märkte« immer weniger Arbeit verwertet und immer weniger Zahlungsmittel (Löhne und Gehälter) in Umlauf setzt? Antwort: Sie kann nicht weiter bestehen. Es sei denn, sie findet immer wieder neue Quellen, neue Wachstums- und Renditefelder dafür, Geld, das nicht aus der realen, güterproduzierenden Wirtschaft, also aus keiner Wertschöpfung, entstand, sondern aus einer irrealen künstlichen Wirtschaft, zum Beispiel durch den Verkauf sogenannter »gemischter Finanzmarktprodukte«, in Umlauf zu setzen und damit Konsumrausch auf Pump und Renditegier in Schwung zu halten.

Letzteres unterstützen die US-Bundesbank (Federal Reserve Bank) und die Europäische Zentralbank (EZB) noch damit, indem sie die Leitzinsen unter 1 Prozent setzten und damit Geld so billig machen wie nie zuvor. So halfen sie, auf spekulative, »toxische« Finanzmarktprodukte gestütztes »umhervagabundierendes« Geld zu verteilen, um den Zusammenbruch des Systems zu verhindern. Mit diesen Mitteln kann der finanzmarktgetriebene Kapitalismus überleben, aber nur, wenn zusätzlich in Systemkrisen der Staat als Reparaturwerkstatt fungiert und mit billigem Geld und gewaltigen billionenschweren steuerlichen Rettungspaketen das System am Leben erhält, wozu der amerikanische Wirtschafts-Nobelpreisträger

Joseph Stiglitz sagte: »Das nenne ich amerikanischen Sozialismus, du privatisierst die Gewinne und sozialisierst die Verluste.«

Was hatte der finanzmarktgetriebene Kapitalismus 2008 verursacht? 6 Jahre nach der New-Economy-Spekulationsblase gingen in den USA Hypothekenbanken – zum Beispiel Freddie Mac und Fannie Mae – und Investmentbanken wie Lehman Brothers, Bear Stearns, Morgan Stanley, Merrill Lynch und andere pleite bzw. meldeten Insolvenz an. Der US-Staat intervenierte und rettete die Finanzinstitute mithilfe von Steuergeldern und Bürgschaften, das heißt: Er verstaatlichte total oder teilweise. Nur die Investmentbank Lehman Brothers ließ die Bush-Administration im September 2008 pleitegehen.

Die Finanzmarktkrise riss auch Unternehmen der »Old Economy« wie die Autokonzerne General Motors, Ford und Chrysler und europäische GM-Töchter wie Opel, Vauxhall und Saab mit in den Abgrund. Denn die insolventen Groß- und Investmentbanken vertrauten einander nicht mehr, versorgten einander nicht mehr mit Krediten und bedienten erst recht nicht mehr die güterproduzierende Old Economy mit den benötigten Krediten. Man nennt das Kreditklemme. So wurde General Motors Anfang Juni 2009 ein staatseigenes Unternehmen, übernommen zu 70 Prozent durch Steuergelder der Obama-Administration. Und das im Land des deregulierten, puren Kapitalismus, dessen Manager noch bis Anfang 2008 jegliche Intervention des Staates in die Wirtschaft ablehnten. Ein ungeheurer Vorgang! Wer im Frühjahr 2008 wie ich in den USA weilte und den Fernseher anwarf, konnte mitverfolgen, wie Bankmanager und Konzernmanager von GM, Ford, Chrysler und den Autozulieferindustrien vor US-Senatsausschüssen erschienen und geradezu um staatliche Finanzhilfen bettelten, nachdem sie zuvor geringschätzig auf Politiker herabgesehen hatten. Diese Politiker entschieden nun, die Steuergelder der Staatsbürger zweckzuentfremden und mithilfe dieser Banken, Versicherungen und güterproduzierende Konzerne vor dem Bankrott zu retten, anstatt die Steuergelder für Straßenbau, Schulen, Universitäten, Kindertagesheime, Altenpflege etc. – wofür sie ja gedacht waren – auszugeben. Mit anderen Worten: Sozialismus für die Reichen – Kapitalismus für die Armen.

Warum gingen die Finanzinstitute pleite oder meldeten Insolvenz an? Womit hatten sich Finanzmanager verzockt? Die Sachlage war einfach und kriminell zugleich. Auf ihrer Suche nach neuen Renditequellen und Wachstumsfeldern waren Manager und Analysten von Investment- und Hypothekenbanken auf den Immobilienmarkt gestoßen und hatten festgestellt, dass man Millionen von Amerikanern aus der Unterschicht – dem »Prekariat« – noch mit Krediten, sprich Hypothekenpfandbriefen, bedienen könnte, damit sie sich den amerikanischen Traum vom Eigenheim bzw. einer Eigentumswohnung erfüllen könnten.

Man wollte so die letzte große Lücke auf dem Immobilienmarkt noch absahnen. Zudem hatten die Preise für Häuser und Eigentumswohnungen auf dem US-Immobilienmarkt bis 2006 enorm angezogen. Und so entdeckten die Renditejäger der Hypotheken- und Investmentbanken, dass die Gewinnmargen auf dem Immobilienmarkt noch immer bedeutend höher lagen, als wenn sie in den Auto-, Kühlschränke- oder Fernsehmarkt investieren würden. Das Problem war nur: Das Prekariat besaß keine Finanzmittel. Man musste diese also künstlich erschaffen.

Die Finanzmanager wussten natürlich von vornherein, dass die Unterschicht nicht in der Lage sein würde, die von ihnen zur Verfügung gestellten Kredite (Hypotheken) für die neu »erworbenen« Häuser oder Eigentumswohnungen zurückzuzahlen, geschweige denn die Zinsen zu tilgen. Denn diese Leute lebten von der Hand in den Mund, besaßen keine Ersparnisse, keine Krankenversicherung und verrichteten zumeist nur Teilzeitjobs (sogenannte »McJobs«) zu Minilöhnen oder erhielten eine geringfügige Arbeitslosenunterstützung. Deshalb bezeichneten die Finanzmanager diese Unterschichten-Kredite als »subprime risk credits«, das heißt: »unter dem Rückzahlungsrisiko liegende Kredite«. Und die Unterschichten-Kunden wurden von ihnen »Ninjas« genannt, das steht für: »no income, no job, no assets« – also Menschen ohne Einkommen, ohne Arbeit, ohne Sachwerte.

Um das Rückzahlungsrisiko einzudämmen, kamen die Manager auf die Idee, diese Kreditpapiere (Subprime Credits) zu »bündeln« bzw. mit anderen Wertpapieren zu »vermischen«, um so diesen scheinbar unlösbaren

Gegensatz zwischen Rendite und Risiko aufzulösen. Durch diese Vermischung (auch »Verpackung« genannt) nicht handelbarer Subprime Credits mit »seriösen« Wertpapieren wurden die Subprimes zu handelbaren, »sicher gemachten« Papieren und hießen von nun an »Finanzmarktprodukte«, in Deutschland auch »Investment-Zertifikate«. Mithilfe dieser Machenschaften wurden aus einem Portfolio risikoreicher, ungedeckter Kredite Wertpapiere gezaubert, die von Investmentbank-Analysten als »absolut sicher« und »Exzellenter Kauf« eingestuft wurden. Die Quadratur des Kreises war vollendet. Man hatte durch Finanzmarkt-Trickserei hochriskante »toxische Subprimes« in sichere Investments verwandelt.

US-Hypotheken- und Investmentbanken verkauften nun die von ihnen so gebündelten, vermischten Finanzmarktprodukte an andere Banken und Nicht-Banken, das heißt an Privatanleger, Pensionsfonds, Versicherungen, gar an Rentenversicherungen und Sparkassen überall in der Welt. Dadurch erhielten sie neue liquide Mittel, mit denen sie weitere Hypotheken-Kredite an die Unterschichten vergeben konnten. Da die vermischten Zertifikate auch von bankfremden Institutionen und privaten Anlegern weltweit gekauft und weiterverkauft wurden, unterlagen diese Finanzmarkt-Transaktionen nicht einmal den geringfügigen staatlichen Bankenaufsichten, und die damit verbundene rasante globale Weitergabe des Kreditrisikos erzeugte eine zunehmend sorglosere Kreditgewährung. Auch das Prekariat konnte nun auf Pump Häuser und Eigentumswohnungen kaufen.

Renditen von über 30 Prozent wurden den Käufern der vermischten Finanzmarktprodukte von den Analysten versprochen. Und die ganze Welt griff zu. Deutsche, britische, französische, italienische, irische, isländische, schweizerische, schwedische, japanische, südafrikanische, australische Banken, Versicherungen, Pensionskassen, selbst russische und chinesische Staatsbanken, argentinische und brasilianische Handelsbanken, Börsenspekulanten in New York, London, Frankfurt, Tokio, Singapur, Hongkong und Seoul kauften und verkauften die vermischten Finanzmarktprodukte der US-Hypotheken- und Investmentbanken mit Gewinn weiter. Es entstand ein riesiger globaler, deregulierter Risiko-Markt vermischter, gebündelter Investments – später »umhervagabundierende toxische Finanzmarktprodukte« genannt – im Wert von weit über 4.000 Milliarden Dollar, die 2008/2009 ihren gesamten Wert verlieren sollten, vor allem wegen der von der Presse enthüllten Ungedecktheit. Letzteres löste dann die weltweite Finanzmarktkrise aus, die Banken und Versicherungen in die Insolvenz stürzte und Kleinanleger ihrer Ersparnisse beraubte.

Der Bremer Ökonomieprofessor Rudolf Hickel gibt auch der Politik Schuld an dieser Entwicklung. Eine mitentscheidende Ursache für diese »enorm gestiegenen Risiken aus der relativen Entkopplung der Finanzanlagen von der realen ökonomischen Wertschöpfung liegt in der Liberalisierung und Deregulierung der Finanzmärkte«, so Hickel. Durch diese Entfesselung hätte die Politik erst die Schleusen für gesamtwirtschaftlich hochriskante Finanzanlagen geöffnet und Hedgefonds- und Investmentbankmanager hätten sofort diese Schleusenöffnung instrumentalisiert und damit ihre riskanten Geschäfte betrieben und offenbart, dass das »Finanzsystem das eigentliche Nervensystem einer modernen Wirtschaft ist«, aber eben auch extrem anfällig gegenüber einem sich schnell verbreitenden Vertrauensverlust. Und deshalb, so Hickel, wäre eine »funktionierende Regulierung und Kontrolle der Finanzmärkte in Zukunft unverzichtbar«. Die Finanzwirtschaft brauche von der Politik vorgegebene klare Spielregeln, um die »durch Gier getriebenen riskanten Geschäfte« der Investmentbanker, Hedgefonds und Börsenspekulanten zu überwachen oder nicht zuzulassen.

Aber 2008/2009 gab es solche Spielregeln eben nicht. Und die Renditejäger des Finanzmarktes spielten das »freie Spiel der freien Kräfte« im finanzmarktgetriebenen Kapitalismus. Hatte sich das gesamte globale Finanzvermögen 1982 noch bei rund 12 Billionen Dollar eingependelt, so stieg es 2008 auf 196 Billionen Dollar. Die Finanzvermögen sind in den vergangenen 25 Jahren dreimal so stark gestiegen wie die Weltproduktion an Gütern. Die Vermögenswerte der Finanzjongleure waren inzwischen viermal größer als die jährliche Weltwirtschaftsleistung (IWF, World Economic Outlook, Crisis and Recovery, Online April 2009).

Warum brach das freie Spiel der US-Hypo- und Investmentbanken in 2008 zusammen? Wer oder was war der Auslöser der neuen Krise? Im

Allgemeinen kann man sagen, dass der von der Presse (insbesondere New York Times, Washington Post) 2007/2008 aufgedeckte Betrug mit der Verpackung (Vermischung) nicht handelbarer Subprimes und der Verfall der Immobilienpreise in den USA der Auslöser war. Während sich die Häuserpreise in den USA von 1989 bis 1997 kaum verändert hatten, stiegen sie von 1998 bis 2006 auf das Dreifache. Danach drehte sich der Trend. Die Immobilienpreise für Häuser und Eigentumswohnungen gaben 2007/2008 auf ganzer Front nach. Das Platzen der künstlich durch Kreditpapierverpackung hochgetriebenen Immobilienblase bedeutete 2008 das Ende des Geschäfts mit den Subprimes. Immobilien, die als Besicherung für die Kredite dienten, waren nun als Sicherheiten praktisch wertlos.

Daraus folgte, dass Banken, die solche Kredite in ihren Bilanzen verbucht hatten, Abschreibungen vornehmen mussten, und die Verluste aus diesen Abschreibungen verringerten ihr Eigenkapital. Doch wesentlicher für den Verlauf des Desasters war, dass das Risikobewusstsein vieler Anleger durch die Presse-Aufklärung enorm angestiegen war. Niemand wollte schließlich die vermischten Subprime Credits mehr kaufen. Alle, die sie gekauft hatten, wollten sie nun abstoßen, aber konnten es nicht.

Der Markt für diese toxischen Finanzmarktprodukte brach nun zusammen. Die globale Risiko-Auslagerung der vermischten Kreditpapiere funktionierte nicht mehr. Da keiner, weder Banken noch Privatanleger, diese künstlichen, betrügerischen Produkte mehr kaufen wollte, konnte man auch keinen Preis mehr dafür ermitteln. Der Wert dieser Papiere fiel ins Bodenlose. Nicht nur Hypo- und Investmentbanken, Großbanken und Versicherungskonzerne (AIG) wurden illiquide und mussten Insolvenz anmelden. Millionen von Kleinanlegern auf allen Kontinenten, die in diese toxischen Papiere investiert hatten – vor allem auch, weil die Analysten der Investmentbanken sie ihnen als »sichere Anlage« und »exzellenten Kauf« angedient hatten –, verloren ihre Ersparnisse bzw. die Rücklagen fürs Alter. Aber während der Staat die Banken, außer Lehman Brothers, mit Steuerhilfspaketen in Billionenhöhe vor der Pleite rettete, ließ er die Kleinanleger im Regen stehen.

Die renditejagenden Investment-Manager und ihre Analysten, die diesen grandiosen Anlagebetrug in die Wege geleitet hatten, kamen ungeschoren davon, konnten sogar weiterhin – selbst nach angemeldeten Insolvenzen – nicht nur ihre Riesengehälter, sondern auch ihre Boni einsacken. Schließlich müssen Verträge eingehalten werden. Im Januar 2009 vermeldete die Washington Post, dass die Wall Street ihren Managern und Analysten für 2007 noch 18,4 Milliarden Dollar Boni nachträglich ausschütten werde. Doch gerade bei den Verträgen für Bankmanager ist Schindluder getrieben worden. Ihre starke Beteiligung an Gewinnen (»Shareholder Value«) ohne entsprechende Beteiligung an Verlusten sowie eine zu kurzfristig orientierte erfolgsabhängige Entlohnung (Aktienoptionen) haben geradezu zu solch hoch riskanten Geschäften wie denen mit vermischten Finanzmarktprodukten geführt.

Was tat der Staat? Er verwirklichte sich als Reparaturwerkstatt für die Finanzindustrie. Die Katastrophe auf den Finanzmärkten hatte gezeigt, dass der Markt an sich, wie schon beim Börsen-Crash 1929, weder in der Lage ist, sich selbst zu regulieren, noch sich zu retten. Ab März 2008 bis zum Ende der Legislaturperiode im Dezember 2008 hatte die republikanische Bush-Regierung steuerliche Rettungspakete in Höhe von 700 Milliarden Dollar für die zahlungsunfähigen Banken zur Verfügung gestellt. Im Januar 2009 musste die demokratische Obama-Administration dieses steuerliche Rettungspaket übernehmen.

Die Bush-Regierung beteiligte sich direkt durch Total- oder Teilverstaatlichung oder Staatskontrolle an über 300 Finanzinstituten, darunter den Investmentbanken Bear Stearns (mit 29 Milliarden Dollar), J.P. Morgan (mit 25 Milliarden), Morgan Stanley (mit 10 Milliarden), Goldman Sachs (mit 10 Milliarden). Die Hypothekenbank Wachovia wurde total verstaatlicht, die Hypo-Banken Freddie Mac und Fannie Mae wurden mit je 100 Milliarden Dollar vor dem Bankrott gerettet. Letztere hatten sich mit den vermischten Finanzmarktprodukten völlig verzockt. Außerdem wurde die Groß- und Investmentbank Citigroup mit einer staatlichen Finanzspritze von 48 Milliarden Dollar vor der Pleite gerettet, ebenso die Großbank Bank of America mit 45 Milliarden. Zudem begann die US-Notenbank (Federal Reserve Bank), toxische Subprimes von Freddie Mac,

Fannie Mae und anderen Banken aufzukaufen, um den »Markt zu bereinigen«. Sie wurden in sogenannte »Bad Banks« verlegt und damit aus dem Verkehr gezogen. Keiner weiß bis heute, was aus diesem »verbrannten Geld« einmal werden soll. Nur die Investmentbank Lehman Brothers wurde von der Bush-Administration nicht vor dem Bankrott gerettet.

Die Zahlungsfähigkeit der Banken wirkte sich, wie bereits erwähnt, auch auf die reale güterproduzierende Wirtschaft aus. So erhielt zum Beispiel die Autoindustrie – General Motors, Ford und Chrysler –, die von den insolventen US-Banken keine Kredite mehr erhielt, um Zulieferer zu bezahlen oder neue Produkte zu entwickeln, von der Obama-Regierung für das erste Halbjahr 2009 einen Überbrückungskredit aus Steuermitteln in Höhe von 25 Milliarden Dollar. Es half nicht. Im Juni 2009 wurde GM zu über 70 Prozent durch Steuermittel gerettet, das heißt: verstaatlicht. Chrysler wurde größtenteils vom italienischen Autobauer Fiat übernommen und damit vor dem Bankrott gerettet. Ford, obwohl verschuldet, konnte sich gerade noch mit dem staatlichen Überbrückungskredit über Wasser halten.

Für den amerikanischen Wirtschafts-Nobelpreisträger Professor Paul Krugman (Princeton University) war und ist das Finanzmarkt-Desaster so gefährlich, dass er nicht umhin konnte, in einem New-York-Times-Artikel vom Februar 2009 auf die gefährdete Überlebensfähigkeit der gesamten US-Finanzindustrie hinzuweisen. Er bedrängte die gerade inaugurierte demokratische Obama-Administration, trotz der oben genannten gigantischen Staatsverschuldung, die steuerlichen Rettungspakete für die Finanzindustrie deutlich zu erhöhen. Die bisherige Staatshilfe der Republikaner wäre »enttäuschend gering«, so Krugman, es müssten »Billionen« investiert werden. Auch Obamas Finanzminister Timothy Geithner, ein Anhänger Krugmans, schätzte den Abschreibungsbedarf illiquider Finanzinstitute auf über 4 Billionen Dollar. Das war die Summe der vermischten, toxischen Finanzmarktprodukte, die wertlos geworden waren und für die es keinen Markt mehr gab, die nun in Bad Banks ausgelagert werden sollten. Die Obama-Administration pumpte zunächst einmal 800 Milliarden Dollar in die US-Finanzindustrie und in die erschlaffte US-Autoindustrie. Eine zweite Transfusion folgte im gleichen Jahr.

Zurück zu Paul Krugmans Forderung nach Billionen Dollar Steuergeldhilfen für die maroden Finanzinstitute. Warum hatte der Nobelpreisträger solche Angst, dass die gesamte US-Finanzindustrie kollabieren könnte? Warum hatte die Bush-Regierung im September 2008 nichts unternommen, um die bankrotte Investmentbank Lehman Brothers zu retten? Ihr Finanzminister Henry Paulson wusste doch auch, dass Lehman Brothers »too big to fail« war. Dabei hatte Henry Paulson doch den anderen oben genannten Investmentbanken, Großbanken, Hypothekenbanken unter die Arme gegriffen, hatte sie alle gerettet. Sie alle hatten doch wie Lehman Brothers mit denselben betrügerischen, vermischten Finanzmarktprodukten gehandelt und waren – nachdem der Anlegerbetrug aufgeflogen war – in schweres Fahrwasser geraten, selbst die weltgrößte Investmentbank Goldman Sachs. Also warum wurde Lehman Brothers nicht vor dem Untergang gerettet? Und welche Folgen hatte das? Wieso ließ sich ein ganzes System durch den Kollaps einer Investmentbank an den Rand des Ruins treiben?

Nach Krugmans Ausführungen in seinem New-York-Times-Artikel vom Februar 2009 hängen Investmentbanken, Großbanken, Hypothekenbanken und Versicherungskonzerne eng zusammen, indem sie sich bei Bedarf gegenseitig mit Geld und Krediten versorgen und damit Sicherheit und Risikominderung in die gesamte Finanzindustrie bringen. Sie bilden damit ein »geschlossenes System des Vertrauens«. Wenn aber zum Beispiel einer der größten Spieler – hier aktuell Lehman Brothers – ausschert, die Risikoschwelle überschreitet und für aufgenommene Kredite und/oder hohe Investitionen auf Pump in Zukunfts- oder Immobiliengeschäfte keine oder zu geringe Eigenkapitaldecken besitzt und die anderen Banken vor Kreditunterstützung zurückschrecken, dann entsteht eine »systemische Krise«, die alle anderen Spieler mit in den Abgrund ziehen kann. Dann fällt einer wie ein Dominostein um, kreiert eine Kettenreaktion und kann alle anderen Dominosteine – aktuell: weil sie alle mit im betrügerischen Subprime-Credit-Geschäft drinstecken – umstoßen. Eben weil das Vertrauen untereinander fehlt, die Anleger ihr investiertes Geld wie beim Börsencrash 1929 zurückverlangen und die Banken einander keine Kredite mehr bewilligen. Davor hatte Krugman gewarnt. Er hatte Angst, dass die 4 Billionen Dollar umhervagabundierender toxischer

Finanzmarktprodukte die meisten Banken mit in den Abgrund ziehen könnten. Deshalb seine Forderung nach Billionen Dollar Finanzhilfe aus Steuermitteln. Dass die Steuergelder durch die steuerlichen Rettungspakete total fremdbestimmt und ohne Einwilligung der Steuerzahler verwendet würden, davor schreckte Krugman nicht zurück.

Doch der Untergang des Dominosteins Lehman Brothers – und damit das Finanzmarkt-Desaster – hatte noch andere Gründe. Da gab es die beiden Topmanager Richard Fuld bei Lehman Brothers und Henry Paulson bei Goldman Sachs. Die beiden konnten einander nicht ausstehen, sie hassten sich, betrachteten sich als Feinde, wollten einander mit immer riskanteren Finanzmarktgeschäften ihrer Investmentbanken und Hedgefonds den Garaus machen. Paulsons Wahlspruch war: »Töte den Feind, bevor er dich tötet«! Und der Feind war der Konkurrent Fuld von der damals viertgrößten der Welt, aber immer schneller aufstrebenden Investmentbank Lehman Brothers. »Es ist Krieg«, belehrte Fuld seine Leute, »wir gegen sie, wir gegen Goldman Sachs«. Hier standen sich zwei Raubtiere gegenüber. Und Raubtiere fressen bekanntlich auch andere Raubtiere. Und so kam es zum Duell, zum amerikanischen »showdown« zweier unversöhnlicher Rivalen.

Nach einem Studium der Betriebswirtschaft an der prestigelosen University of Colorado begann Richard Fuld seine Laufbahn bei Lehman Brothers als Buchhalter. Er bezeichnete sich selbst als »Lehman Lifer« (lebenslanger Lehman-Mann). Im Jahr 1994, nachdem er mehrere Unterabteilungen geleitet hatte, wurde er CEO bei Lehman Brothers. Ein Jahr nach seinem Amtsantritt stieg der Börsenkurs von Lehman im Jahresdurchschnitt um 25 Prozent, bis 2006. Fuld galt bald unter den Investmentmanagern der Wall Street als hervorragender Kursantreiber und Renditejäger. Zudem war es ihm 1998 gelungen, eine Liquiditätskrise bei Lehman zu meistern, nachdem der von ihr gespeiste Hedgefonds LTCM wegen zu risikoreicher Spekulationsgeschäfte kollabiert war. Doch er hatte sich mit seinen Erfolgen zum Feind von Goldman Sachs und Henry Paulson erklärt, glaubte, diesen Investmentriesen übertreffen zu können. Sein Traum, zu Goldman Sachs aufzuschließen, führte zu Hass und Verblendung. Und deshalb hatte sich Fuld viel Geld für seine Immobiliengeschäfte und für seine vermischten Finanzmarktprodukte bei anderen Banken gepumpt – zu viel Geld –, war in Verzug geraten, hatte sich schließlich 2008 übernommen und in eine Situation hineinmanövriert, in der bei Lehman auf 1 Dollar Eigenkapital 32 geliehene Dollar kamen. Das konnte nicht gutgehen. Das bedeutete Insolvenz und Vertrauensverlust in der Branche.

Henry Paulson wurde 1994 Vize-Chef bei der Investmentbank Goldman Sachs, da war er 48 Jahre alt. Zuvor hatte er das Chicagoer Büro von Goldman Sachs geführt. Er war Harvard-Absolvent, elitär, herablassend, betrachtete Lehman Brothers und seinen CEO Fuld als »Johnny come late«, als Zuspätkommenden, als seinen Feind, den man zwar ernst nehmen musste, aber dessen Angriff man mit gelassener Überlegenheit abschmettern könnte. Schließlich war man – auch dank seiner Souveränität – unter den Investmentbanken die unbestrittene Nummer 1. Richard Fuld war seiner Meinung nach sowieso nicht seinesgleichen. Er, Paulson, spielte in einer anderen Liga (»in a different ball park«). Und das wollte er Fuld beweisen. 1998 wurde Henry Paulson nach einer Palastrevolte gegen die alte Führungsmannschaft zum Chief Executive Officer von Goldman Sachs ernannt. Von 2000 bis 2005 erwirtschaftete Goldman Sachs unter Paulsons Führung Jahr für Jahr Milliardengewinne. Sein Ruf als Finanzmanager war einzigartig. Andere Banken, Versicherungskonzerne, vor allem das US-Finanzministerium und die Federal Reserve Bank suchten seinen Rat.

Alan Greenspan und sein Nachfolger Bernard Bernanke, die Chefs der Federal Reserve Bank, und Paulson himself kamen überein, den Leitzins für US-Banken auf unter 1 Prozent zu senken, um den Finanz- und Immobilienmarkt anzufeuern. Geld war nun billig wie nie zuvor. So wurde Paulson erst recht der mächtigste Mann in der US-Finanzindustrie. Hunderte Millionen Dollar an Aktienoptionen und anderen Boni von Goldman Sachs hatte er angesammelt. Doch 2006/2007 fiel der Wert der US-Immobilien. Die Häuserpreise sanken ins Bodenlose. Das Prekariat konnte weder die Subprime Credits noch die Zinsen dafür bezahlen. Der ganze Schwindel brach zusammen. Die hohen Renditen auf dem Immobilienmarkt waren passé.

Aber Paulson hatte sich eine Hintertür offen gelassen. Er hatte beste Beziehungen zur Bush-Administration. Und bevor der Immobilienmarkt zusammenbrach, leistete er am 10. Juli 2006 seinen Amtseid als neuer Finanzminister der USA. Um »Interessenkonflikte zu vermeiden«, verkaufte er seine Goldman-Sachs-Aktienoptionen in Höhe von 500 Millionen Dollar. Paulson hatte sich rechtzeitig abgeseilt. Mit seiner Tätigkeit als Goldman-Sachs-CEO hatte er für die US-Wirtschaft keine Werte geschaffen.

Wie gesagt: 2006 fielen die Immobilienpreise. Dass der Immobilienmarkt nicht ewig wachsen könnte, die Häuser- und Eigentumswohnungspreise schon längst überbewertet waren, das wussten natürlich auch die Renditenhaie und Analysten aller Investmentbanken und ihrer Hedgefonds. Deshalb hatten sie ja den Coup mit den äußerst zinsgünstigen Subprime-Hypotheken für die amerikanische Unterschicht gestartet und diese nicht handelbaren, risikoreichen Subprimes mit seriösen Wertpapieren zu Finanzmarktprodukten vermischt und dann auf allen Kontinenten verkauft.

In diesem betrügerischen Weltgeschäft mit wertlosen Finanzpapieren war Lehman Brothers durch seine sogenannten »Lehman-Zertifikate« insbesondere in Europa – und da wieder besonders in Deutschland – führend gewesen. Analysten ihrer europäischen Tochterfirmen und Hedgefonds hatten nämlich herausgefunden, dass die Deutschen über derartige Wertpapiere noch völlig unaufgeklärt wären, sie wären »dumm und gierig« und würden bei jeder sich bietenden Gewinnchance sofort zugreifen. An eine Gruppe von deutschen Kleinanlegern hatten sie sich besonders gern und erfolgreich gewandt, an die von ihnen genannten »AD-Kunden« (A steht für alt, D für doof). Allein für Deutschland hatte Lehman solche vermischten Zertifikate in Höhe von 300 Milliarden Dollar ausgestellt.

Nicht nur die Hypo Real Estate Bank, die IKB-Bank, die Commerzbank, die 2009 dann von ihr übernommene Dresdner Bank sowie Landesbanken wie die LB-Sachsen, LB-Bayern, LB-Baden-Württemberg, die HSH-Nordbank und viele Sparkassen, sondern auch rund 50.000 deutsche Kleinanleger kauften die wertlosen Subprime-Zertifikate und gaben damit Lehman Brothers praktisch einen Kredit. Doch während nach dem

Lehman-Zusammenbruch die oben genannten deutschen Banken und Landesbanken von diesen von ihnen gekauften toxischen Papieren durch Steuergelder und staatliche Bürgschaften in einer Gesamthöhe von 300 Milliarden Euro gerettet wurden, kümmerte sich Vater Staat nicht um die Kleinanleger. Sie hatten durch den Kauf von Lehman-Zertifikaten bei Banken, Sparkasse und Lehman-Tochterfirmen häufig ihr Erspartes fürs Alter angelegt und waren nun betrogen worden. Bis zum heutigen Tag (Ende 2014) wurden ihre Sammelklagen von den Staatsanwaltschaften abgelehnt. Übrigens saßen in den Aufsichtsräten der Landesbanken Politiker, die die Managerzockerei mit den Lehman-Zertifikaten abgenickt hatten.

Die Deutsche Bank hatte sich ebenfalls an diesen kriminellen Geschäften auf dem US-Immobilienmarkt enorm bereichert. Doch im Gegensatz zu anderen Banken hatte sie die toxischen Finanzmarktprodukte zum großen Teil rechtzeitig wieder abgestoßen. Erst Ende 2011 kam durch Nachforschungen der US-Börsenaufsicht und von Bankausschüssen des US-Senats heraus, dass die Deutsche Bank durch die Zockerei ihrer Londoner Investment-Haie toxische Subprimes und andere faule Wertpapiere an Hunderttausende US-Bürger verkauft hatte. Private Sammelklagen und US-Justizbehörden sind nun dabei, die Deutsche Bank zu verklagen. Übrigens: Der bestbezahlte Londoner Investment-Hai der Deutschen Bank, der Inder Anshu Jain (Jahresgehalt 12 Millionen Euro – Boni nicht mitgerechnet), trat 2012 die Nachfolge von Josef Ackermann als Vorstandsvorsitzender der Deutschen Bank an. Mit Anshu Jain übernahmen die Investmentbanker die Macht in der Deutschen Bank. Unter Jains Führung hatten die Investmentbanker in den Jahren 2007 bis 2010 vier Fünftel des Konzerngewinns eingefahren und den Handel mit Derivaten auf fast 800 Milliarden Euro hochgeschraubt. Irgendwelche Werte (reale Güter) hatten sie damit nicht geschaffen. Es war nur um Spekulationsgewinne gegangen.

Zurück in die USA. 2007 tauchten immer neue Berichte in der Presse und in internationalen Börsenzeitungen auf, die darauf hinwiesen, dass viele Millionen Häuser und Eigentumswohnungen in den Vereinigten Staaten leer stehen würden. Es wurde dargelegt, dass Sheriffs die »Hausbesitzer« mit Waffengewalt aus »ihren« Häusern hinausgetrieben hätten, dass die Banken die Immobilien-Darlehen an »Leute ohne Bonität« vergeben hätten, dass die Haus- und Wohnungsbesitzer aus dem Prekariat ihre Darlehen und Zinsen nicht bedienen könnten, die Häuser und Eigentumswohnungen ihren Wert verlören, die Subprime Credits wertlos wären. Jetzt standen Investment- und Hypothekenbanken vor dem Bankrott. Da sie einander nicht mehr vertrauten und keine Kredite mehr gewährten, mussten sie nun beim Staat um Hilfe betteln. Der erste Bettler war im März 2008 die fünftgrößte Investmentbank Bear Stearns. Das US-Finanzministerium gewährte Bear Stearns ein Darlehen aus Steuergeldern in Höhe von 29 Milliarden Dollar. Der US-Finanzminister, der diesen Deal in die Wege leitete, hieß Henry Paulson.

Die Subprime-Hypotheken für die US-Unterschicht und in deren Folge die umhervagabundierenden 4 Billionen Dollar an toxischen, vermischten Papieren ließen das Finanzmarkt-System kollabieren. Es galt nun, eine systemische Krise, von der Paul Krugman gesprochen hatte, zu verhindern und amerikanische Investment- und Hypothekenbanken, Großbanken und Versicherungskonzerne wie AIG vor dem Bankrott zu bewahren. Henry Paulson, der neue Finanzminister, war dafür der geeignete Mann, er kannte das System in- und auswendig. Er würde der große Retter sein. Er, der Vorzeige-Neoliberale, der zuvor jegliche Intervention des Staates in die freie Marktwirtschaft verdammt hatte, begann nun, Banken durch Steuermittel zu retten, d. h. teil- oder totalzuverstaatlichen bzw. unter Staatskontrolle zu bringen.

Im Sommer 2007 hatte die Investmentbank Bear Stearns zwei ihrer Hedgefonds abwickeln müssen, die sich mit von ihr gepumptem Geld bei vermischten Finanzmarktprodukten verspekuliert hatten. Seitdem war das Vertrauen von Anlegern und Partner-Banken in Bear Stearns gestorben. Ohne ein staatliches Rettungspaket für Bear Stearns, so argumentierte Paulson nun, wird es zu einem Finanzmarkt-Crash kommen, da andere Banken genauso vor der Pleite stünden. »Bear Stearns muss gerettet werden.« Und Paulson rettete Bear Stearns mit 29 Milliarden Dollar Steuergeldern. Ebenso rettete er mit steuerlichen Hilfspaketen 2008 die Hypothekenbanken Freddie Mac und Fannie Mae mit je 100 Milliarden

Dollar. Die Hypobank Wachovia ließ er totalverstaatlichen. Die Wall-Street-Investmentbanken Goldman Sachs, Morgen Stanley, J.P. Morgan, Merrill Lynch, die sich alle – wie bereits erwähnt – in dem Geschäft mit den vermischten Subprimes verspekuliert hatten, wurden ebenfalls von seinem Ministerium mit steuerlichen Milliardenbeträgen versorgt und am Leben erhalten. Henry Paulsons Ansehen stieg noch höher. Er war ja nun kein Wall-Street-Investmentbanker mehr, er war der Retter des US-Finanzmarktes, Amerikas CEO, der Chefsanierer der amerikanischen Volkswirtschaft, der selbst die Großbanken Citigroup und Bank of America mit steuerlichen Finanzspritzen von 48 Milliarden bzw. 45 Milliarden Dollar aus dem Subprime-Schlamassel herausholte.

Im Herbst 2008 bedurfte auch Lehman Brothers der Rettung durch den Staat. Anfang April 2008 musste Lehman das erste Mal seit 15 Jahren einen milliardenschweren Verlust vermelden. Für das zweite Quartal 2008 veröffentliche Lehman einen Verlust von rund 3 Milliarden Dollar, für das dritte Quartal rund 4 Milliarden Dollar. Gleichzeitig hatte Lehman Außenstände bei anderen Banken von vielen Milliarden. So verlangte zum Beispiel allein J.P. Morgan Anfang September von Lehman 5 Milliarden Dollar Sicherheit für die Außenstände. Zugleich waren auf Lehmans Abschreibungskonten viele Milliarden Dollar Schulden – wegen der gehandelten toxischen Lehman-Zertifikate – versteckt. Lehman war bankrott. CEO Fuld bot nun der Bank of America seine Investmentbank zur Übernahme an, weil er hoffte, durch diesen Deal CEO bei Lehman bleiben zu können. Aber die Bank of America lehnte ab, sie hatte selbst Liquiditätsprobleme. Da nahm sich Fuld ein Herz und rief Henry Paulson im Finanzministerium an, bat um Staatshilfe. Aber Paulson ließ sich verleugnen. Er hatte ganz andere Pläne mit Lehman Brothers und seinem Kontrahenten Fuld.

Am 12. September 2008 rief Finanzminister Paulson die Topmanager der wichtigsten US-Groß- und Investmentbanken, ebenso Manager der an der Wall Street vertretenen europäischen Banken wie die britischen Banken Royal Bank of Scotland und Barclays Bank, die Deutsche Bank, die Schweizer Banken Credit Suisse und UBS und die französische BNP Paribas Bank, zusammen. Man traf sich in Manhattan im Gebäude der

New Yorker Federal Reserve Bank, deren Chef Timothy Geithner war, der spätere Finanzminister der Obama-Administration. Nur einer war nicht eingeladen worden: Richard Fuld. Aber über ihn und Lehman Brothers sollte verhandelt werden.

Diesmal, so soll Paulson das Meeting begonnen haben, könnte der Staat nicht so einfach einschreiten und »einen erneuten Präzedenzfall schaffen«. Schließlich ginge es nicht nur Banken, sondern auch vielen Unternehmen, zum Beispiel den Autokonzernen in Detroit, sehr schlecht. Timothy Geithner soll gekontert haben, es ginge hier nicht um eine Bank, sondern um die gesamte Finanzindustrie, wenn Lehman kippen würde. Doch Geithner fühlte, dass der »politische Wille« zur Rettung Lehmans bei Paulson fehlte. Und so schlug er vor, so ein Informant, dass der private Sektor, also die Partner-Banken, helfen sollten, den Lehman-Bankrott abzuwenden. Das war ganz im Sinne Paulsons, so das Wall Street Journal, denn der wusste, dass die Partner-Banken nicht helfen wollten bzw. aus Illiquiditätsgründen nicht helfen konnten. Warum sollten wir intervenieren, um Fuld zu retten, sollen einige Banker geäußert haben. Lehman hätte sich doch selbst in den Bankrott getrieben und müsse deshalb die Konsequenzen tragen und von der Bildfläche verschwinden, das wäre schließlich der normale Konkurrenzkampf.

Dann meldeten doch noch zwei Banken ihr Interesse an einer Übernahme von Lehman an, und zwar die britische Großbank Barclays und die Bank of America. Sie wollten aber beide nicht Lehmans toxische Zertifikate übernehmen, die sollte der Staat in Bad Banks auslagern und dafür geradestehen. Am 13. September überprüften Banker, Wirtschaftsprüfer und Anwälte die Lehman-Bücher. Wieder waren Fuld und andere Lehman Manager nicht eingeladen worden. Die Prüfer sollen auf »abenteuerliche Zahlen« gestoßen sein. Goldman-Sachs Manager sprachen von »Horrorzahlen« und »Luftbuchungen« in Lehmans Buchführung.

Am 14. September zog die Bank of America ihr Übernahme-Angebot an Lehman zurück, da sie sich ohne staatliche Auslagerung der toxischen Lehman-Papiere und ohne staatliche Hilfsgelder nicht in der Lage sah, nur durch »private Mittel« den Deal durchzuziehen. Jetzt blieb nur noch die britische Großbank Barclays als Übernahme-Interessent übrig. Die Briten kontaktierten ihre Managerkollegen und Hauptaktionäre in London, ebenso die Bank of England, die als Aufsichtsbehörde der Barclays Bank fungierte. Ergebnis: Die Bank of England verlangte als Sicherheit eine Garantieerklärung des US-Finanzministeriums in Höhe von 70 Milliarden Dollar für die Übernahme. Eine rein privatwirtschaftliche Lösung per Banken-Konsortium war den Briten zu riskant.

US-Finanzminister Henry Paulsons Antwort lautete: »Wir geben keine Garantien.« Daraufhin zog Barclays sein Übernahme-Angebot zurück. Das Schicksal von Lehman Brothers war damit besiegelt. Lehman hörte auf zu existieren, seine Manager, Trader, Analysten und Angestellten mussten ihre Büros räumen. Eines der letzten Statements von Richard Fuld soll gewesen sein: »They really fucked us.« Barclays übernahm anschließend das Zentralgebäude von Lehman in der Wall Street. Henry Paulson hatte seinen Sieg über Richard Fuld errungen. Der Showdown der beiden Raubtiere war zu Ende. Aber die Lösung des Finanzmarkt-Desasters – im Sinne von Paul Krugman – hatte Paulson verspielt. Die Topmanager der US-Investment- und Großbanken Goldman Sachs, Morgan Stanley, Merrill Lynch, Bank of America, Citigroup und J.P. Morgan sowie andere, die bei den Meetings vom 12. bis 14. September dabei gewesen waren und alle vom Staat per Steuergelder gerettet wurden, akzeptierten Henry Paulsons »Nein« zur Rettung Lehmans, ohne ein Wort dagegen zu sagen. Sie kannten, so das Wall Street Journal, die Antwort des Finanzministers von vornherein.

Das Problem der umhervagabundierenden toxischen Subprimes in Höhe von 4000 Milliarden Dollar ist bis heute nicht aus der Welt geschafft. An diesen betrügerischen Geschäften waren nicht nur die oben genannten Banken und ihre Hedgefonds beteiligt, sondern auch Versicherungsunternehmen wie der AIG-Konzern (American International Group). Dessen Betrügereien und Rekordschulden waren so enorm, dass sich die Bush-Administration an eine Lösung nicht heranwagte, sondern diese der neuen Obama-Regierung überließ.

Noch krimineller als die Investmentbankmanager verhielten sich die Manager und Versicherungs-Mathematiker von AIG, bis 2008 der größte Versicherungskonzern der Welt. Sie versicherten die Subprime-Credit-Geschäfte der Investmentbanker – wissend, dass diese auf Betrug basierten – mit noch riskanteren Papieren als es die vermischten Zertifikate schon waren, nämlich mit sogenannten CDS-Sicherheitsprodukten (CDS = Credit Default Swaps = Kreditausfallversicherungen). Damit erklärte sich AIG gegen die Zahlung immens hoher Gebühren bereit, die vermischten Finanzmarktprodukte der Investmentbanken zu versichern.

Aufgrund dieser Garantien von AIG bauten die Investmentbanken ihre Bilanzen auf. Oder anders gesagt: AIG half ihnen, ihre Kreditrisiken in ihren Bilanzen und Unterlagen zu minimieren und vor allem den Bedarf an Eigenkapital niedrig zu halten, indem sie deren Verbindlichkeiten aus den Subprime-Geschäften versteckten, auslagerten und verschleierten. Erst im vierten Quartal 2008, als AIG einen Rekordverlust von 61,7 Milliarden Dollar auswies (es war in Wahrheit viel mehr), so die New York Times, begriff die Wall Street, dass AIG mit seinen versteckten und ausgelagerten CDS-Sicherheitsprodukten für die versicherten Risikopapiere der Investmentbanken nicht mehr geradestehen konnte und somit den Kollaps der Finanzindustrie entscheidend beschleunigt und erweitert hatte. Einfach ausgedrückt: Als die Investment- und Großbanken die Sicherheit für ihre Subprime-Risikogeschäfte einforderten, konnte AIG diese gewaltigen Summen nicht zahlen. Im Juni 2009 kostete die Rettung von AIG den amerikanischen Steuerzahler 182 Milliarden Dollar (das war damals das 77-Fache des UNO-Jahreshaushalts). Die Manager von AIG wie auch die Manager der Groß- und Investmentbanken wurden nicht belangt, sie gingen straffrei aus. Innerhalb des Systems, so ein Finanzausschuss des US-Repräsentantenhauses, hätten sie ja nichts Unrechtes getan.

Ende 2009 veröffentlichte der IWF globale Zahlen. Danach erlitt die Welt durch den US-Finanzmarkt-Crash einen »Wohlstandsverlust in Höhe von geschätzten 15 Billionen Dollar«. Das entspräche in etwa dem 35-Fachen des deutschen Bundeshaushalts. Ganze Länder wären pleitegegangen – zum Beispiel Ungarn oder Island. Weltweit hätten 59 Millionen Beschäftigte ihren Job verloren, allein in den USA wären es bis zu

850.000 pro Monat gewesen. Die US-Finanzmarktkrise hatte sich zur globalen Finanzmarktkrise ausgeweitet.

Obwohl die von den Investmentbanken gespeisten, weltweit fungierenden Hedgefonds Millionen von Klein- und Privatanlegern mit den Subprime Credits betrogen hatten, vermeldete das Wall Street Journal im Oktober 2009, dass die führenden US-Investmentbanken und ihre Hedgefonds für das Geschäftsjahr 2008 noch insgesamt 140 Milliarden Dollar an Boni an ihre gierigen Manager, Analysten und Trader ausschütten wollten, denn Verträge müssten ja eingehalten werden. Die höchsten Boni wollte dabei die Bank of America, die vom Steuerzahler mit 45 Milliarden Dollar am Leben erhalten worden war, auszahlen. Statt zuerst die Steuergeldschulden an den Staat zurückzuerstatten, gingen die Wall-Street-Banken also dazu über, gewaltige Boni an ihre Mitarbeiter auszuzahlen. Nachdem die Boni tatsächlich ausgezahlt worden waren, begrüßten sich die Wall-Street-Finanzjongleure auf der Straße und in ihren Großraumbüros mit dem Wort »BAB«, was eine Abkürzung von »Boni are back« bedeutet.

Ohne Zweifel treiben Gier, Geldvermehrung, Gewinnmaximierung den finanzmarktgetriebenen Kapitalismus voran. Sie bilden das Schmiermittel dieses auf immer neue Rendite-Quellen lauernden Systems. Seine Führer haben durch ihre exorbitanten Gehälter plus Boni, ihre Selbstbereicherung, ihren aufwendigen Lebensstil das goldene Kalb für sich gewonnen. Sie werden sich das so leicht nicht nehmen lassen, obwohl sie nicht einmal 1 Prozent der Bevölkerung ausmachen. Doch wenn ihre Methoden der Renditejagd in gesellschaftsschädigende Betrügereien ausarten, wie es beim Wall-Street-Börsencrash 1929, bei der New-Economy-Spekulationsblase 2002, beim globalen Finanzmarkt-Desaster 2008 der Fall war, dann ist die Zivilgesellschaft aufgerufen, etwas gegen diese kriminellen Machenschaften zu unternehmen. Dann müssen Investment- und Großbanken, Versicherungskonzerne und Hedgefonds reguliert und unter Staatskontrolle gestellt werden. Und wenn das nicht ausreicht, muss der Versuch unternommen werden, diese Finanzdiktatur abzuschaffen.

Die heutige Finanzindustrie ist größtenteils eine irreale, künstliche Wirtschaft, die fast ausschließlich auf Spekulation basiert, keine Güter produziert, keine Wertschöpfung realisiert. Sie zerstört die Demokratie. Sie nützt der Gesellschaft nicht. Sie nützt nur den nicht einmal 1 Prozent der Wirtschafts-Elite.

Diese Finanzmanager, Trader, Analysten und ihre Hedgefonds haben sich bereits einen neuen irrealen Markt ausgesucht, um auch in Zukunft ihre Renditejagd und ihre Selbstbereicherung fortzusetzen. Gemeint ist der Agrarrohstoff-Markt. Schließlich müssen doch die billionenschweren steuerlichen Rettungspakete in Gewinne umgemünzt werden.

An der größten Agrarrohstoff-Börse der Welt, dem Chicago Board of Trade, entscheiden heutzutage die Trader von Investmentbanken, Versicherungskonzernen und Hedgefonds mit ihrer Computer-Hochfrequenztechnologie über die Lebensmittelpreise auf unserem Planeten, darunter auch die Londoner Trader der Deutschen Bank und die Trader des deutschen Allianz-Versicherungskonzerns. Letztere investierten besonders in das Spekulationsgeschäft mit Weizen und Mais. Allein 2010 investierte die Deutsche Bank 4,6 Milliarden Euro in diese spekulativen Nahrungsmittel-Geschäfte auf den Agrarbörsen. Der Allianz-Versicherungskonzern investierte 2010 bis 2012 6,2 Milliarden Euro in diese neue lukrative Renditequelle. Die entwicklungspolitische Nicht-Regierungs-Organisation Oxfam veröffentlichte am 9. Mai 2012 in ihrer Studie »Mit Essen spielt man nicht!«, dass die Allianz mehr als andere deutsche Finanzkonzerne mit Nahrungsmittelpreisen zockt. Der Studie zufolge liegt beinahe ein Fünftel aller Geldanlagen bei der Nahrungsmittel-Spekulation in den Händen deutscher Finanzinstitute. Sie hätten maßgeblich mit den US-amerikanischen Finanzhäusern die Lebensmittelpreise hochgetrieben und die Hungerkrise in den Entwicklungsländern verschärft. Die Trader der Finanzinstitute bestimmen heute mit ihrer kostspieligen Computer-Hochfrequenzspekulation das Schicksal von Milliarden Menschen. Nach Berechnungen der FAO (UNO-Organisation für Ernährung und Landwirtschaft) sind seit Juni 2010 bis 2012 über 50 Millionen Menschen aufgrund der hohen Spekulationspreise an den Agrarrohstoff-Börsen neu unter die Armutsgrenze gefallen und in die Hungerstatistik geraten. Weit über eine Milliarde Menschen hungern heute weltweit.

Wie ist es dazu gekommen? Wieso konnten Investmentbanken, Versicherungen und Hedgefonds die Preise für Brot, Mehl, Mais, Weizen, Roggen, Hirse, Sojabohnen, Speiseöl etc. in Tunesien, Kenia, Somalia, Äthiopien, Mexiko, Bolivien, Kambodscha oder Laos in die Höhe treiben? Wieso können sie mit dem Essen der Welt zocken? Warum wird die Frage, wie viele Menschen in der Welt verhungern müssen, an den Warenterminbörsen in Chicago, London, New York oder Singapur entschieden? Ganz einfach: Die Finanzindustrie hat eine neue ergiebige Renditequelle auf den Agrarrohstoff-Märkten entdeckt und die Lebensmittel, das Essen der Menschheit, zum Spekulationsobjekt gemacht.

Seitdem maßgebliche Staaten, allen voran die USA, nach dem Finanzmarkt-Desaster 2008 Groß- und Investmentbanken, Versicherungskonzerne, Hypothekenbanken mit billionenschweren steuerlichen Rettungspaketen vor dem Bankrott bewahrten, haben diese die Steuergelder benutzt, um damit auf den Agrarrohstoff-Märkten zu zocken. Nie zuvor floss deshalb so viel Geld in die Spekulationsgeschäfte der Agrarmärkte. Im letzten Quartal 2010 verdreifachte sich die Spekulationssumme der Anleger auf den Agrarrohstoff-Märkten im Vergleich zum vorigen letzten Quartal. Weizenpreise stiegen zum Beispiel in den Jahren 2009 bis 2011 von 200 auf 300 US-Dollar pro Tonne, die Maispreise im gleichen Zeitraum von 150 auf 300 US-Dollar pro Tonne; die Preise für Speiseöl im gleichen Zeitraum von 750 auf 1.400 US-Dollar pro Tonne usw. Alles in allem sind weltweit die Getreidepreise von 2009 bis 2011 um insgesamt 71 Prozent gestiegen. Unsere Nahrung ist ein Spielball der Spekulanten auf den Agrarrohstoff-Börsen geworden. In den meisten Entwicklungsländern sind die Preise für die oben genannten Güter für die Bewohner unerschwinglich geworden.

Aufgrund der steigenden Lebensmittelpreise geraten auch bei uns immer mehr Menschen in die Armut. Die Manager der Finanzindustrie wollen uns weismachen, dass die Gründe der Nahrungsmittel-Preisexplosion im Klimawandel lägen, der zu Dürren und Überschwemmungen und deshalb Ernteausfällen führe, oder dass Biotreibstoff, bestehend aus Agrarstoffen, das Agrarland verbrauche, oder die Weltbevölkerung schneller wüchse als die Agrarproduktion, oder dass die Bewohner aufstrebender Nationen wie China und Indien jetzt mehr und besser essen würden als zuvor, oder dass der steigende Fleischkonsum, der mehr Getreide für Tierfutter verbrauche, die Preisexplosion verursache.

Doch die FAO und die Welthungerhilfe sehen die eigentlichen Ursachen für die Preissteigerung der Agrarprodukte und für den zunehmenden Hunger in der Welt ganz woanders. Die fremdbestimmte Benutzung zum Beispiel von Mais als Biotreibstoff, Missernten aufgrund von Überschwemmungen und Dürren, die Bevölkerungsexplosion (die Bevölkerung der Erde wuchs in den letzten 15 Jahren relativ langsamer als in den 15 Jahren zuvor) oder der erhöhte Verbrauch aufstrebender Nationen wie China und Indien an Agrarprodukten, so argumentieren beide, seien »relativ geringfügige Faktoren und nicht die wirkliche Ursache der enormen Preissteigerung«. Es sei vielmehr die Lage, in der sich die Finanzindustrie nach dem Finanzmarkt-Desaster 2008 befand: Die Finanzwirtschaft und ihre Hedgefonds seien nach dem Desaster 2008 mit gewaltigen steuerlichen Rettungspaketen ihrer Regierungen versehen worden. Mit diesen Steuermitteln ausgerüstet, suchten sie nun einen neuen Markt, eine neue Renditequelle. Schließlich müssten diese enormen Geldmengen doch gewinnbringend investiert werden. Und so stieg man massiv in den Agrarrohstoff-Markt ein. Die Zockerei der Investment-Trader auf diesem Markt sei, so FAO und Welthungerhilfe, die maßgebliche Ursache für die Preisexplosion der Lebensmittel und den zunehmenden Hunger in der Welt.

Dass unser tägliches Brot zum Spekulationsobjekt von Investment-Tradern geworden ist, hat also mit der Umwandlung der Agrarrohstoff-Märkte in Finanzmärkte zu tun. Der Handel mit Agrarprodukten verlief bis vor kurzem noch in traditionellen Bahnen von Angebot und Nachfrage. Es war ein sogenannter börsennotierter Futures-Markt entstanden, der sich gegen Preisschwankungen und Missernten abzusichern versuchte, indem die Erzeuger ihre Ernten vorab zu einem festgelegten Preis an Lebensmittelmultis verkauften, der zumeist unter dem aktuellen, dem sogenannten Spotpreis, lag. Am Fälligkeitstag des Warentermingeschäfts wurde die Ernte geliefert. Lag der festgelegte Preis dann niedriger als der Futures-Preis, war das ein Vorteil für den Erzeuger, lag er darüber, einer für den Besitzer des Futures-Vertrages.

Diese Warentermingeschäfte dienten beiden Seiten: Erzeuger und Lebensmittelmultis konnten die Risiken absichern. Der Markt blieb relativ stabil. Banken spielten kaum eine Rolle. So lief es ab bis vor kurzem, bis eben die Finanzindustrie nach dem Desaster 2008 den Agrarrohstoff-Markt als Spekulationsobjekt entdeckte. Zudem wurden nun die Agrarrohstoff-Märkte für den Einstieg der Finanzinstitute dereguliert.

Durch die Deregulierung wurde es den Investmentbanken, Versicherungskonzernen und ihren Hedgefonds erlaubt, ihr Portfolio mit großen Paketen an Rohstoffpapieren aufzufüllen, die sie oft auf Pump gekauft hatten. Doch das Spekulieren mit den Agrarrohstoffen ist riskant. Die Finanzindustrie brauchte einen Trick wie bei den Immobilienspekulationen. Dort hatte man durch die Vermischung nicht handelbarer Subprime Credits mit seriösen Wertpapieren handelbare, sicher gemachte Papiere gezaubert, die als Finanzmarktprodukte millionenfach verhökert worden waren.

Diesen Trick wiederholten jetzt die Manager und Trader der Versicherungen und Investmentbanken auf dem Agrarrohstoff-Markt und zauberten eine neue (alte) Verkaufsidee aus dem Hut. Wieder schufen sie Finanzmarktprodukte, indem sie nicht handelbare mit seriösen Rohstoffpapieren vermischten und sie nun »Index-Fonds« nannten. Durch diese Kreation wurden die Risiken gestreut und Wertpapiere geschaffen, die für Großanleger wie Banken, Pensionsfonds, Versicherungskonzerne, Börsenspekulanten etc. von höchstem Interesse sind, denn inzwischen sind die Gewinnmargen auf 40 Prozent gestiegen.

Heutzutage werden diese Index-Fonds durch Hochfrequenztechnologie, d. h. per Computer, in Nano-Sekundenbruchteilen an den nächsten Käufer verscherbelt. Diese Papiere und Verkäufe/Käufe beinhalten vorprogrammierte globale Rohstoffdaten, eingegeben von Mathematikern,

Physikern und Informatikern. Die Trader benutzen nur den Mausklick. Nur die mit viel Kapital ausgestatteten Investmentbanken, Versicherungen und Hedgefonds sind in der Lage, das teure Hochfrequenz-Computerequipment für die Index-Fonds-Märkte zu finanzieren und die Physiker, Informatiker und Mathematiker zu bezahlen, die imstande sind, die weltweit verstreuten Informationen zusammenzuführen und so den Informationsvorsprung zu nutzen, um Kursdifferenzen an verschiedenen Börsen auszuschlachten. (Das Gleiche gilt übrigens auch für die Devisen-, Derivate- und Aktienbörsen).

Bei diesem Computer-Hochfrequenzhandel, auch Algorithmen-Trading genannt, ist die sogenannte Durchlaufzeit, das heißt die Zeit vom Abgeben der Order auf Handelsteilnehmerseite bis zur Verarbeitung dieser Order im System, in circa 250 Mikrosekunden getätigt. Diese Zeitspanne ist kürzer als ein Wimpernschlag, für Menschen also unmöglich durchzuführen. Hier übernehmen Computer die Entscheidungen und den Handel. Und sie können Fehler machen wie zuletzt an der Wall Street, Fehler, welche die Physiker und Mathematiker immer noch nicht gefunden haben. Es sind immer noch unerklärliche Vorgänge, von denen wir annehmen müssen, dass sie auf Algorithmen zurückgehen, die spieltheoretisch programmiert wurden und dann selbstständig agierten. Wie gesagt, Hochfrequenzcomputer besitzt nicht jeder Marktteilnehmer. Nur kapitalstarke Versicherungen und Investmentbanken wie Goldman Sachs, J.P. Morgan, Morgan Stanley, AIG, Deutsche Bank, die Allianz-Versicherung, Barclays, BNP Paribas Bank und die von ihnen gespeisten milliardenschweren Hedgefonds können sich diese Hochgeschwindigkeitstechnologie und die dazugehörigen Mathematiker und Physiker leisten. Anhand dieses Hochfrequenzhandels in Lichtgeschwindigkeit machen sie riesige Gewinne auf Kosten der Allgemeinheit. Mit anderen Worten: Eine neue Technologie wird zur Zockerei mit unseren Lebensmitteln benutzt. Was mit unserem Brot passiert, ist reinstes Kasino.

Der Kurs eines Index-Papiers, das man abstoßen will, wird häufig durch viele Kauforder »hochgekitzelt«. Damit werden die Index-Fonds zu einem künstlich aufgeblähten Preis an den höchst bietenden Käufer verkauft. Dabei muss festgestellt werden, dass diese vermischten Papiere von den meisten Spekulanten/Käufern nie in reale Ware eingelöst werden. Sie verkaufen die zumeist 70 Tage laufenden Futures während der Laufzeit und vor der Einlösungsfrist weiter und investieren das so erworbene frische Geld in neue Index-Fonds. Daraus hat sich ein System entwickelt, in dem die Spekulanten überhaupt weder Berührung zu den echten Marktpreisen noch zu den realen Gütern (Lebensmittel) haben. Die Spekulanten – Investmentbanken und Versicherungskonzerne – haben hier erneut einen irrealen Markt und künstliche Finanzmarktprodukte geschaffen.

Nach den Untersuchungen der FAO enden nur 2 bis 5 Prozent der Futures-Verträge in einer realen Lieferung von Lebensmitteln. 95 Prozent werden vorher – vor der Einlösungsfrist – von den Tradern per Mausklick weiterverkauft, die wie ihre Auftraggeber weder Interesse an Weizen, Reis, Mais oder Sojabohnen noch an der steigenden Zahl der Hungernden auf unserem Planeten haben, sondern nur an Renditen und Boni. Allein die Investmentbank Goldman Sachs verdiente 2010 an Agrarrohstoffspekulationen 5 Milliarden Dollar. Die Zahl der Spekulanten, so FAO, die mit dem Hunger Geschäfte machen, wird weiterhin anwachsen, solange der Agrar-Finanzmarkt nicht umfassend reguliert und seine schlimmsten Zocker bestraft werden. Meines Erachtens bleibt da nur eins: Verbot der Lebensmittelspekulationsgeschäfte. Doch bis heute – Ende 2014 – gibt es weder konkrete Regulierungen noch Abstrafungen der Lebensmittel-Spekulanten. Zu groß ist der Widerstand besonders in Großbritannien und den USA, die beide um das Wohlergehen ihrer Finanzindustrie fürchten.

Doch auch in Deutschland werden die schlimmsten Spekulanten nicht bestraft oder reguliert. Im Februar 2013 beteuerten die Vorstandsvorsitzenden der Deutschen Bank und der Allianz-Versicherung, dass die Spekulation mit Agrar-Finanzprodukten (Index-Fonds) auf den Agrarrohstoff-Märkten »den globalen Hunger nicht vergrößere«. Aber in einem als »ausschließlich zur internen Nutzung« und »vertraulich« gekennzeichneten Dokument des Allianz-Konzerns, das die Verbraucherorganisation »Foodwatch« am 24. Februar 2013 veröffentlichte, heißt es: »Es ist wahrscheinlich, dass spekulative Kapitalströme die Preisentwicklung auf den Agrarrohstoff-Märkten verstärkt haben.« In einem ebenfalls als vertraulich gekennzeichneten Papier der volkswirtschaftlichen Abteilung der

Deutschen Bank können wir lesen: »Solche Spekulationen können für Verbraucher gravierende Folgen haben und sind im Prinzip nicht akzeptabel.«

Dazu sagt Thilo Bode, der Geschäftsführer von Foodwatch: »Der eigentliche Skandal ist, dass Deutsche Bank und Allianz genau wissen, welchen Schaden sie mit ihren Agrar-Finanzprodukten anrichten – aber die Öffentlichkeit täuschen.«

Ende 2010/Anfang 2011 entwickelte sich eine europäische Variante der Finanzmarktkrise durch die Spekulation der Banken mit Staatsanleihen südeuropäischer Länder. Am 16. November 2011 löste der ehemalige Banker Mario Monti Silvio Berlusconi als neuer Ministerpräsident in Italien ab, um die Staatsverschuldung des Landes in den Griff zu kriegen. Die Mitglieder der neuen Regierung waren zumeist Bankmanager. Zwei Tage später hieß es in den Nachrichten »Spekulanten greifen Spanien an.« Nach der hohen Staatsverschuldung Griechenlands und Italiens 2010 war jetzt also Spanien an der Reihe. Was war passiert? Binnen eines Monats waren die Zinsen, die der spanische Staat für fällige Staatsanleihen an verschiedene Banken und Hedgefonds zahlen musste, auf 7 Prozent hochgeschnellt – ein Anstieg um 40 Prozent. Am gleichen Tage kommt heraus, dass die griechischen Staatsbürger ihrem Staat 60 Milliarden Euro an Steuern schulden. Es sind Steuern, die der griechische Staat nie eingetrieben hat, zudem hätten Griechenlands Sparer 50 Milliarden Euro seit Ausbruch der Staatsverschuldung von ihren Konten geräumt. Rund 280 Milliarden Euro sollen griechische Staatsbürger mittlerweile bei Schweizer und Luxemburger Banken gebunkert haben. Die griechische Staatsverschuldung sei auf 360 Milliarden Euro angewachsen.

Am 18. November 2011 kam aus Brüssel die Meldung, im September und Oktober 2011 seien mehr als 80 Milliarden Euro aus Italien ins Ausland abgewandert. Grund: Die italienischen Sparer befürchten das Risiko einer Staatspleite. Bis zu Montis Regierungsübernahme musste Italien 7 Prozent seines gesamten BIP für Zinsen auf fällige Staatsanleihen an die Banken zahlen. Das waren damals die letzten Meldungen über die europäische Variante der Finanzmarktkrise. Warum hatten sich die südeuropäischen Staaten, einschließlich Portugals, so verschuldet? Warum konnten die Banken ein so großes Geschäft daraus machen?

Ohne Zweifel haben die griechischen, italienischen, spanischen (auch die portugiesischen) Staatsbürger weit über ihre Verhältnisse gelebt. Aber es war nicht ihre alleinige Schuld. Ihre Regierungen hatten sie dazu eingeladen, hatten ihnen vorgegaukelt, dass sie in einem Konsumrausch leben könnten wie ihre Vettern in West- und Nordeuropa, schließlich hätte man ja nun ein und dieselbe Währung, den Euro. Doch man besaß nicht die gleiche Wertschöpfung. Die südeuropäischen Regierungen versuchten dieses Dilemma zu überbrücken, indem sie auf dem internationalen Kapitalmarkt, d. h. bei Banken, enorme Schulden machten. Dabei hielten sie ihre Staatsbürger nicht an – insbesondere in Griechenland –, korrekt Steuern zu zahlen. Außerdem wurden die eingenommenen Steuern häufig zweckentfremdet ausgegeben. Zudem ließen sie es zu – wie bereits erwähnt –, dass ihre Bürger Vermögen und Erspartes, Hunderte von Milliarden Euro, auf Schweizer und Luxemburger Banken deponierten, anstatt sie zuhause zu investieren. Für die so entstandenen Schuldenberge stellten die südeuropäischen Regierungen nun Staatsanleihen mit zwei-, fünf- und zehnjähriger Laufzeit aus, trieben so die Schuldenlast vor sich her und mussten mit zunehmender Zeit immer höhere Zinsen zahlen – so z. B. 7 Prozent im November 2011. Das aber nutzten europäische Groß- und Investmentbanken aus, sie waren (und sind) die Käufer dieser Staatsanleihen und sahen darin ein Riesengeschäft. Sie zockten mit der Staatsverschuldung der Südeuropäer; deren hohe Zinsen bedeuteten für sie höhere Renditen.

Die Banken wussten natürlich von vornherein von der hohen Verschuldung der südeuropäischen Staaten. Gnadenlos zwangen sie sie, ihre Staatsanleihen nur bei höherer Verzinsung zu kaufen, trieben so ihre eigenen Renditen nach oben. Ein neuer Raubzug der Finanzindustrie schien abzulaufen. Doch diesmal war die Risikoschwelle noch höher als bei der Immobilienkrise – vor allem wegen der möglichen Staatsbankrotte.

Doch beide, Verkäufer und Käufer der südeuropäischen Staatsanleihen, pokerten, setzten darauf, dass sie vor Staatsbankrott und/oder Insolvenz durch steuerliche Hilfspakete der reichen Nordstaaten gerettet würden. Das hatten die Nordstaaten doch während der globalen Finanzmarktkrise 2008 schon einmal getan. Sie hatten doch damals die Banken gerettet.

Insbesondere die Südstaaten-Regierungen setzten wegen des angenommenen gemeinsamen europäischen Schicksals, wegen der gemeinsamen Währung, nach dem Motto »Einer für alle, alle für einen« auf diese Form der Rettung, die einer finanziellen Transferunion vom Norden in den Süden gleichkommt. Aber auch die Groß- und Investmentbanken setzten auf diese Karte. Sie wussten, sie waren »too big to fail«. Sie mussten gerettet werden, sonst würde ja das ganze Finanzsystem kollabieren.

So trieb also die südeuropäische Staatsverschuldung die Staatsanleihenspekulation von Banken und Hedgefonds an, da diese immer weiter die Zinsen erhöhten, bis es zum Knall kam: Bis Griechenland pleiteging und Italien, Spanien und Portugal kurz davor standen, wenn ein europäischer Rettungsschirm sie nicht davor bewahrt hätte und ihre Schulden bei den Banken zumindest teilweise übernahm. Allein wegen der griechischen Zahlungsunfähigkeit mussten die europäischen Groß- und Investmentbanken einen von Brüssel diktierten Schuldenschnitt von 21 Prozent hinnehmen. Auch die Banken hatten sich nun wegen ihrer Zockerei mit südeuropäischen Staatsanleihen hoch verschuldet. Die deutschen Kreditinstitute konnten das größtenteils verkraften, denn sie hatten – wie zum Beispiel die Deutsche Bank und die Commerzbank – ihre Griechenland-Staatsanleihen rechtzeitig heruntergefahren; nicht so die italienischen, spanischen und französischen Finanzinstitute.

Letztere gerieten nun in den Schuldenstrudel, mussten Brüssel um Rettungsaktionen bitten, d. h. der europäische Steuerzahler – insbesondere der deutsche – musste wieder herhalten. Im Oktober 2011 wurde offensichtlich, dass auch französische Banken schuldenanfällig waren, weil sie in die risikoreichen südeuropäischen Staatsanleihen investiert hatten. Beim Zusammenbruch der französisch-belgischen Dexia-Bank stellte man fest, dass die Bank griechische, spanische und italienische Staatsanleihen im Wert von 22 Milliarden Euro in ihrem Portfolio führte. Die französische Groß- und Investmentbank BNP Paribas hatte seit Dezember 2010 35 Milliarden Euro an Staatsanleihen dieser Länder gebunkert. Crédit Agricole hatte 15 Milliarden Euro an Staatsfonds dieser Länder in ihren Büchern stehen etc. Ebenso hatte die Deutsche Bank 9,5 Milliarden Euro an Staatsanleihen dieser Länder in ihren Bilanzen aufzuweisen, die Commerzbank 16 Milliarden und die Hypo Real Estate 11 Milliarden Euro.

Doch die durch den Kauf der oben genannten Staatsanleihen am höchsten verschuldeten Groß- und Investmentbanken sind die italienischen und spanischen. Ebenso hoch verschuldet wie diese sind die italienischen und spanischen Staatshaushalte, weil sie die Volumen ihrer 2012 fälligen Staatsanleihen plus Verzinsung nicht mehr bei den Banken bedienen konnten. Unter den italienischen Banken sind es besonders die Intesa Sanpaolo und die Unicredit-Bank, die einer Insolvenz entgegen treiben. Erstere besitzt griechische, spanische und italienische Staatsanleihen in Höhe von 59 Milliarden Euro. Unicredit führt über 50 Milliarden Euro dieser toxischen Staatsanleihen in ihren Büchern. Das Gleiche gilt für die spanischen Banken BBVA und Santander. An den genannten Staatsbonds bunkerte BBVA 58 Milliarden Euro und Santander 46 Milliarden. Die italienischen und spanischen Groß- und Investmentbanken sind die gefährdetsten unter den europäischen Finanzinstituten wegen der Zahlungsunfähigkeit der genannten Staatshaushalte.

Schon zum Jahresende 2011 hatten amerikanische, britische, europäische, Schweizer und japanische Bundes-Notenbanken in einer dramatischen Rettungsaktion die italienischen und spanischen Banken mit Kapital versorgt, weil die Gefahr bestand, dass sie im Verbund mit den französischen Schuldner-Banken und den bis dahin nicht zurückgezahlten, fälligen milliardenschweren Finanzspritzen von US-Geldmarktfonds die gesamte Finanzindustrie in den Abgrund treiben könnten. Zudem hatte die Europäische Zentralbank (EZB) im Oktober/November marode Staatsanleihen der Euro-Krisenländer in Höhe von 190 Milliarden Euro aufgekauft, um »den Markt zu beruhigen«. Doch das nützte nicht viel, denn allein Ende 2012 wurden 307 Milliarden Euro an italienischen Staatsanleihen mit siebenprozentiger Verzinsung fällig, die der italienische Staatshaushalt wegen Zahlungsunfähigkeit nicht an die Banken zurückzahlen konnte. Das

Gleiche galt für den spanischen Staat. Er musste Ende 2012 fällige Staatsanleihen in Höhe von 145 Milliarden Euro mit 7 Prozent Verzinsung an die Banken zurückzahlen, konnte es aber nicht. In Griechenland war das Bild noch trüber. Der griechische Staat war pleite. Auch die griechischen Banken hatten aufgehört, die nationale Wirtschaft zu finanzieren; sie waren durch den Kauf von Staatsanleihen bis oben hin verschuldet. Der griechische Staat konnte nicht einmal mehr seine Bediensteten entlohnen. Er wartete nun auf die erste Tranche aus dem im Oktober 2011 in Brüssel geplanten Europäischen Rettungsschirm (EFSF), um die Bankschulden zu bezahlen.

Am 27. Oktober 2011 hatten die Finanzminister der Eurozonenländer in Brüssel beschlossen, einen Europäischen Rettungsschirm in Höhe von 440 Milliarden Euro zu bewilligen, der zumeist durch Steuergelder der wohlhabenden nördlichen Länder der Eurozone getragen wird. An diesem Rettungsschirm wurde der deutsche Steuerzahler mit 211 Milliarden Euro beteiligt. Der Schirm sollte – bei Notlage – durch sogenannte Hebelung auf eine Billion Euro erhöht werden. Will heißen: Bei Schuldenvermehrung sollten private Investoren (Banken) gewonnen werden. Außerdem beschlossen die Eurozonen-Finanzminister in Brüssel, dass die Banken ihre Eigenkapitalquote auf 9 Prozent erhöhen müssten, ohne diese Forderung durch strikte Gesetzeskraft zu untermauern. Auch eine Minderung der Boni-Zahlungen der Banken an Manager, Analysten und Trader wurde vorgeschlagen. Deutsche Banken – insbesondere die Deutsche Bank – lehnten diese Forderungen sofort ab. Eine neunprozentige Aufstockung des Eigenkapitals bezeichneten sie als »Zwangskapitalisierung«. Minderung der Boni, so argumentierten sie, würde bedeuten, dass die besten Kräfte nach Singapur und New York abziehen würden. Zuletzt wurde dann in Brüssel ein Schuldenschnitt für den griechischen Staat um 50 Prozent bewilligt, abzudecken durch den von Steuergeldern getragenen EFSF-Rettungsschirm. Und so erhielt Griechenland 2012 auch seine erste Tranche des Rettungsschirms, um Bedienstete und Bankschulden zu bezahlen.

Inzwischen musste der Europäische Rettungsschirm auch von Italien und Spanien in Anspruch genommen werden, weil diese Länder sonst ihre Staatsanleihen-Schulden an die genannten Banken nicht hätten zurückzahlen können. US-Ratingagenturen haben 2012 die Bonität der italienischen und spanischen Staatshaushalte weit herabgestuft. Selbst Frankreich verlor seine AAA-Bestnote. Ebenso hat die US-Ratingagentur Standard & Poor's die Bonität des Europäischen Rettungsschirms von AAA auf AA+ heruntergestuft. Wir sollten uns von diesen amerikanischen finanzpolitischen Spielchen nicht einschüchtern lassen. Denn gerade der Europäische Rettungsschirm könnte mithelfen, die europäische Finanzkrise zu bewältigen und das Primat der Politik über die Finanzinstitute zu verwirklichen. Aber nur, wenn es der Politik in Zukunft gelingt, per Gesetzeskraft Banken, Versicherungskonzernen und Hedgefonds zu verbieten, bei europäischen Regierungen Staatsanleihen zu kaufen, die Zinsen dafür hochzutreiben, also damit zu zocken. Das Wohl der europäischen Staatsbürger darf nicht den gierigen Renditezielen der Finanzjongleure überlassen bleiben. Die Europäische Zentralbank muss zukünftig über den neuen dauerhaften Rettungsschirm »ESM« den Eurozonenstaaten per Eurobonds die benötigten Geldmittel langfristig zu niedrigen Zinsen leihen. Und zwar auf einem von Brüssel regulierten, überwachten und gemeinwohlorientierten Markt. Spekulationsgeschäfte der Finanzindustrie per Zinswucher, die gesellschaftlich schädlich sind wie die Zockerei mit Staatsanleihen, müssen – wie gesagt – gesetzlich verboten werden.

Doch bisher dürfen die Finanzeliten Eurozonenländer weiterhin ausplündern. Denn anstatt die südeuropäischen Schuldnerstaaten mit langfristigen, zinsgünstigen Krediten zu versorgen, lieh die EZB den großen europäischen Zockerbanken 2012 eine Billion Euro zu 1 Prozent Zinsen mit dreijähriger Laufzeit. Mit diesem billigen Kredit kauften die Banken sofort insbesondere spanische und italienische Staatsanleihen auf, forderten von beiden Staatshaushalten 7 Prozent Zinsen und trieben die beiden südeuropäischen Länder weiter in die Schuldenfalle und in die Verarmung. Die EZB hatte die große Gelegenheit versäumt, die 1 Billion Euro zu 1 Prozent Zinsen gleich an die südeuropäischen Regierungen zu leihen, ohne die Banken zwischenzuschalten, die nun mit diesen steuerlichen Rettungspaketen einen großen Reibach machten.

Dadurch wurde klar, dass die EZB, von Bankern geführt, für deren Finanzvolumen letztlich die europäischen Steuerzahler haften (Deutschland ist mit 27,1 Prozent am Kapital der EZB beteiligt), lieber die insolventen Banken rettet als die hoch verschuldeten südeuropäischen Staaten. Letztere müssen wegen der Begleichung der neuen Staatsanleihen-Schulden bei den Banken ihre Ausgaben für die Infrastruktur senken, Steuern (vor allem die Mehrwertsteuer) erhöhen, Bedienstete entlassen, Renten und Arbeitslosengelder kürzen. Das Ganze gleicht Absurdistan. Noch eins: Eine Währungsunion ohne politische Union und Vergemeinschaftung der Schulden wird nicht funktionieren.

Der Entscheidungskampf um die europäische Finanzwirtschaft, um das verschuldete Europa – und damit auch die Existenz der Währung Euro – geht in seine entscheidende Phase. Der Ausgang ist offen. Die Krise hat schon jetzt zu einer Diktatur der Finanzindustrie über die Politik geführt. Durch ihre Zockerei mit den Staatsbonds der südeuropäischen Schuldenländer haben die Banken und ihre Hedgefonds lange genug von deren Not profitiert, sind dann selbst in die Schuldenfalle gelaufen und werden erneut durch Steuergelder gerettet.

Die Politik hat Angst vor einer »systemischen Krise« und stellt deshalb weiterhin staatliche Hilfspakete aus Steuermitteln zur Rettung des verantwortungslosen Bankwesens zur Verfügung. Für die Eurozone wurde nun ein dauerhafter Rettungsschirm – der sogenannte Europäische Stabilisierungsmechanismus (ESM) – aufgestellt. Wieder haften die Steuerzahler mit einem Volumen von 700 Milliarden Euro, um – wie es heißt – »Euroländern in einer Finanzkrise zu helfen«. In Wahrheit werden diese Steuermittel wieder an die Banken fließen. Denn mit den ESM-Geldern müssen die insolventen südlichen Euroländer ihre Staatsanleihen-Schulden plus hohe Zinsen bei den Banken bezahlen.

Aber heute geht es nicht mehr nur um die Eurozone und den Euro. Die Welt steht heute kurz vor einem Währungskrieg. Nicht nur die milliardenschweren Hedgefonds der großen Investmentbanken (aus denen Schattenbanken geworden sind) oder private Zocker wie der Milliardär George Soros, der sein Vermögen unter anderem mit Wetten gegen das britische

Pfund machte, manipulieren heute die Währungen (Devisen). Es sind ebenfalls japanische, chinesische, US-amerikanische, britische, schweizerische Notenbanken, die den Wechselkurs ihrer Währungen künstlich nach unten drücken, um sich Wettbewerbsvorteile – vor allem auch für den Export – auf Kosten anderer Nationen oder Wirtschaftszonen zu verschaffen. Da die anderen dann ebenfalls ihre Währung nach unten manipulieren, droht eine Schlacht, die am Ende nur Verlierer kennt.

Am aggressivsten gehen dabei die US-amerikanischen und japanischen Notenbanken vor. Ihre Zentralbanker kaufen der eigenen Regierung für hunderte Milliarden Staatsanleihen und andere Wertpapiere ab und pressen über niedrigste Zinsen (in USA beinahe 0 Prozent) riesige Geldmengen ins Finanzsystem. So versuchen sie, die heimische Wirtschaft anzukurbeln und die eigene Währung billig zu halten, damit der Export boomt. So könnte auch Europa in diesen Währungskrieg hineingezogen werden. Noch sträubt sich die EZB gegen das Nachuntendrücken des Euros, noch hat sie genug mit der Euro-Krise zu tun.

Weltweite Wirtschaftsdaten zeigen, dass Investmentbanken, Hedgefonds und Versicherungskonzerne außerhalb der realen, güterproduzierenden Wirtschaft eine gigantische irreale, auf Spekulationsobjekte ausgerichtete Pseudowirtschaft entstehen ließen. Im Dezember 2010 gab der Internationale Währungsfonds für jenes Jahr folgende Hochrechnungszahlen heraus:

1) Gesamtvolumen der gehandelten Finanzmarktprodukte (Subprime Credits, Junk-Bonds, Hypothekenpfandbriefe, Index-Fonds etc.): 601 Billionen Dollar;
2) Gesamtvolumen der gehandelten Aktien: 87 Billionen Dollar;
3) Gesamtvolumen der Devisengeschäfte: 955 Billionen Dollar;
4) Im Vergleich dazu ergab der Wert aller produzierten Güter und Dienstleistungen (BIP weltweit): 63 Billionen Dollar.

Obige Zahlen untermauern, dass die Finanzwirtschaft mit diesen Volumina auf den irrealen Märkten Politik und reale Wirtschaft beherrscht. Es ist also keine leere Phrase, wenn wir von Finanzdiktatur sprechen. Ebenso zeigen diese Daten, dass der alte reale, auf Warenproduktion, Lohnarbeit und Ausbeutung beruhende Kapitalismus nicht mehr genügend Umsatz und Investitionen erzielt, um hohe Profitmargen zu erwirtschaften, wie Schumpeter es vorausgesehen hatte. Heute sind es die Umsatz- und Investitionsdaten des neuen irrealen, finanzmarktgetriebenen Kapitalismus, die gigantische Ausmaße erreichen, ohne dass dabei Güter produziert werden oder Wertschöpfung erzeugt wird. Sie zeigen, dass dieser irreale Kapitalismus eine reine Spekulationswirtschaft auf der Grundlage von Geldvermehrung (Geld als Ware) ist.

Wem nützt das?

Es nützt den nicht einmal 1 Prozent der Managerelite, aber nicht den übrigen über 99 Prozent der Bevölkerung. Die gnadenlose Herrschaft der Finanzindustrie, die Mafia-Methoden ihrer Investmentbanken und Hedgefonds, die Zockerei ihrer Analysten und Trader mit Immobilien, Lebensmitteln, Staatsanleihen, Währungen etc. zerstören unsere Demokratie, zweckentfremden die Steuergelder der Staatsbürger. Die alte Politik, der alte Staat sind Opfer der Finanzwirtschaft geworden, lassen sich von ihr als Reparaturwerkstatt benutzen. Der finanzmarktgetriebene Kapitalismus hat das Primat über die Politik an sich gerissen. Die Zivilgesellschaft ist nicht länger der Souverän des Staates, alle Staatsgewalt geht nicht mehr vom Volk aus. Und alles geht so weiter! Im November 2013 berichtete die New York Times, dass sich seit 2010 eine ehemalige Schattenbank namens Blackrock zum größten Finanz- und Spekulationskonzern entwickelt hätte. Ihr Topmanager Larry Fink und seine Vorstandskollegen sind mit über 10.000 Beschäftigten weltweit die größten Vermögensverwalter und Derivatehändler in der Welt. Sie sind nicht nur überall an Aktien von Konzernen und Großbanken beteiligt (Blackrock ist unter anderem Großaktionär bei der Deutschen Bank), sondern spekulieren vor allem mit Agrar- und Rohstoffpapieren, Staatsfonds, Pensionsfonds, Immobilienpfandbriefen etc. und haben wie ihre Kontrahenten Goldman Sachs, J.P. Morgan und andere neue Finanzmarktprodukte wie Index-Fonds ins Leben gerufen. Die irreale, keine Werte schöpfende Finanzwirtschaft scheint nicht aufzuhalten zu sein.

Der Kern von Blackrocks Geschäftsmodell ist dabei das Derivat. Derivate sind Finanzwetten auf die künftigen Kursentwicklungen von Zinsen, Währungen, Nahrungsmittel- und Rohstoffpapieren (Index-Fonds) etc. Der Handel (Wetten) mit Derivaten dient der reinen Spekulation und hat mit realwirtschaftlichen Aktivitäten nichts zu tun. Es ist ein Spielkasino, das häufig nicht an den Börsen stattfindet, sondern die Derivate werden »über den Tresen«, also zwischen einzelnen Investmentbanken und anderen Finanzkonzernen (Versicherungen) gehandelt. Die großen Derivatehändler sind genau jene Finanzinstitute, die auch die Referenzsätze bei den Zinsen (Libor, Euribor) und Währungen manipulieren.

Souverän des Staates sind heute Groß- und Investmentbanken, Hedgefonds und Versicherungskonzerne. Sie verfügen über unsere Steuergelder. Sie haben die Bürger zu hörigen Wirtschaftssubjekten degradiert. Es gilt, die Kapitulation des Staates und seiner Bürger gegenüber der Finanzindustrie aufzuheben. Es gilt, das Primat der Politik als eine neue, von der Zivilgesellschaft getragene Politik über die Finanzindustrie zurück zu erobern. Es gilt, die Machenschaften der Versicherungskonzerne, der Banken und Hedgefonds per Gesetzeskraft zu verbieten, es gilt, diese menschenfeindliche Finanzwirtschaft abzuschaffen, sonst wird sie weiterhin die Lebensmittelpreise diktieren, Hunger in der Welt verursachen, ganze Staaten in die Pleite treiben und aus dem Prekariat Wohnungslose machen und Währungskriege entfachen. Die alte Politik wird dazu nicht in der Lage sein, zu sehr ist sie mit der Finanzelite verwoben, zu sehr hat sie Angst vor einer systemischen Krise. Auch die Zivilgesellschaft mit ihren bisherigen Organisationsformen wie Nichtregierungsorganisationen, Volksbefragung und Volksentscheid wird kaum etwas gegen die Finanzoligarchie unternehmen können. Und dennoch bleibt nichts Anderes übrig, als genau das zu tun.

Heute manipulieren die Finanzinstitute auch die für das Überleben der Menschheit wesentliche Energiewirtschaft bzw. die erneuerbaren Energien. Letztere sind wohl das höchste Wirtschaftsgut, denn ohne nicht-klimaschädigende erneuerbare Energie werden weder Mensch noch Wirtschaft in Zukunft überleben können. Aber für die Finanzelite sind die erneuerbaren Energien langfristig gesehen die große, Super-Renditen abwerfende

Zukunftsindustrie. Und so hat sich in Deutschland – obwohl mehrere Firmen ausgestiegen sind – ein Konsortium aus Groß- und Investmentbanken, Versicherungsgesellschaften und Energie-Konzernen, darunter Deutsche Bank, Münchener Rück, Allianz, RWE etc., zusammengetan und eine Summe von 400 Milliarden Euro zur Verfügung gestellt, um durch das Mammutprojekt »Desertec« erneuerbare Energien in europäische Länder zu leiten. Dabei soll bis 2050 durch den Bau eines solarthermischen Großkraftwerks in der Sahara und die Errichtung von rund hundert transkontinentalen Stromtrassen, sogenannter »Supergrids«, auf einer Strecke von 4.000 bis 5.000 Kilometern Strom nach Europa fließen.

Ebenso soll das Nordsee-Großprojekt »Seatec«, also der Ausbau von Offshore-Windparks in der Nordsee, Europa bis 2050 über »Supergrids« mit Windstrom versorgen. Im Januar 2010 wurde in den Medien dieses Großprojekt von den »Friends of the Supergrid« – das sind Banken, Versicherungen, europäische Strom- und Hightech-Konzerne, darunter Siemens, RWE, der französische Konzern ARENA, der schwedische Stromkonzern Vattenfall, die EU-Kommission, etc. – vorgestellt. Die mitbeteiligten Finanzinstitute stellten Seatec ein Anfangskapital von 30 Milliarden Euro als erste Tranche zur Verfügung. Desertec wie Seatec versuchen mit allen Mitteln, die alten zentralistischen Strukturen zu erhalten und durch ihr Supergrid-Konzept eine demokratisierte, dezentrale, in Bürgerhand liegende Stromversorgung zu verhindern.

2010 wurden Desertec und Seatec in den Medien als Allheilmittel, als endgültige Lösung unserer Energieprobleme vorgestellt. Dass gleichzeitig in Kassel die Konferenz »100 Prozent erneuerbare Energien in 100 Regionen« stattfand, auf der 100 deutsche Städte und Landkreise ihre durchkalkulierten Konzepte für dezentrale Stromversorgung durch »kooperativ geführte Kleinkraftwerke, Energiespeicher und Rückkauf von zentralen E-Netzen« vorstellten, wurde von den Medien nicht zur Kenntnis genommen. Dabei hatten die 100 Regionen mit der Hilfe von wissenschaftlichen Mitarbeitern mehrerer Öko-Institute, NRO und Max-Planck-Institute eine Modellrechnung aufgestellt und bewiesen, wie sie bis 2020 zu einer Vollversorgung mit erneuerbaren Energien kommen könnten, ohne Bedarf an Großkraftwerken oder an über »Supergrids« geleitetem Fernstrom zu haben. Es besteht eben die große Angst bei den Stromkonzernen und ihren Banken, dass der Industriestandort Deutschland dezentral und in Bürgerhand mit erneuerbaren Energien versorgt werden könnte, ohne den geplanten »Supergrid«-Netzausbau (Desertec, Seatec).

Wie die »taz« am 2. März 2013 berichtete, ist die Energiewende von einem neuen »Kapitalmarktrecht« bedroht, das die Bürgerenergieprojekte beinahe unmöglich macht. Hintergrund ist dabei eine neue EU-Richtlinie, die den »Anlegerschutz im Sektor der Investmentfonds verbessern soll«. Um die EU-Richtlinie in nationales Recht umzusetzen, hat die Bundesregierung nun einen Entwurf für ein »Kapitalanlagegesetzbuch« (KAGB) vorgelegt. Danach sollen künftig auch für dezentrale, regionale, städtische Kleinkraftwerksprojekte in Genossenschaftshand dieselben finanziellen Anforderungen gelten wie für »international tätige Emissionshäuser oder Kreditinstitute«. Das käme einer »existentiellen Gefahr« für Bürgerprojekte gleich, erklärte der Bundesverband Erneuerbare Energien (BEE). Schließlich würde damit, so der BEE, die Energiewende ausgebremst und dadurch zu spät kommen, denn »Bürgerprojekte machen heute rund die Hälfte aller Ökokraftwerke aus«. Besonders brisant am KAGB-Plan ist die Forderung, künftige genossenschaftliche Bürgerprojekte zu unterbinden, wenn diese nicht eine »Mindesteinlage von 20.000 Euro pro Investor verlangen«. Begründung: Sonst sei das Risiko nicht zu tragen.

Der heutige Energiekonflikt geht nur vordergründig um das Pro oder Contra zu erneuerbaren, nicht umwelt- und klimaschädigenden Energien. Im Wesentlichen geht es um den Erhalt der Strukturen der konventionellen Energieversorgung und die Verfügungsgewalt darüber. Die hohen Gewinnmargen und das damit einhergehende Beharren auf den fossilen und atomaren Energiequellen ließen das gegenwärtige System der Energieversorgung entstehen und führen es in die Zukunft. Ein rechtzeitiger Wechsel, eine sofortige Umorientierung auf erneuerbare Energien und eine mögliche dezentrale Organisation gefährden seine Struktur und Machterhaltung. Deshalb richtet sich die Strategie der Energie-, Bank- und Versicherungsmanager darauf, das Tempo des Energiewechsels zu bremsen bzw. den Wechsel in die ferne Zukunft – zumindest bis 2050 – hinauszuschieben. Der Einfluss der Finanzinstitute und Energiekonzerne auf die Politik – hier die Subventionierung durch die EU-Kommission – ist augenscheinlich. Damit verhindern obige Machtkonglomerate den rechtzeitigen Energiewechsel in Bürgerhand und machen sich mitschuldig am Klimawandel.

Denn wenn der Energiewechsel erst um 2050 vonstattengeht, so britische, US-amerikanische und deutsche Geowissenschaftler im Wissenschaftsmagazin »New Scientist« (9. November 2012), »ist eine Erderwärmung um sechs Grad Celsius in diesem Jahrhundert wahrscheinlich«. Das aber würde bedeuten, dass die Eiskappen der Pole schneller abschmelzen. Folge: »Katastrophen wie das komplette Abtauen des westantarktischen Eisschildes, das den Meeresspiegel um mehr als 3 Meter ansteigen ließe, würden sich wahrscheinlich nicht verhindern lassen«. Aber wenn wir rechtzeitig – nämlich sofort – mit der Energiewende und zusätzlich »Geoengineering« begännen, könnten wir »gezielt in die Klimamaschine des Planeten Erde eingreifen und vielleicht unser gigantisches Versagen korrigieren«. Die CO_2-Emissionen müssten nach Meinung der Klimaforscher »immer noch gewaltig sinken – und zwar so schnell wie möglich (…), denn wenn wir bis zum letzten Moment warten, könnte es zu spät sein, um ein Klimachaos noch zu verhindern.« Merke: Hermann Scheer war in seiner Studie »Der energethische Imperativ« zu ähnlichen Prognosen gekommen. Der Physiker und Herausgeber der neuesten Club-of-Rome-Studie »2052: Eine globale Vorschau auf die nächsten 40 Jahre«, Jørgen Randers, hatte mit seinen Co-Wissenschaftlern bis 2052 eine Erderwärmung von mindestens 3 Grad Celsius vorausgesagt, ebenfalls erhebliches Ansteigen der Meeresspiegel und Überschwemmungen von Inselgruppen und Küstengebieten. So weit die Wissenschaft.

Für die Politik sieht es anders aus: In einer Übergangsphase wird es entscheidend sein, welche Systemerfordernisse für die Politik maßgeblich sind; entweder die des übernommenen Energiesystems oder die des noch nicht entwickelten, aber notwendigen Systems für erneuerbare Energien. Dieser Systemkonflikt wird in einer Übergangsphase unvermeidlich sein. Der Ausgang ist ungewiss. Denn auf der einen Seite steht das zentralistische, konventionelle Energiesystem mit seinen mächtigen Lobbys der Finanzinstitute und der Energiekonzerne, welches die gesamte Energieversorgung beherrscht und sie nach seinen Funktionserfordernissen strukturiert hat und auf das die gegenwärtige Gesetzgebung, zum Beispiel in der Europäischen Union und in Deutschland, zugeschnitten ist. Auf der anderen Seite steht die für unser Überleben dringende Notwendigkeit eines vollständig auf erneuerbaren Energien basierenden, dezentralen Systems mit gegensätzlichen Funktionserfordernissen. Für letzteres wurden von der Politik bisher nur abweisende Regeln entworfen – siehe neue EU-Richtlinie. Und selbst die deutsche Regierung, die mit ihrem Erneuerbare-Energien-Gesetz noch am fortschrittlichsten in der Welt ist, sieht einen Systemwechsel erst um 2050 vor. Das aber ist 20 bis 30 Jahre zu spät.

Der von Hermann Scheer und der neuesten Club-of-Rome-Studie eingeforderte sofortige, vollständige Wechsel zu erneuerbaren Energien – das heißt eine Umstellung von fossilen und atomaren auf die erneuerbaren Energien innerhalb von 10 bis 15 Jahren – würde den umfassendsten wirtschaftlichen Strukturwandel seit Beginn der Industriellen Revolution bedeuten. Ein solcher Strukturwandel wird ohne Gewinner und Verlierer nicht möglich sein. Die etablierte Energiewirtschaft und ihre Finanzinstitute versuchen auch deshalb, den Einstieg in erneuerbare Energien so zu verwirklichen, dass er in die Struktur der konventionellen Energieversorgung hineinpasst. Es geht nicht mehr darum, den Wandel zu verweigern. Das hat man in den Managementetagen begriffen. Es geht darum, auf den fahrenden Zug zu springen, um seine Geschwindigkeit und seinen Fahrplan mitzugestalten und zu verzögern.

Heute stehen sich Nichtregierungsorganisationen (Greenpeace, Attac) und die von der Politik unterstützten Stromkonzerne in der Frage gegenüber, ob bei Anwendung erneuerbarer Energien zentrale oder dezentrale Strukturen einer Energieversorgung notwendig sind. Sind oftmals weit entfernte Großkraftwerke oder doch eher regionale Kleinkraftwerke erforderlich? Wer soll sie kontrollieren, wer über sie verfügen, sollen es die alten Stromkonzerne tun oder Genossenschaften der Zivilgesellschaft? Ist ein über tausende Kilometer weites E-Netz (»Supergrid«) für eine dezentrale Generierung erneuerbarer Energien nötig oder sollte der Schwerpunkt bei regionalen und lokalen E-Netzen (»Smart Grids«) liegen? Die

Beantwortung dieser Fragen wird für unsere zukünftige Wirtschaftsordnung von entscheidender Bedeutung sein.

Da erneuerbare Energien – Sonne, Wind, Wasser und der Energieträger Wasserstoff – uns bei ausgereifter Technologie »keine Rechnung schicken« (Franz Alt), kann eigentlich niemand Eigentumsrechte an ihnen besitzen noch sie monopolisieren. Sie sind kein Profit abwerfendes, knappes Gut wie Kohle, Öl oder Erdgas, sondern unendlich und überall vorhandene Energie bzw. Energieträger – und damit eine Ubiquität. Wasserstoff ist keine Primärenergie. Er tritt nicht in reiner Form auf. Er muss indirekt, z.B. über Solarenergie, im Elektrolyse-Verfahren extrahiert werden. Erst dann kann er, über Brennstoffzellen gespeichert, als »ewiger Energieträger« (US-Geologe Peter Hoffmann) eingesetzt werden. Wasserstoff enthält keine Kohlenstoffatome. Das bedeutet: Bei der Energiegewinnung fallen keine Kohlendioxid-Emissionen an. Deshalb ist Wasserstoff nicht klimaschädigend. Die Wasserstoff-Brennstoffzellentechnologie hat ihre Forschungs- und Entwicklungsphase im Wesentlichen abgeschlossen.

Fossile und atomare Energieressourcen befinden sich hingegen nur an wenigen Plätzen auf unserem Erdball, eben dort, wo Kohle, Uran, Erdöl und Erdgas konzentriert unter der Erde liegen. Von dort werden diese nicht erneuerbaren Energien über lange Trassen und Transportwege zu Großkraftwerken und Raffinerien und dann zu Milliarden Konsumenten an vielen Orten unseres Planeten geleitet. Diesen Energiefluss von den wenigen Förderplätzen in wenigen Ländern zu Milliarden Konsumenten können nur global vernetzte und global geführte Monopol-Konzerne bewerkstelligen. Da es an keiner Stelle von Ausbeutung und Produktion bis zur Verteilung und zum Verkauf eine Unterbrechung geben darf, sind diese Konzerne und ihre Banken aufs Engste mit Regierungen verzahnt und auf deren Rechtsprechung angewiesen.

So entstand das, was Hermann Scheer den »weltweiten politisch-energiewirtschaftlichen Komplex« nennt. Damit hat sich die konventionelle Energiewirtschaft unverzichtbar gemacht, solange fossile und atomare Energien nicht durch überall vorhandene erneuerbare ersetzt werden. Und so bilden die konventionellen Energien trotz ihrer immer bedenklicher werdenden Knappheit und ihrer zunehmenden Zerstörungskraft, was Klima und Umwelt angeht, auch heute noch die Grundlage unseres gesamten Wirtschafts- und Gesellschaftslebens. Die Regierungen fungieren dabei als Beschützer und Mitbremser für die Energie-Großkonzerne. Es sieht so aus, als werden alle an diesem nur schwer auflösbaren, weltweiten politisch-energiewirtschaftlichen Komplex beteiligten Parteien alles daran setzen, dessen Machtposition in der Welt zu erhalten.

Im Gegensatz dazu wird es beim Wechsel zu erneuerbaren Energien – wenn schließlich eine neue Politik und die Zivilgesellschaft mit ihren Organisationen mitziehen – möglich sein, eine umfassende Befreiung der Milliarden Konsumenten von energetisch-existentieller Abhängigkeit zu verwirklichen und eine beinahe kostenlose, dezentrale genossenschaftlich geführte Energieversorgung bereitzustellen. Man kann das auch als einen Weg von zunehmender energetischer Fremdbestimmung zu wachsender energetischer Selbstbestimmung bezeichnen. Wir dürfen nur nicht zu viel Zeit verlieren. Die Uhr tickt.

Die Frage ist also: Wann wird der Übergang von den knappen fossilen zu den nicht knappen erneuerbaren Energien stattfinden? Wann werden die nicht erneuerbaren, klimaschädigenden, CO_2 ausstoßenden alten Energiequellen Kohle, Erdöl und Erdgas von den erneuerbaren abgelöst? Die These des im November 2010 verstorbenen alternativen Nobelpreisträgers Hermann Scheer ist folgende: »Der vollständige, hundertprozentige Wechsel zu den erneuerbaren Energien ist jetzt, das heißt innerhalb der nächsten zehn Jahre realisierbar.« Die Wissenschaftler der neuen Club-of-Rome-Studie »2052« und des November-2012-Reports im »New Scientist« sprechen von einem realisierbaren Wechsel von fossilen auf erneuerbare Energien innerhalb der nächsten 10 bis 15 Jahre. Doch der Wechsel wird in diesem Zeitraum wohl nicht stattfinden, weil ihn die Energie-Konzerne aus profitwirtschaftlichen Gründen verzögern. Die Energiemanager bremsen den Wechsel hin zu den überall und unendlich vorhandenen Primärenergien Sonne, Wind und Wasser, weil die Profite aus den fossilen Energien Kohle, Öl und Erdgas noch immer immens sind.

Außerdem haben sie Angst davor, dass in Zukunft und mithilfe einer dezentralen, von der Zivilgesellschaft organisierten Infrastruktur eine beinahe kostenlose Energieversorgung möglich werden könnte, die ihre Existenz bedroht, also die zentralistische Versorgung durch die Energiemultis ablösen könnte. Die wichtigste Frage der Weltwirtschaft, die jetzt beantwortet werden muss, ist die Zeitfrage. Kann der technologisch längst fällige, vollständige Wechsel zu den erneuerbaren, nicht umwelt- und klimaschädigenden Energien trotz aller mächtigen Gegenkräfte rechtzeitig verwirklicht werden oder ist es bereits zu spät? Können wir uns den zentralistischen Bremsern entgegenstemmen? Der seit Rio 1992 bedeutend verschlimmerte Klimawandel und seine Folgen bedeuten ein beispielloses Scheitern der neoliberalen Marktwirtschaft. Wir dürfen die Behandlung des Planeten Erde nicht den kurzsichtigen Profitinteressen der Boni-Eliten und den Mechanismen und Scheingesetzen ihres Marktes überlassen, wenn wir überleben wollen. Wir müssen vielmehr die Gesetze der Natur beachten. Der ungehemmte Raubtierkapitalismus mit seiner Wachstums- und Wettbewerbsfähigkeitsbesessenheit ist auf Selbstmordkurs. Seine Zerstörungskraft zeigt sich besonders im globalen Treibhauseffekt, entstanden durch die CO_2-Emissionen seit der Industriellen Revolution. Wenn es uns nicht gelingt, die CO_2-Emissionen erheblich einzudämmen, wird unsere Zivilisation von der Erde verschwinden. Wie ernst die Situation schon jetzt ist, haben Klimaforscher, Geologen, Meeresbiologen und Wirtschaftswissenschaftler in der neuen Club-of-Rome-Studie »2052« und dem November-2012-Report im Wissenschaftsmagazin »New Scientist« aufgezeigt.

Anfang April 2013 kam die »UN-Commission on Climate and Environment« mit einer neuen Studie über Treibhausgase und Klimawandel heraus. Darin heißt es: »Die Welt wird den Kampf gegen den Klimawandel verlieren. Das Jahrhundert-Ziel, den Anstieg der Erderwärmung auf zwei Grad Celsius zu begrenzen, ist kaum noch realisierbar«. Es sei denn, die Industrieländer würden ihre CO_2-Eimissionen »quasi über Nacht« zurückfahren. Das aber ist für die renommierten Wissenschaftler der UN-Studie eine Illusion. Denn der Ausstoß von Treibhausgasen durch Fabriken, Kraftwerke, Autos und Flugzeuge erreichte gerade im ersten Jahrzehnt dieses Jahrhunderts einen Rekordstand – allein 2011 waren es

34 Milliarden Tonnen. Der UN-Bericht macht dafür insbesondere das »rasante industrielle Wachstum in China, Indien und anderen asiatischen Staaten verantwortlich«. So sei das »Zwei-Grad-Ziel niemals erreichbar«. Stattdessen steuert die Welt ohne Gegenmaßnahmen »bis zum Ende des Jahrhunderts auf einen Temperaturanstieg von bis zu 6 Grad zu«.

Doch genau bis zur Zwei-Grad-Grenze, so die UN-Wissenschaftler, gelten die globalen Folgen des Klimawandels wie Dürren, Hitzewellen, Überschwemmungen und Wirbelstürme noch als beherrschbar. Sollte der Ausstoß von Treibhausgasen bis 2030 nicht unter Kontrolle gebracht sein, müssten Maßnahmen angewandt werden, »sie wieder aus der Erdatmosphäre herauszubekommen« – etwa durch Pflanzung neuer Wälder, die das CO_2 im Gewebe der Bäume binden könnten.

Auch britische und deutsche Klimaforscher haben in der Wissenschaftszeitung »New Scientist« vom 9. November 2012 darauf hingewiesen, dass es in diesem Jahrhundert – wohl nach 2050 – zu einer Erderwärmung um 6 Grad Celsius kommen wird, wenn es uns nicht gelingt, die CO_2-Emissionen einzudämmen. Auch sie glauben nicht, dass die Industrie dazu in der Lage sein wird, und setzen ihre Hoffnung auf Politik und Wissenschaft. Wie die UN-Wissenschaftler propagieren sie »Geo-Engineering«, also die Bindung von CO_2 durch das Pflanzen neuer Wälder, durch das Düngen der Ozeane mit Hunderttausenden Tonnen Eisen, um damit das Aufblühen gigantischer Algenmassen zu erwirken, die dann das CO_2 absorbieren könnten, um den Treibhauseffekt zu verhindern, etc. Das aber heißt: Manipulation des Klimas, was noch nie zuvor getan wurde. Aber vielleicht ist das die einzige Möglichkeit, so die Klimawissenschaftler, das »ausgestoßene Kohlendioxid rechtzeitig aus der Atmosphäre zu saugen, um den Klimawandel zu bremsen«.

Wir ruinieren heute mit unserer Ausbeutungsmentalität nicht mehr einzelne Regionen der Erde, sondern gleich den ganzen Globus. Wenn sich z. B. die Waldvernichtung – insbesondere das Abholzen der Regenwälder in Brasilien und Südostasien (Indonesien) oder die Zerstörung der Wälder in industriellen Regionen durch sauren Regen – immer mehr zu einem weltweiten Prozess ausweitet, dann handelt es sich nicht mehr nur um den sentimentalen Verlust schöner alter Wälder und mit ihnen der Artenvielfalt. Dann geht es um die Gefahr eines Zusammenbruchs der irdischen Ökosphäre. Dann steht die Bewohnbarkeit der Erde insgesamt auf dem Spiel. Einige glauben immer noch daran, dass man aus »unnützer Natur« eben »wertvolles Kulturland« machen müsste.

Dabei ist es doch so, dass sich ohne die Existenz großer Waldflächen auf der Erde die Bedingungen auf der Erdoberfläche (Biosphäre) grundlegend ändern würden, und das in einer Weise, die mit dem Überleben unserer Zivilisation nicht länger vereinbar ist. Die Lebenswichtigkeit der Wälder ergibt sich aus ihrer Eigenschaft als »unverzichtbarer Kohlenstoffspeicher«. Das vor allem durch die industrielle und private Verbrennung von Kohle, Öl und Erdgas, aber auch durch das Abholzen der Regenwälder, durch die Vegetationsbrände und biologische Verbrennungsvorgänge, freigesetzte CO_2 konzentriert sich rasch in der Atmosphäre, wenn es nicht auf der Erde wieder verbraucht wird. Die Aufgabe des CO_2-Verbrauchs bzw. die Speicherfähigkeit fällt dabei größtenteils dem Meer, den Wäldern und Pflanzen zu. Sie nehmen das Kohlendioxid auf und bauen aus ihm, unter Zuhilfenahme von Bodenmineralien und Wasser, komplexer gebaute organische Moleküle auf, vor allem Stärke, Zucker und Fette. Als Energiequelle hierfür dient ihnen das Sonnenlicht.

Bei diesem Photosynthese genannten Prozess wird Sauerstoff frei und in die Atmosphäre abgegeben, die so für Menschen und Tiere im Laufe der Erdgeschichte zur Atemluft geworden ist. Wälder und Pflanzen sind als biologischer Kohlenstoffspeicher und wegen der Abgabe des Sauerstoffs für die Atemluft das biologische Fundament allen menschlichen und tierischen Lebens auf der Erde. Wir sind heute dabei, diesen Kreislauf zu zerstören – und damit das Leben auf der Erde. Spätestens nach Rio 1992 hätten wir damit beginnen müssen, zumindest auf die Vernichtung tropischer Wälder und subtropischer Regenwälder zu verzichten.

Die sich in den letzten Jahren abspielende Zerstörung der letzten biologischen Speicherreserven setzt Unmengen von CO_2 frei, die den atmosphärischen Kohlenstoffkreislauf endgültig aus dem Gleichgewicht bringen. Wenn die letzten großen Regenwälder verschwinden, haben wir kein biologisches Umformungspotenzial mehr auf der Erde, das aus der Atmosphäre das Kohlendioxid aufnimmt, es zerlegt und daraus durch die Photosynthese Sauerstoff zum Atmen freisetzt. Wir müssen heute – wie bereits erwähnt – auf diese Gesetze der Natur hören und nicht auf die Manager-Oligarchie und ihre Wachstumstheoretiker.

Bereits 1990 hatte die Enquete-Kommission des Deutschen Bundestages »Vorsorge zum Schutz der Erdatmosphäre« nach Expertenanhörungen herausgefunden, dass das durch Abbrennen und Zerstören der tropischen und subtropischen Wälder in die Atmosphäre ausgestoßene CO_2 zur gesamten »anthropogenen Kohlendioxidemission über 30 Prozent beiträgt«. Nur die Verbrennungsvorgänge durch den Verbrauch von Kohle, Öl und Erdgas trugen noch erheblicher mit zum Anstieg des Spurengases Kohlendioxid in der Atmosphäre und damit zum Treibhauseffekt bei. Nach den 1990er Berechnungen der genannten Enquete-Kommission war es außer FCKW (Fluorchlorkohlenwasserstoff), Stickoxiden, Methan und anderen Spurengasen besonders Kohlendioxid, entstanden durch die Verbrennung von Kohle, Öl, Erdgas und Benzin, das allein zu etwa 55 Prozent für die Erwärmung der Erdatmosphäre und damit für den zusätzlichen, anthropogenen Treibhauseffekt verantwortlich ist. Allein 1990 bliesen schon weltweit Kohle-, Öl- und Gaskraftwerke, industrielle und private Öl- und Erdgasverheizung und Autos mit Benzinverbrennungsmotoren rund 20 Milliarden Tonnen Kohlendioxid in die Luft.

Noch eines ist bei zunehmender, ja gleichbleibender Erderwärmung nach Untersuchungen von Meeresbiologen der »Moss Landing Marine Laboratories« in Kalifornien sicher: Das Eis der Polarkappen wird abschmelzen. Etwa 95 Prozent der Weltsüßwasservorkommen sitzt als Eis auf den Polen. Sollte es zu noch schnellerer Abschmelzung des westantarktischen Eisschildes kommen – da sind sich die Geologen und Klimaforscher vom New-Scientist-Report und die Meeresbiologen von den Moss Landing Marine Laboratories einig –, so seien in der zweiten Hälfte des 21. Jahrhunderts eine Erderwärmung von bis zu 6 Grad Celsius und ein Anstieg der Ozeane von 3 bis 4 Metern zu erwarten. Langfristig müsste man auch mit der Abschmelzung des ostantarktischen Schildes rechnen. Städte wie Hongkong, Rotterdam, Stockholm, New York, San Francisco, Los Angeles, Santiago de Chile, Buenos Aires, Singapur, Sydney u. a. wären nicht mehr zu retten. Sie würden unter Wasser stehen. Folge: Es entstünden enorme Bevölkerungswanderungen von den Küstengebieten ins Innere der Kontinente.

Die fehlende Eisdecke würde zudem den Treibhauseffekt noch verstärken. Die glatte, weiße Eisoberfläche reflektiert das Sonnenlicht fast vollständig, so dass kaum Wärme entsteht. Wasser dagegen und dunkle Land- und Gesteinsflächen nehmen die Wärmestrahlung auf und speichern sie. Doch nicht nur die zunehmende Wassermenge durch das Abschmelzen des Eises treibt den Spiegel der Ozeane in die Höhe. Die Erwärmung des Wassers selbst um nur 1 bis 2 Grad – so die Meeresbiologen von den Moss Landing Marine Laboratories – reicht bereits aus, um ein enormes Ansteigen der Wassermassen zu bewirken. Außerdem nimmt die Speicherfähigkeit der Ozeane für Spurengase wie Kohlendioxid mit zunehmender Temperatur erheblich ab. So gelangt noch mehr CO_2 in die Erdatmosphäre.

20 Jahre nach Rio, während der Welt-Klimakonferenz in Katar im Dezember 2012, haben sich die oben aufgezeichneten Probleme, d. h. Klimawandel und ansteigender Treibhauseffekt, mittlerweile enorm verschärft. Weder Politik noch Wirtschaft haben in Wahrheit auch nur irgendetwas gegen diese auf uns zukommende Katastrophe unternommen. Die Nichtregierungsorganisationen, die seit 1992 auf allen Klimakonferenzen dabei waren, konnten zwar Aufklärung über diese ökologische Problemlage schaffen, doch ändern konnten sie nichts. Die NRO mussten begreifen, dass sie zwar machtpolitisch gesehen über weiche Instrumente wie Sach- und Problemlösungskompetenz, hohes Engagement und selbstlosen Idealismus verfügen, dass sie aber anders als Politik und Wirtschaft weder über staatliche Machtinstrumente noch über nennenswerte wirtschaftliche und finanzielle Mittel verfügen. So stand die Welt – wie bei allen vorhergehenden Klimakonferenzen – dem zerstörerischen Spiel der »Global Player« und ihrer Steigbügelhalter aus der Politik ohne machtvollen Interessenvertreter gegenüber. Und das Ergebnis in Katar war niederschmetternd. Noch im Jahr zuvor, in Durban, Südafrika, waren Vertreter der Regierungen und NRO unverbindlich übereingekommen, eine »sofortige, notwendige zweiprozentige Senkung des weltweiten CO_2-Ausstoßes« (auf

der Basis von 1990) in Augenschein zu nehmen. In Katar war nicht mehr die Rede davon. In Katar wurde der Klimaschutz von den größten Klimaschändern geradezu torpediert.

Nach den Untersuchungen des Washingtoner World Watch Institute hat China seit 2011 die USA als größter Klimazerstörer im Gesamtvolumen überholt, im Pro-Kopf-Volumen sind die USA noch führend. Allein China, USA, Indien, Russland und Brasilien stoßen jährlich über 20 Milliarden Tonnen CO_2 aus. Zählte man die EU, Kanada, Japan, Australien, Südkorea, Taiwan und die Entwicklungsländer Asiens, Afrikas und Lateinamerikas hinzu, so käme man auf über 35 Milliarden Tonnen CO_2. Aufgrund der Zahlen von 2011 prognostizierte das World Watch Institute für 2012 folgende CO_2-Ausstöße:

China emittiert 7,2 Milliarden Tonnen CO_2. Das kommt einem Plus von 207 Prozent seit 1990 gleich. China baut neue Kohlekraftwerke, um seine Industrie anzufeuern. Das Reich der Mitte gilt heute als stärkster Bremser beim Klimaschutz, versteckt sich immer noch hinter den Entwicklungsländern nach dem Motto: Man müsse auch eine Chance auf Wachstum haben, schließlich hätten die alten Industrienationen seit 150 Jahren ja den Klimawandel hauptsächlich verursacht – sollen sie also erst mal zurückstecken. China bietet konkrete Regeln für den Klimaschutz erst ab 2020 an.

In den USA leugnet die republikanische Mehrheit im Repräsentantenhaus, dass es überhaupt Klimawandel und Treibhauseffekt gibt. Bisher hat Präsident Obama kein Veto dagegen eingelegt. Im Gegenteil: Seine Administration forciert nun das »Fracking« und die »CCS-Kohlekraftwerke«. Die USA stoßen 22 Tonnen CO_2 pro Kopf aus und insgesamt über 6 Milliarden Tonnen. Damit sind die USA nach China der zweitgrößte Klimazerstörer. Immerhin bieten die Vereinigten Staaten an, ihren Kohlendioxid-Ausstoß ab 2020 jährlich um 3 Prozent auf der Basis von 1990 zu senken.

Indien ist Klimaschänder Nummer drei. Es stieß mit 2,5 Milliarden Tonnen CO_2 2012 mehr als doppelt so viel aus wie z. B. Deutschland. Indien hat bei den letzten großen Klimakonferenzen in Kopenhagen, Durban und Katar verbindliche Reduktionsziele verhindert und betrachtet sich als Entwicklungsland, das bei Energie und Wachstum kräftig zulegen müsse und deshalb erst mal keine Rücksicht auf seinen CO_2-Ausstoß nehmen könne. Das, so die indische Delegation, sollten doch erst mal die Europäer und Amerikaner tun. Auch Indien baut sein Arsenal an Kohlekraftwerken aus.

Brasilien hat ein neues Gesetz erlassen, wonach 76 Millionen Hektar Regenwald im Amazonasgebiet zur Abholzung freigegeben werden – das ist eine Fläche so groß wie Deutschland, Österreich und Italien zusammen. Verbindliche Reduktionsziele für den CO_2-Ausstoß lehnte die brasilianische Delegation in Katar ab. Auch Brasilien empfindet sich als Entwicklungsland und schiebt die Schuld am Klimawandel Europa und den USA in die Schuhe.

Russland hat auch in Katar keine genauen Zahlen seines CO_2-Ausstoßes angegeben. Doch es beliefert nun die halbe Welt mit Erdgas und Öl – z. B. über die Pipeline von Vyborg nach Lublin. Russland trat in Durban wie auch in Katar an der Seite von China, USA, Indien und Brasilien als Klimaschutz-Bremser auf.

Seit 1990 hat nach den Recherchen des »2052«-Reports vom Club of Rome der CO_2-Ausstoß weltweit um 40 Prozent zugenommen. Allein von 2009 auf 2010 sei der Wert um 6 Prozent gestiegen. Und es würde immer mehr werden. Was wir bräuchten, so der 2052-Bericht, sei ein »sofortiger radikaler Umbau der Weltwirtschaft hin zu erneuerbaren, unendlich vorhandenen, nicht klimaschädigenden Energien«. Schon in der zweiten Hälfte dieses Jahrhunderts, also nach 2052, müsste der CO_2-Ausstoß nach null hin tendieren.

Das scheint unmöglich zu sein. Wer hat die Macht, dies gegen die Energie-Monopole und ihre Regierungshelfer durchzusetzen? Die heutige Zivilgesellschaft in den größten Klimazerstörungsländern China, USA, Indien, Brasilien und Russland sicherlich nicht. Aber vielleicht könnte die Zivilgesellschaft in Europa mit ihren NRO und ihren Institutionen der direkten Demokratie wie Volksbefragung und Volksentscheid der Anfang, der Motor zum Umbau, zum großen Wandel sein, wenn sie auch willens und in der Lage ist, das Mittel eines umfassenden zivilen Ungehorsams, eines mehrheitlichen gewaltfreien Widerstandes gegen die Zerstörer anzuwenden. Gleichzeitig müsste die Gesellschaft in ihren Fundamenten verändert werden. Ein neues Utopia müsste entstehen. Fangen wir damit an! Wir dürfen die Hoffnung nicht aufgeben. Wir müssen das Unmögliche möglich, erreichbar machen. Wir müssen versuchen, die Welt den Menschen zurückzugeben.

8. Kapitel

Eine neue Ökonomie – ein neues Utopia

Wir müssen uns heute fragen, wie eine neue Ökonomie ohne die Gier, die Selbstbereicherung und die Betrügereien von Managern, Analysten und Tradern funktionieren könnte, wie eine dezentrale, CO_2-freie, auf kommunaler Basis global agierende Energieversorgung verwirklicht werden könnte und damit eine Klimakatastrophe verhindert wird. Der finanzmarktgetriebene entfesselte Raubtierkapitalismus entwickelte sich zu einer irrationalen zerstörerischen Veranstaltung verantwortungsloser Akteure, wobei die Regierungen mitgespielt haben, indem sie die Märkte deregulierten. Sie folgten dabei dem Rat neoliberaler Ökonomen, nicht nur die Märkte von Gesetzen und Vorschriften zu befreien, sondern auch Staatsunternehmen, darunter Eisenbahnen, Krankenhäuser, Universitäten, Wasserwerke, Post, Telefon etc. zu privatisieren, Unternehmenssteuern abzuschaffen, den Sozialstaat zu beschneiden, Wachstums- und Wettbewerbsfähigkeit auf Kosten der abhängig Beschäftigen zu forcieren. Mit anderen Worte: der Manager-Oligarchie, den 1 Prozent, freien Lauf zu lassen.

Ist das noch ein System, welches die Gesellschaft zusammenhält? Oder brauchen wir die Rückkehr des Staates – eines neuen Staates – als Lenker und Wächter? Können Institutionen der Zivilgesellschaft durch ein Bündnis Bürger/Staat dabei assistieren? Können wir die Wirtschaft demokratisieren und wie? Wir haben doch gesehen, dass der Staat durch seine Haushaltsmittel Macht hat. Er war es schließlich, der durch seine Interventionen, durch billionenschwere steuerliche Rettungspakete das kapitalistische System in den USA und Europa am Leben erhielt. Es war ein Akt, der das private Gewinnstreben, das Hauptmerkmal des Kapitalismus, geradezu auf den Kopf stellte: nämlich ein internationaler Staatsinterventionismus, eine Sozialisierung ungeheuren Ausmaßes. Der Staat wurde von den Wirtschaftsführern als Reparaturwerkstatt benutzt. Können wir diese Machtmittel des Staates für unsere Ziele ummünzen, für eine Demokratisierung der Wirtschaft, für eine sofortige Umstellung der Energieversorgung auf erneuerbare Energien? Schließlich zahlen die abhängig Beschäftigten über 50 Prozent des gesamten staatlichen Steuervolumens (Statistisches Bundesamt, 2004-2012). Ein Gegenkonzept zum finanzmarktgetriebenen entfesselten Raubtierkapitalismus heutiger Prägung muss erstellt werden. Oder ist die Mehrheit der Gesellschaft so beschränkt, dass sie alles hinnimmt, was ihr die Manager-Oligarchie und ihre Steigbügelhalter in den Regierungen vorsetzen?

Zunächst sollten wir die privatisierten, ehemals staatlich-gemeinnützigen Unternehmen wie Stadt- und Regionalverkehr – also Busse, Straßenbahnen, U- und S-Bahnen –, Krankenhäuser, Universitäten, Wasserwerke, Post, Telefon, E-Werke, Badeanstalten etc. wieder zu daseinsvorsorgenden Unternehmen umwandeln, sie also in Gemeinschaftseigentum zurückführen und ihre Benutzung unentgeltlich machen – notfalls durch Volksentscheid und zivilen Ungehorsam. Schließlich zahlen wir dafür Steuern und Krankenversicherung. Ebenso sollten Kitas, Schulen, Berufsschulen, Gymnasien, Fachhochschulen, Museen, medizinische Vorsorge und Straßenbau (Infrastruktur) unentgeltlich den Bürgern zur Verfügung stehen. Schließlich zahlen die sozialversicherungspflichtigen Mittel- und Unterschichten den größten Teil der staatlichen Steuereinnahmen, die allerdings zu einem erheblichen Teil vom Staat fremdbestimmt zur Rettung von Banken verpulvert wurden. Die Rückführung dieser privatisierten Institutionen in Bürgerhand, in staatlich beschütztes Gemeinschaftseigentum, nenne ich im Gegensatz zum »Shareholder Value« »Workholder Value«. Er bildet das Rückgrat für die Daseinsvorsorge der Vielen.

Die Umwandlung dieser privatisierten, einst gemeinnützigen Unternehmen und Institutionen in staatlich beschütztes, genossenschaftlich geführtes Gemeinschaftseigentum wird eine der wesentlichen Aufgaben einer neuen Ökonomie sein. Zudem müssen Gemeinwohlgüter wie Luft, Wasser, Ozeane, Solarkraft, generierter Wasserstoff, Wissen, Grund und Boden, erneuerbare Energien und auch das Internet für die Daseinsvorsorge der Zivilgesellschaft frei und umsonst verfügbar sein. Sie dürfen in Zukunft nicht den Ausbeutungszwecken privater Unternehmen unterliegen.

Der freie und Umsonst-Zugang der Bürger zu diesen Gemeinwohlgütern über sich selbst regulierende, sich selbst verwaltende Genossenschaften, Kooperativen, dezentrale Kraftwerke etc. muss in seiner Durchsetzbarkeit vom Staat rechtlich abgesichert werden. Denn sonst besteht die Gefahr, dass weiterhin, wie z. B. bei Internet-Konzernen wie Apple, Google, Yahoo, Facebook u. a. ein Gemeinwohlgut (Information) in Privateigentum umgewandelt wird. Es ist geradezu eine Ironie unserer Zeit, dass ausgerechnet das anti-kapitalistische Denken einer elitären Internet-Minderheit, entstanden in den ursprünglichen Forschungs- und Entwicklungs-Garagen des Silicon Valley und beeinflusst auch von der Hippie-Philosophie, dass alles »frei und umsonst« sein soll, in eine Informations-Ökonomie geführt hat, die von den oben genannten Konzernen beherrscht wird, die damit mehr Macht angehäuft haben, als wir es uns im 20. Jahrhundert vorstellen konnten.

Das Gleiche gilt – wie im 7. Kapitel dargestellt – für das Gemeinwohlgut Energie. Auch auf diesem Gebiet gelingt es Konzernen wie RWE, EON, Vattenfall, Pacific Gas and Electricity (USA), Gazprom (Russland) u. a., das Gemeinwohlgut erneuerbare Energien in monopolistisches Privateigentum umzuwandeln.

Souverän des Staates sind heute Groß- und Investmentbanken und Versicherungskonzerne. Sie verfügen über unsere Steuergelder. Sie haben viele Bürger zu hörigen Wirtschaftssubjekten degradiert. Es gilt, die Kapitulation des Staates und seiner Bürger gegenüber der Finanzindustrie zu beenden. Es gilt, die Wachstums- und Wettbewerbsbesessenheit der Konzerne mit der eingebauten, geplanten Obsoleszenz, die unsere Ressourcen plündert, nicht weiter fortzuführen. Und es gilt, das verblödende »Tittytainment«, das die Managerkaste als unser Schicksal ausgegeben hat, niemals stattfinden zu lassen. Das ist verdammt viel. Fangen wir damit an!

Der US-amerikanische Wirtschaftswissenschaftler und Nobelpreisträger Paul Krugman (derzeit Princeton University) schrieb 1994 in seinem nun berühmt gewordenen Essay »Competitiveness: A Dangerous Obsession« (»Wettbewerbsfähigkeit: Eine gefährliche Besessenheit«): Der Kampf der transnationalen Konzerne und Banken um die Wachstums- und Wettbewerbsfähigkeit in der globalen Ökonomie sei das am »meisten debattierte wirtschaftliche Problem unserer Zeit«. Manager, Politiker, Ökonomen, Finanzmagnaten und Technologen hätten die Rhetorik der Wachstums- und Wettbewerbsfähigkeit zu ihrem Credo erhoben. Die treibende Kraft dabei sei, das eigene Überleben durch den Sieg über die anderen zu sichern. Dieser Kampf aller gegen alle veranlasse nordamerikanische, europäische, japanische, chinesische Wirtschaftsführer, den »exzessiven Wettbewerb« auch zu Lasten der sozial schwachen Menschen in ihren eigenen Ländern zu führen, indem sie durch Auslagerung, Lohndumping und Nichtzahlung von Sozialbeiträgen den Sozialstaat abbauen und durch Downsizing Massenarbeitslosigkeit forcieren.

Die Obsession der Wettbewerbsfähigkeit und eines ständigen, unbegrenzten Wachstums sei nicht nur falsch, so Krugman, sondern auch gefährlich, indem sie ebenfalls das internationale Wirtschaftssystem gefährde. Schließlich zerstören transnationale Oligopole/Monopole die für den »Wettbewerb notwendige Vielfalt«. Die einseitige, extreme Ausrichtung des neoliberalen Kapitalismus auf Wettbewerbsfähigkeit, unbegrenztes Wachstum, Profitmaximierung und Ausschaltung des Konkurrenten, so prophezeite der Neo-Keynesianer, ende schließlich in Einseitigkeit. Diese Ideologie nehme nur einen Aspekt der Menschheitsgeschichte wahr – nämlich den Geist des Wettbewerbs. Der den Menschen ebenfalls innewohnende Geist der Kooperation und der Solidarität habe in dieser Ideologie keinen Platz.

Eine solche Ideenlehre reduzierte die gesamte *Conditio humana* auf die Verhaltensformen des *Homo oeconomicus*. Zudem werde der exzessive globale Konkurrenzkampf nicht mit den außerordentlichen Problemen fertig, die jetzt auf die Menschheit zukämen, wie z. B. das enorme, exponentielle Bevölkerungswachstum (10 Milliarden Menschen bis zum Ende des Jahrhunderts), die Umweltzerstörung und die mögliche Klimakatastrophe. Im Gegenteil, so Krugman, die globale Wettbewerbsfähigkeit heize diese Probleme größtenteils noch an. Außerdem führe die Überbetonung der Wettbewerbsfähigkeit unweigerlich zu Verschwendung und zu globalen Wirtschafts- und Technologiekriegen zwischen den großen Wirtschaftsblöcken NAFTA, EU und China und Japan. Am Ende seines Essays kommt Krugman zu der Überzeugung, dass schließlich und trotz aller bisherigen Unzulänglichkeiten der UNO nur eine globale kooperative Steuerung unseres Wirtschaftslebens Abhilfe bringen könnte.

Betrachtet man die Warnungen Krugmans, so kann man auch 20 Jahre danach nur konstatieren, dass die heutigen Wirtschaftseliten mit ihrer Wachstums- und Wettbewerbsfähigkeitsbesessenheit, ihren betrügerischen Spekulationen auf den Immobilien-, Agrarrohstoff-, Staatsanleihen- und Währungsmärkten der Rendite willen einen globalen, hemmungslosen Wirtschafts- und Technologiekrieg kultivieren, der an Primitivität und Ausbeutung und Niederkonkurrieren nicht zu überbieten ist. Hier wird die menschliche Gesellschaft zu einem Haifischbecken, wo der größere Fisch den kleineren auffrisst. Hier gibt es dann nur noch den »Kampf ums Überleben«.

Der amerikanische Wirtschafts- und Sozialwissenschaftler Ethan B. Kapstein sagte dazu: »Die Welt bewegt sich möglicherweise unerbittlich auf einen dieser tragischen Momente zu, der künftige Historiker fragen lassen wird, warum nicht rechtzeitig etwas unternommen wurde. Haben die politischen Eliten nicht bemerkt, zu welch tiefgreifenden Verwerfungen dieser rasende ökonomisch-technologische Wandel führte? Und was hat sie davon abgehalten, die notwendigen Schritte zu unternehmen, um eine globale Sozialkrise zu verhindern?«

Wird man nun im zweiten Jahrzehnt des 21. Jahrhunderts auf solche Kassandrarufe hören? Es gilt, völlig losgelöst von parteipolitischen Präferenzen die Herrschaft des Raubtierkapitalismus zu demaskieren und ihm weltweit ein demokratisches Gesellschaftsmodell entgegenzusetzen, das uns nicht zurückwirft in einen mörderischen Krieg aller gegen alle.

Die Prinzipien der Marktwirtschaft: Konkurrenz, Eigeninteresse, »freies Spiel der freien Kräfte« etc. haben – wie bereits erwähnt – ihre philosophischen Wurzeln in Adam Smiths prä-industriellem Werk »The Wealth of Nations« (1776). In ihm postulierte Smith unter anderem: Wenn allen am Markt beteiligten Akteuren gestattet wird, »ungehindert« ihr »Eigeninteresse« zu verfolgen, führe das naturgemäß für alle zu den besten Resultaten. Denn dann entstünde auf dem freien Markt durch das Auftreten der »Unsichtbaren Hand« (des Preises) beim Zusammentreffen von Angebot und Nachfrage – also dem »freien Spiel der freien Kräfte« – die größte Menge verteilbaren Wohlstands. Smith nannte das den »vollkommenen Wettbewerb«. Diesen vollkommenen Wettbewerb hat es in der Geschichte nie gegeben. Im Gegenteil: Weil allen am Markt beteiligten Akteuren keine Regeln, keine Gesetze auferlegt wurden und werden und sie »ungehindert« ihr »Eigeninteresse« verfolgten, konnten sie Konkurrenten ausschalten und einen unvollkommenen Wettbewerb ins Leben rufen. Gerade seit dem Untergang der Sowjetunion führt die regel- und gnadenlose Wettbewerbsfähigkeitsbesessenheit der Manager-Oligarchie zur Monopolbildung, zur Ausschaltung der Vielfalt und zum Niederkonkurrieren des Wettbewerbers.

83 Jahre nach dem Erscheinen von »Wealth of Nations« präsentierte der englische Biologe und Naturphilosoph Charles Darwin in seinem Werk »On the Origin of Species« (1859) seine Nachforschungen über die biologische Evolution allen Lebens auf der Erde. Er stellte dabei eine dem Denken von Adam Smith verwandte Hypothese auf: Danach verfolgt jede Art beim »Kampf ums Dasein« ihren »Eigennutz«. Und wer sich am »besten anpassen« könne, überlebe (»Survival of the Fittest«). Merke: Es ging Darwin keineswegs darum, dass der »Stärkste« immer im Daseinskampf als Sieger hervorgehe. Darwins Evolutionslehre bedeutet vielmehr, dass der, der sich am besten an die Umstände und Gegebenheiten des Lebens auf der Erde einstellen könne, im evolutionären Prozess überlebt.

Aus Smiths Wirtschaftstheorie und Darwins Evolutionslehre entwickelte sich Ende des 19. Jahrhunderts der sogenannte »Sozialdarwinismus«, eine elitäre, pseudo-wissenschaftliche Ideologie, die bis heute nachwirkt und bei Milton Friedman, den »Chicago Boys«, George Gilder und seiner Angebotswirtschaft und Richard D'Avenis »Hypercompetition« ihren Höhepunkt erreicht.

Der Begriff Sozialdarwinismus wurde zuerst aus dem 1890 von dem englischen Philosophen und Soziologen Herbert Spencer vollendeten Werk »System of Synthetic Philosophy« entnommen. Dann wurde er von anglo-amerikanischen Ökonomen im 20. Jahrhundert übernommen. Spencer hatte Darwins Evolutionstheorie bewusst oder unbewusst umgedeutet. Er interpretierte Darwins »Überleben der am besten Angepassten« als das »Überleben der Stärksten«. Vor allem im Wirtschaftsleben, so argumentierte er, würde sich der Stärkste immer durchsetzen und den Schwächeren verdrängen. Das sei der Lauf der Dinge. So erginge es auch Gesellschaften und Völkern. Die Überlegenheit und Ausbreitung des weißen Mannes, z. B. auf dem amerikanischen Kontinent und die damit einhergehende Beinahe-Ausrottung der Indianer, dienten ihm dabei als Beweis für den »Sieg der Stärksten im Überlebenskampf«. Heute ist diese Lehre Spencers ad absurdum geführt worden, während Darwins Evolutionstheorie grundsätzlich immer noch die Entstehung und Entwicklung von Leben auf der Erde mitzuerklären vermag.

Die heutigen neoliberalen Manager, die sich gern als moderne Sozialdarwinisten geben und ihr Tun als evolutionäres Prinzip darstellen, haben – wie vor ihnen schon Herbert Spencer – aus den Einsichten Darwins die falschen Schlüsse gezogen und die Grundgedanken der Darwinschen Evolutionslehre nicht verstanden. Stattdessen haben sie aus den klassischen, vorindustriellen Ideen eines Adam Smith sowie der Missinterpretation der Darwinschen Evolutionslehre, den neoklassischen Gedanken Milton Friedmans aus »Capitalism and Freedom« (»keine Intervention des Staates in die Wirtschaft«) und seiner Chicago Boys und der propagierten Angebotswirtschaft George Gilders aus den 80er Jahren des letzten Jahrhunderts (»Wealth and Poverty«) sowie dem Gedankengut aus Richard D'Avenis 1994 veröffentlichtem Werk »Hypercompetition« ein ideologisches Gebräu entwickelt, das ihre Interessen untermauern soll. Zu den heutigen Grundprinzipien der Manager-Ideologie gehört, dass es letztlich gut für alle sei, wenn sich der Stärkste im globalen Wettbewerb durchsetzt und die anderen vom Markt wirft und in den Bankrott treibt.

Eine solche Programmatik greift auch auf Gedanken des austro-amerikanischen Ökonomen Joseph Schumpeter (1883-1950) zurück, der behauptet, im »wirklichen Kapitalismus geht von der neuen Technologie, dem neuen Produkt, dem neuen Angebot, dem neuen Organisationstyp, der zu immer größeren Kontrolleinheiten hin tendiert, ein Wettbewerb aus, der entscheidende Kosten- und Qualitätsvorteile erkämpft, weil er nicht bloß die Profitmargen oder den Output der bestehenden Konkurrenten angreift, sondern gleich die Grundfesten ihrer Existenz.« Diese Dynamik, diese Form der »industriellen Mutation« revolutioniere die »ökonomische Struktur von innen«. (Joseph Schumpeter: Capitalism, Socialism and Democracy. New York. Harper. 1962. S. 83f.).

Das tatsächliche Resultat solch »kreativer Zerstörung« (Schumpeter) des Bestehenden sind Oligopol- bzw. Monopolgebilde in der heutigen globalen Wirtschaft und nicht der vollkommene Wettbewerb eines Adam Smith oder die Artenvielfalt, von der Darwin gesprochen hat. Charles Darwin erklärte, wie die Artenvielfalt im Verlauf der Evolution zunimmt; die Primitivform des globalen Wettbewerbs – die globale Wettbewerbsfähigkeitsbesessenheit – vernichtet aber geradezu solche Vielfalt und schafft Einfalt. Die einseitige, missbräuchliche Interpretation der Darwinschen Lehre durch die Apologeten der heutigen quasi-sozialdarwinistischen Wirtschaftstheorie ist mehr als fahrlässig, zumal wenn sie fälschlich als das »Recht des Stärkeren« uminterpretiert wird, den Schwächeren auszuschalten. Darwin hat die »Zunahme der Vielfalt« mit der Auslese der am besten Angepassten, der Überlebenstüchtigen erklärt. Durch das »ständige Zusammenspiel zwischen Variation und Selektion«, so zeigte er es mit vielen empirischen Beispielen auf, käme es »zu einer fortschreitenden Spezialisierung, zur Vielfalt und … zu einer naturverträglichen Nutzung der knappen Ressourcen«.

Vielfalt und ein ständiges Zusammenspiel zwischen Variation und Selektion ist für die neoliberalen Wettbewerbsfähigkeitsökonomen und -manager nur akademisches Gerede. Wettbewerb ist für sie Krieg mit anderen Mitteln. Wirtschaftskrieg, »Hypercompetition«, so einer von ihnen, Richard D'Aveni, liege im Wesen der menschlichen Natur und nur der Stärkere überlebe und habe dann das Recht, seine Organisation dem Unterlegenen z. B. durch feindliche Übernahme aufzudrängen oder ihn gar verschwinden zu lassen. Ohne dieses Prinzip gäbe es keinen Fortschritt. Der globale Wettbewerb, so D'Aveni, treibe die transnationalen Konzerne zu immer schnellerer Technologieerneuerung und zu immer größerer technologischer Massenarbeitslosigkeit an. Beides sei unvermeidlich und systemimmanent. Wer nicht innovativ genug sei, nicht schnell genug rationalisiere, nicht schnell genug Arbeit durch modernste Technologie ersetze, sei nicht wettbewerbsfähig.

Aus einer solchen Programmatik könnten sich, wie Paul Krugman bereits ausführte, internationale Spannungen ergeben, die an latenter Gefährlichkeit denen des Kalten Kriegen kaum nachstehen – vom Schicksal der immer größer werdenden Reservearmee der Arbeitslosen (»Überschussgesellschaft«) ganz abgesehen.

Die heutige Konflikt-, Aggressions- und Kooperationsforschung, Wissenschaftler wie Noam Chomsky, Frederick Wilson, Theodore Roszak, Dieter Senghaas, Carl Friedrich und Ernst Ulrich von Weizsäcker, Irenäus Eibl-Eibesfeldt, Johann Galtung und viele andere sind zu dem Resultat gekommen, dass in der menschlichen Natur zwar ein Potenzial für Aggressivität und Wettbewerb vorhanden sei, aber ebenso für Kooperation und Solidarität. »Wettbewerb und Kooperation, Aggressivität und Solidarität«, schreibt Theodore Roszak in »Making of a Counter Culture«, seien »koexistierende, häufig konfligierende Dimensionen« unserer sozialen Existenz. Doch wie wir gesehen haben, ignoriert die sozialdarwinistische Wettbewerbsideologie Kompromiss, Kooperation und Solidarität. Für unsere Wirtschaftselite zählen sie als künstliche Hirngespinste intellektueller »Do-Gooders« (Gutmenschen) bzw. romantischer Weltverbesserer. Viele dieser Brutal-Darwinisten lassen sich wie D'Aveni von der Prämisse leiten, der Mensch und seine Taten seien rein egoistischer, aggressiver und eigennütziger Natur. Dabei hat die moderne zoologische Forschung Thomas Hobbes' berühmte These, der Mensch sei dem Menschen ein Wolf, längst widerlegt. Inzwischen hat die Zoologie bewiesen, dass Wölfe eine »fast unüberwindliche Beißhemmung« gegenüber schwächeren Artgenossen haben.

Egoismus und Aggression sind nach den neuesten Forschungsergebnissen erst recht kein unabänderliches oder gar von Genen diktiertes Wesensmerkmal des Menschen. Die oben erwähnten Forscher bestätigen beinahe einstimmig, dass eine von gegenseitiger Achtung geprägte Kooperation häufig motivierender und befriedigender als jeder Wettbewerb sein kann. Vor allem auch das Lösen wissenschaftlicher und technologischer Probleme und die schöpferische Innovation werden durch Konkurrenz oft behindert, aber durch Teamwork, durch intellektuelle Zusammenarbeit gefördert.

Wir können schlussfolgern, dass der Wille zur Konkurrenz und zum Eigennutz ohne Zweifel ein Antrieb für Handlungen, Motivationen und Innovationen ist. Aber er hebt weder andere Potenziale des Menschen auf, die aus dem gleichen Überlebenstrieb resultieren, noch die Notwendigkeit der Kooperation und der Solidarität. Wenn die Grundbedürfnisse des Menschen – Ernährung, Kleidung, Behausung, Aufziehen der Nachkommenschaft, Bildung, Arbeit – gesichert sind, wenn massenpsychologische Manipulation wie der Faschismus die Menschen nicht mehr über den Tisch ziehen kann – und wir fügen nun hinzu, wenn wir den ökonomischen Sozialdarwinismus überwinden können – dann werden die Menschen alles versuchen, Konflikte auf friedlichem Wege, vor allem durch Kooperation und Kompromisse, zu lösen. Sie werden das Interesse an Krieg, einschließlich Wirtschafts- und Technologiekrieg, verlieren, da dieser sie selbst wegen Wettbewerbsbesessenheit und Klimawandel zerstören könnte, also eigentlich dem Überlebenswillen total entgegengesetzt ist. Deshalb ist es an der Zeit, damit anzufangen, dem aggressiven Raubtierkapitalismus, der unsere Ressourcen durch geplante Obsoleszenz und Verschwendung plündert, ein kooperatives, auf Genossenschaftswesen basierendes Wirtschaftssystem entgegenzusetzen, das jenseits von Verstaatlichung und Markt operiert. Mit einer dezentral und kooperativ geführten Energiewirtschaft, gegründet auf erneuerbare Energien, könnten wir trotz aller aufgezeichneten Widerstände beginnen. Ich komme später darauf zurück.

Auf die weltweite Herausforderung, Strategien gegen Wettbewerbsfähigkeitsbesessenheit, geplante Obsoleszenz und unbegrenztes Wachstum,

Klimakollaps und Umweltzerstörung durch internationale Maßnahmen zu entwickeln, ist bis heute kaum reagiert worden. Die vielen globalen Klima- und Umweltgipfel von Stockholm über Rio bis Katar haben nichts gebracht. Im Gegenteil: Die Problemlage für die nächsten 40 Jahre, so die 2052-Studie an den Club of Rome, hat sich so sehr verschlechtert, dass wir einem unvermeidlichen Klima-, Ressourcen- und Umweltkollaps entgegengehen, wenn wir jetzt nicht massiv dagegen steuern. Um dem rasant beschleunigten Raubtierkapitalismus Einhalt zu gebieten, könnten wir mithilfe eines neuen Bürger/Staats-Bündnisses und Initiativen des zivilen Ungehorsams versuchen, dieser sich zuspitzenden Entwicklung in Zukunft durch eine »Kultur der Verlangsamung« (Ulrich Beck), durch Haftbarmachung der Verursacher und durch die Befreiung der Technologieerneuerung aus den Klauen der Manager-Oligarchie entgegenwirken. Die Zivilgesellschaft könnte auch damit anfangen, sich zu weigern, Güter mit eingebauter Obsoleszenz zu kaufen.

Haben wir heute überhaupt eine Chance, Verschwendung und Wachstumszwang zu bremsen, sie auf ein Maß herunterzufahren, das die nachhaltige Überlebensfähigkeit der Menschheit nicht gefährdet? Eine Möglichkeit wäre, die von der Manager-Elite forcierte Beschleunigung der Technologieerneuerung zu entschleunigen und damit die alleinige Kontrolle der Manager über die Anwendung neuer Technologien zu verhindern. Um diese Dominanz der Manager zu brechen, bräuchten wir eine neue Politik, einen neuen Staat, neue Formen und Institutionen der Mitbestimmung wie z. B. weisungsbefugte Ökoräte in den Vorständen der transnationalen Konzerne.

Manager forcieren entsprechend der Logik der unbedingten Wettbewerbsfähigkeit – der sie selbst obliegen – die immer schnellere Anwendung neuer Technologien und damit immer neuer, oft nicht ausgereifter Produkte, um so schnell wie möglich maximale Profite zu erzielen, Boni zu sichern und Wirtschaftswachstum zu kreieren. Sie betrachten die Welt als Ware. Wenn ein Unternehmen nicht mehr wettbewerbsfähig ist, verlieren sie schließlich selbst ihren Job. Sie denken und handeln in kurzfristigen, eng begrenzten, rein utilitaristischen Kategorien. Deshalb werden »alte« Technologien lange vor dem Ende ihrer eigentlichen Lebensdauer abgeschrieben, verschrottet oder in Entwicklungsländer verhökert. Das gilt auch für die so erstellten Produkte. So werden Verschwendung, eingebaute Obsoleszenz und Raubbau an den Erdressourcen beschleunigt. Und der Einsatz »revolutionärer Technologien« führt zu einer immer schnelleren Substitution menschlicher Arbeitskraft in den Sektoren der Wirtschaft.

Bei der Technologieerneuerung generell und bei den sogenannten Zukunftsindustrien insbesondere benötigen wir deshalb die von Ulrich Beck propagierte Kultur der Verlangsamung und einen umfassenden Versicherungsschutz, um zu verhindern, dass Ressourcen zu schnell abgebaut werden und dass absehbare und unabsehbare Umweltzerstörungen und Krankheiten auf uns zukommen. Dieser Versicherungsschutz für die Staatsbürger muss auf der Haftbarmachung der Verursacher basieren, sei es in der Bio- und Gentechnologie (genmanipulierter, dominanter Mais und genmanipulierte Kartoffeln vertreiben nach ihrem Anbau und durch ihre Dominanz normal angebaute Kartoffeln, Mais und andere Arten), in der Atomreaktortechnologie (Unfälle, Lecks und Naturkatastrophen haben in und um die Reaktoren von Tschernobyl, Harrisburg, Fukushima Menschen getötet und die Umwelt nuklear verseucht), in der Chemie- und Pharmaindustrie (Contergan- und Lipobay-Pillen schufen verstümmelte Neugeborene; Pestizide und Herbizide schützen dominante Pflanzen und zerstören die Artenvielfalt) etc.

Wie gesagt ist es das Verdienst des deutschen Soziologen Ulrich Beck, als einer der Ersten auf den fehlenden Versicherungsschutz vor allem bei den Zukunftsindustrien hingewiesen zu haben. Der fehlende Versicherungsschutz ist für ihn geradezu eine »Warnblinkanlage für Unkontrollierbarkeit«. Willige Wissenschaftler bescheinigen zwar immer noch der Atomreaktortechnologie (selbst nach Fukushima), der Chemie- und Pharmaindustrie und der Bio- und Gentechnologie ein »Nullrisiko«, doch die Versicherungsmanager lassen sich die dann ja sicheren Riesenprofite wohl aus eindeutigen Gründen entgehen.

Beck schlussfolgert, dass bei Gleichsetzung der Zukunftsindustrien mit dem Kraftfahrtversicherungsschutz die unkontrollierte Technologieerneuerung und der unkontrollierte Produktausstoß dieser Industriezweige zwangsläufig verlangsamt würden. Ein solcher Versicherungsschutz, eine solche Haftung für die Folgen der »revolutionären Technologieerneuerungen«, für alle medizinischen Experimente und für die Folgen der Atom- und Gentechnologie ergäben dann eine »gläserne Produktion, bei der Selbstkontrolle, Verlangsamung und Selbstbegrenzung verwirklicht werden könnten«.

Die Kernfrage dieses Problems lautet für Beck: »Wie lässt sich das JA zur Freiheit von Technologie und Wissenschaft mit einem demokratisch kontrollierten NEIN ihrer Anwendung vereinbaren«? So wie die Kirche die Wissenschaften jahrhundertelang ihren Dogmen unterworfen habe, werde heute noch immer die Technologieerneuerung allein von der Managerkaste dominiert und kontrolliert. Diese industriefeudale Organisation der Technologieerneuerung und ihrer Nutzung könnte in zwei Schritten aufgehoben werden: »Erstens durch eine Freisetzung der Technologieerneuerung von den Prinzipien ihrer ökonomischen Verwertbarkeiten (…). Die Technikwissenschaften müssten ihre konstruktive Phantasie, ihre Logik, ihre Zweifel, ihre Reflexionen entfalten (…). Mehr technologische Optionen eröffnen mehr politische Entscheidungsspielräume – d. h. die Technologieerneuerung schafft ihre Sachzwänge ab.« Zweitens muss der »direkte Zugriff der Managerkaste«, also ihre alleinige Verfügungsgewalt über die Technologieerneuerung, gebrochen werden. Dies wiederum ermöglicht neue, langfristige Entscheidungsstrukturen über die Verwendung von Technologien, neue Filter- und Kontrollinstitutionen der Technologienutzung durch staatliche Regulierungen und demokratische Mitbestimmung (Ökoräte) und schließlich auch durch Revidierbarkeit. So entstünde eine Kultur der Verlangsamung, der Entschleunigung. So könnte das Legitimationsvakuum der Technologieerneuerung durch wachsende demokratische Ansprüche und Institutionen abgebaut werden. Wir müssen lernen, uns mit der Technologieerneuerung Zeit zu lassen und ihre industriefeudale Organisation und Anwendung zu demokratisieren.

Aber nicht nur die Besessenheit der Wettbewerbsfähigkeit und die feudale Organisation der Technologieerneuerung durch die Managerelite hängen wie ein Damoklesschwert über unseren Köpfen; ein großes Verhängnis ist heute auch, dass unser Planet von der totalitärsten Ideologie beherrscht wird, die je von Menschen hervorgebracht wurde: der Lehre vom ständigen, unbegrenzten Wirtschaftswachstum. Diese Lehre fordert nicht nur die Unterwerfung des Denkens, sondern auch des Verhaltens im täglichen Leben: beim Arbeiten, Kaufen, Konsumieren, Wegwerfen und Ver-

schwenden. Diese totale Einbindung aller Kräfte in ein System ist nur mit dem Einsatz der Menschen in einem umfassenden Krieg vergleichbar, nämlich dem Krieg gegen die Natur.

In diesem Krieg vereinigen sich Politiker aller Länder mit den sie beherrschenden Wirtschaftseliten und manipulieren ihre Wähler zum Instrument ihres verhängnisvollen Tuns. Die sozialdarwinistischen Verfechter des unbegrenzten Wirtschaftswachstums und eine noch nie dagewesene Besessenheit von Wettbewerbsfähigkeit begründen deren Notwendigkeit heute keineswegs mehr mit positiven Zielvorstellungen, sondern mit negativen, Angst schürenden Schreckensbildern: Es werde sonst zu einer Massenarbeitslosigkeit kommen, das gesamte Sozialsystem, unsere Demokratie schlechthin, alles, was wir an Besitzstand erreicht haben, werde zusammenbrechen und schließlich werden die Staaten ihre Schulden an die Banken nicht mehr zurückzahlen können. Um dieses horrende Übel zu bekämpfen, müsse der bisherige Kurs fortgesetzt werden. Dass aber dieses Übel eben dadurch immer weiter verschlimmert wird, dass gerade dieser totale Krieg gegen die Natur zum Verlust unserer Lebensbasis auf der Erde führen muss, wird in unverantwortlicher Weise verdrängt.

Der Raubbau an vielen natürlichen Ressourcen und die Freisetzung schlecht abbaubarer Schadstoffe (Pestizide, Nitrate, Herbizide) sowie der Einsatz genmanipulierter Saaten haben bereits die Grenzen des physikalisch auf längere Zeit Tragbaren überschritten. Wenn der Einsatz dieser schädlichen Materialien nicht stark eingeschränkt und damit Monokulturen in der Landwirtschaft verhindert werden, kommt es zu einem Verschwinden der Saatarten. Wenn wir das Abholzen der Wälder für Weideland und Getreideanbau fortsetzen, kommt es zu einer Zerstörung der großen Regenwälder und damit der grünen Lunge der Menschheit, ohne die wir kaum existieren können. Wenn wir weiterhin den Einsatz der fossilen, CO_2 ausstoßenden Energien Kohle, Erdöl und Erdgas nun auch noch durch »Fracking« forcieren, wird es zu einer Klimakatastrophe mit unvorhersehbaren Folgen kommen. Wenn wir weiterhin Güter mit eingebauter, geplanter Obsoleszenz produzieren, kommt es zur totalen Verschwendung von Ressourcen. Diese Wachstumswirtschaft ist nicht mehr haltbar, sie führt uns ins Verderben.

Das aber ist vermeidbar, wenn zwei grundsätzliche Änderungen erfolgen: Die politischen Praktiken und Handlungsweisen, die den Anstieg an Verbrauch, Verschwendung, Verschleiß, Wachstum und Zerstörung begünstigen, müssen umfassend revidiert werden. Die Politik – eine neue Politik – muss das Primat über die Wirtschaft erlangen und die Bürger müssen Souverän des Staates werden. In der Wirtschaft benötigen wir alternative, dezentrale, auf genossenschaftlicher Basis praktizierende Unternehmen und Banken, deren Orientierung nicht mehr ständiges Wachstum, Wettbewerbsfähigkeit und Gewinnmaximierung ist, sondern Nachhaltigkeit. Um Letzteres durchzusetzen, brauchen wir hervorragend ausgebildete, weisungsbefugte Ökoräte in Unternehmensvorständen und Aufsichtsräten. Die alten Institutionen sind zu einer Kursänderung nicht mehr in der Lage. Zusätzlich muss der Nutzeffekt materieller Ressourcen durch umfassendes Recycling obsoleter, verschrotteter Produkte und der längst überfällige Einsatz erneuerbarer Energien verwirklicht werden.

Eine dauerhaft existenzfähige, nachhaltige Wirtschafts- und Gesellschaftsordnung ist technologisch, energetisch und gesamtwirtschaftlich noch immer möglich. Wir besitzen für dieses Ziel das gesamte Know-how. Diese Gesellschaft wird lebenswertere Perspektiven haben als eine solche, die ihre Probleme durch ständiges Wirtschaftswachstum, Wettbewerbsfähigkeit und das Aufsuchen neuer Renditequellen zu lösen versucht. Der Übergang zu einer dauerhaft nachhaltigen, existenzfähigen Gesellschaft, die das Leben nachfolgender Generationen im Auge behält, erfordert den sorgfältigen Ausgleich zwischen langfristigen und kurzfristigen Zielvorstellungen. Wir müssen den Nachdruck auf ausreichende Versorgung, gerechtere Verteilung der Einkommen, Bildungsmöglichkeiten für alle, bessere Wohn- und Lebensqualität für die vielen und weniger auf Renditen und Wachstum legen. Wir müssen unsere Energie-Verschwendung eindämmen, damit die Entwicklungsländer in ihrem notwendigen Energieverbrauch nachziehen können.

Wir brauchen ein neues Verständnis für das Ganze, für das Gleichgewicht zwischen Ökologie und Ökonomie auf unserem Planeten, für das, was wachsen kann, für das, was schrumpfen muss, und auch für das, was aufgegeben werden muss. Wir müssen unser Wertesystem, unser Bewusstsein ändern. Es reicht nicht, wenn wir nur die sozialdarwinistische Wirtschaft ändern: Wir müssen gleichzeitig den Menschen ändern. Es muss ein neuer Mensch entstehen, der nicht immer mehr will, der nicht immer nur an sich denkt, der seinen Egozentrismus bändigen kann, der auf Kooperation und Solidarität setzt, der an das Überleben nachfolgender Generationen denkt. Dieses Potenzial steckt in uns, dieser Wille, echte Demokratie zu schaffen und die Oligarchie der Manager zu beenden, ist das Ziel. Demokratie ist kein Zustand, sie ist das Programm und sie ist noch nicht erreicht. Sie ist eine Utopie. Dabei dürfen wir nicht auf letzte Warnsignale aus der Umwelt und durch das Klima warten. Wenn sie eintreten, wird es zu spät sein, um einen Zusammenbruch zu verhindern. Wir müssen jetzt damit anfangen, nicht mehr die kurzlebigen, obsoleten Konsumgüter zu kaufen, wir müssen jetzt damit anfangen, unsere eigenen Genossenschaftsbanken zu gründen, unsere Kommunen und Städte müssen jetzt damit beginnen, die Energiewende durch dezentrale, genossenschaftlich geleitete Strom- und Kraftwerke und Energienetze herbeizuführen. Es wird uns wohl nichts anderes übrigbleiben, als die große Verweigerung des alten Systems anzupacken.

Heute reagieren Technologie und Wirtschaft entsprechend dem Wertesystem in der Gesellschaft, und dieses wiederum wird von den Wirtschaftseliten, ihnen hörigen Politikern und Werbeverführern geschaffen. Wenn das vorherrschende Ziel immerwährendes Wirtschaftswachstum ist, werden so lange wie möglich, wahrscheinlich bis zum bitteren Ende, das Wachstum und die Wettbewerbsfähigkeit gefördert. Sind jedoch soziale Gerechtigkeit und dauerhafte, nachhaltige Existenzfähigkeit vorherrschende Zielvorstellungen, so können Technologie und Wirtschaft auch diese Ziele erreichen.

Wenn die Gesellschaft und ihr Wirtschaftssystem die materiellen Grenzen der Umwelt und der planetarischen Ressourcen überzogen haben, gibt es nur noch zwei Möglichkeiten: Entweder den völligen Zusammenbruch, das ökologische Desaster infolge nicht mehr beherrschbarer Mangellagen, Klima- und Umweltzerstörungen oder eine gesellschaftlich bewusste Reduzierung der kurzlebigen Produktionsmengen, einen Einhalt des Ressourcen-Abbaus, ein bewusstes, umfassendes Recycling ausgedienter Güter und Produktionsmittel und eine Reduzierung der Umweltschadstoffe einschließlich des Endes des Einsatzes der fossilen Energien.

Nach der Erfindung des Ackerbaus und nach der Industriellen Revolution mit ihrer durch die Fließbandarbeit und die geplante Obsoleszenz nun auf die Spitze getriebenen Wachstumsbesessenheit ist die Menschheit jetzt zu der dritten großen Umwälzung ihrer Geschichte aufgerufen, will sie überleben, nämlich zur ökologischen Erneuerung, zur Errichtung einer nachhaltigen Gesellschaft und zu einer dauerhaften Existenzfähigkeit nachfolgender Generationen, also: einer dauerhaften menschlichen Zukunft. Dazu müssen wir das exponentielle Wachstum der Bevölkerung und der Produktpalette, den räuberischen Ressourcenabbau, die Umweltverschmutzung und den Klimawandel in den Griff bekommen und ein Gleichgewicht zwischen Ökologie und Ökonomie erstellen. Die Zeit dazu ist überreif. Die Ausmaße der bereits entstandenen ökologischen Zerstörung sind gewaltig. Doch zum Umdenken ist es noch nicht zu spät, wenn wir jetzt damit im großen Stil beginnen.

Das gegenwärtige Wachstumsmodell unserer Wirtschaft ist unlenkbar geworden und nähert sich nun mit Riesenschritten dem ökologischen Kollaps. Zukünftige Generationen haben ein Recht auf Leben. Deshalb dürfen wir ein nachhaltiges Wirtschaftssystem nicht hinauszögern. Nachhaltigkeit wird von den Zukunftsforschern und Ökologen Dennis und Donella Meadows sowie Jorgen Randers in den »Neuen Grenzen des Wachstums« wie folgt beschrieben:

»Eine Gesellschaft ist dann nachhaltig, wenn sie so strukturiert ist und sich so verhält, dass sie über alle Generationen existenzfähig bleibt. Mit anderen Worten: Sie ist so weitsichtig, so wandlungsfähig und so weise, dass sie ihre eigenen materiellen und sozialen Existenzgrundlagen nicht unterminiert.«

Die UNO-Kommission für Umwelt und Entwicklung bezeichnet eine Gesellschaft als nachhaltig, »wenn sie den Erfordernissen der Gegenwart angemessen gerecht wird, ohne die Möglichkeit künftiger Generationen zu beschränken, ihren eigenen Bedürfnissen nachzukommen« ... »In einer nachhaltigen Gesellschaft muss die Kombination von Produktionsmittel-Output, Bevölkerungszahl, Wirtschaftswachstum und Technologieeinsatz so gegeneinander abgewogen werden, dass ein angemessener Lebensstandard für jedermann überall und jederzeit gesichert ist.«

In der heutigen Systemforschung ist eine Gesellschaft dann nachhaltig, wenn sie »ausreichende Informations-, Sozial- und Entscheidungsstrukturen besitzt, die in der Lage sind, die positiven Rückkopplungen für exponentielles Bevölkerungs- und Wirtschaftswachstum so zu kontrollieren, dass u. a. die Fertilität etwa gleich der Mortalität ist und die Investitionsraten etwa den Raten der Kapitalabnutzung entsprechen.«

Wie gesagt: Um eine solche Nachhaltigkeit zu verwirklichen, bedarf es einer erheblichen Bewusstseins- und Werteveränderung der Menschen. Wir müssen uns ändern! Vor allem in unserem Konkurrenz-, Konsum-, Verbrauchs- und Verschwendungsverhalten. Das gegenwärtige kollektive Bewusstsein in den postindustriellen Ländern basiert noch immer auf dem von der Wirtschaftselite und ihren politischen Gehilfen verfolgten Interesse, ein ständiges Wirtschaftswachstum aufrechtzuerhalten, koste es, was es wolle, denn nur so gelänge es ja, Fortschritt zu kreieren. Dieses Klischee im Denken vieler Menschen muss überwunden werden, damit Vorstellungen einer nachhaltigen Wirtschaft und Gesellschaftsordnung dominant werden können.

Dabei müssen wir zeigen, dass Nachhaltigkeit Wachstum nicht ausschließt, dass sie nicht technologischen Stillstand bedeutet, dass sie vor allem nicht totales Nullwachstum auf allen wirtschaftlichen Gebieten impliziert. Vielmehr bedeutet Nachhaltigkeit selektives, intelligentes Wachstum, d. h.: Wir müssen in bestimmten Industriebereichen, bei bestimmten Ressourcen schrumpfen, in anderen Bereichen und bei erneuerbaren Energien wachsen. Verschwinden muss u. a. so schnell wie möglich und weltweit der Einsatz fossiler, CO_2-ausstoßender Energien, der zum Treibhauseffekt führt. Verschwinden muss die geplante Obsoleszenz bei Elektro- und Haushaltsgeräten, Hightech-Produkten und Autos (Stil-Obsoleszenz), weil sie lebensnotwendige – auch für die nachfolgenden Generationen – Ressourcen verschwendet. Wachsen muss die Recycling-Industrie, um nicht erneuerbare Ressourcen zu erhalten. Hohe Wachstumsraten dürfen in Zukunft die Einsätze der erneuerbaren, überall und unendlich vorhandenen Energien Sonne, Wind und Wasser generieren, um den Treibhauseffekt zu verhindern. Über den Verbrennungsmotor benzingetriebene Autos müssen verschwinden, sie sind wegen ihrer immensen CO_2-Emission mit die größten Umweltverschmutzer und Klimakiller. Über Brennstoffzellen mit Wasserstoff getriebene Autos, die keine CO_2-Abgase verursachen, müssen sie ersetzen. Auch die Technologieerneuerung – befreit aus den Klauen der Manager – wird nicht aufhören, insbesondere auf den Gebieten der Computer- und Robotertechnologie.

Zuletzt möchte ich noch darauf hinweisen, dass ein etwa gleichgewichtiger Zustand von Wirtschaftswachstum und Bevölkerungswachstum keinen stationären Zustand menschlichen Fortschritts bedeutet. Nachhaltigkeit mit dauernder, totaler Wachstumsschrumpfung gleichzusetzen – wie es uns die Wirtschaftselite häufig oktroyiert – ist genauso primitiv wie der Wunsch, immerwährendes exponentielles Wachstum in allen Wirtschaftsbereichen zu erstreben.

Die Ressourcen der Erde werden sicherlich von einer nachhaltigen Gesellschaft sehr viel sorgfältiger und effizienter genutzt, preislich angemessen bewertet und auch für kommende Generationen bewahrt werden. Aber es gibt keinen Grund, warum man sie nicht nutzen sollte, solange die Kriterien für Nachhaltigkeit befolgt werden. Dazu sagt der US-amerikanische Wirtschaftswissenschaftler Herman Daly in seinem Werk »Ecological Economics and Sustainable Development« (2007) Folgendes: »Entsprechend ihrer Abbaurate müssen sich regenerierende Quellen erschlossen bzw. ausgebaut werden, so dass künftige Generationen gleichartiger Ressourcen nicht beraubt werden.«

Wir müssen versuchen, ein Gleichgewicht zwischen ökologischen Grenzen und ökonomischen Zielen zu finden, sonst wird Nachhaltigkeit unerreichbar sein. Schließlich basiert die Gesundheit der globalen Wirtschaft, so Herman Daly, auf der Gesundheit der globalen Umwelt, von der alles abhängt. Die Manageroligarchie wird hier nicht mitziehen wollen.

Nachhaltigkeit muss auch das Problem der Bevölkerungsexplosion (10 Milliarden Menschen nach 2050), der Armut und des Hungers in den Entwicklungsländern lösen helfen. Unser gegenwärtiges globales Wirtschaftssystem und unser Wohlstandsmodell sind dazu nicht in der Lage. Im Gegenteil: Durch die Zockerei unserer Investmentbanken und Versicherungskonzerne auf den Agrarrohstoff-Märkten treiben wir Hunger und Armut in den Entwicklungsländern voran. Nachhaltigkeit darf auf gar keinen Fall die Armen und Hungernden ihrer Armut und ihrem Hunger überlassen. Vor allem aus zwei Gründen nicht: Erstens könnten und dürften die Armen sich mit einem solchen Schicksal nicht abfinden, zweitens würde ein Teil der Welt – insbesondere Afrika –, der in ständiger Armut lebt, eine Stabilisierung der Bevölkerungszahl verhindern. Schon aus diesen praktischen und moralischen Gründen müsste Nachhaltigkeit zur Stabilisierung materielles Auskommen und Überlebenssicherheit für alle schaffen.

Nachhaltigkeit muss jede sich bietende umweltverträgliche materielle Wachstumsmöglichkeit, jeden zusätzlich tragbaren Ressourcenverbrauch, jede alternative erneuerbare Energie und ihre Technologie (Speicherung, Brennstoffzellen, dezentrale Kraftwerke etc.) auch für die Entwicklungsländer nutzbar machen und ihnen, wenn nötig, unentgeltlich zur Verfügung stellen, damit sich dieser Teil unseres Planeten entwickeln kann. Nachhaltigkeit muss versuchen, die Riesenhalden, die überhandnehmenden Friedhöfe ausgedienter, verschrotteter Autos, Fernseher, Computer, Haushaltsgeräte, Handys etc. durch Recycling zu verhindern und möglichst abzubauen. Auch das sind Voraussetzungen, um Gleichgewicht zu erreichen und zu erhalten. Dabei müssten sich die postindustriellen Länder des Nordens mit der Idee des »Genug« statt des ewigen »Mehr« anfreunden.

Eine nachhaltige Weltgesellschaft darf nicht rigide und zentralistisch strukturiert sein, vor allem nicht in der für alle Lebensbereiche grundlegenden, lebenserhaltenden Energiewirtschaft. Forschung und Entwicklung, Technologieerneuerung und Produktion würden dann erstarren. Heute begegnet man häufig – wie bereits erwähnt – einer von der Wirtschaftselite gestreuten Behauptung, dass eine Welt der Bescheidung und der Gleichgewichtigkeit von Ökologie und Ökonomie strikt zentralisiert und straff von oben her – also ohne demokratische Einflussnahme von unten – gehandhabt werden müsste. Manager sprechen bereits von einer kommenden »Welt-Öko-Diktatur«. Solch eine Art von Herrschaftsstruktur ist von ihnen an den Haaren herbeigezogen. Aber sie kennen es ja nicht besser, denn ihre konventionelle monopolistische Energiewirtschaft ist extrem zentralistisch organisiert. Eine nachhaltige Energiewirtschaft, basierend auf erneuerbaren Energien, wird dezentral durch kommunale und städtische Kraftwerke überall in der Welt organisiert sein. Natürlich nur, wenn die Zivilgesellschaft sich durchsetzen kann. Eine zentralistische Welt-Öko-Diktatur ist ein propagiertes Hirngespinst der Manager.

Was wir zur Durchsetzung einer globalen, dezentralen, nachhaltigen Wirtschafts- und Gesellschaftsordnung benötigen, sind von einer erstarkten UNO erlassene Gesetze, Verhaltensregeln, Standards und Übereinkünfte, die dann in den Aufgabenbereich von übernationalen, nationalen, kommunalen, städtischen Institutionen bis hinunter zu wählbaren, weisungsbefugten Ökoräten übergehen müssen. Wenn eine erstarkte UNO dazu in der Lage sein wird, wird es uns gelingen, z. B. eine dezentralisierte, weltweite Energieversorgung in Bürgerhand zu schaffen, die von Gemeinden, Provinzen, Städten kontrolliert und genossenschaftlich in Besitz genommen wird, ohne dass die monopolistischen Energiekonzerne noch ein Wörtchen mitzureden haben.

Zwar ist es unmöglich, eine zukünftige nachhaltige Hightech-Gesellschaft, in der Roboter, Computer, Sensoren, Brennstoffzellen etc. eine große Rolle spielen und die menschliche Arbeit substituieren werden, konkret zu beschreiben. Aber wir können aufgrund unseres heutigen Wissens unsere Phantasie spielen lassen und Visionen entwickeln, die unseren Vorstellungen von einer nachhaltigen, überlebensfähigen Gesellschaft entsprechen.

Das neue Utopia, der Umbau, die Revolution zur Nachhaltigkeit wird sicherlich auch zu Verlusten gegenüber dem bisherigen Zustand in den postindustriellen Ländern führen, aber genauso wird es enorme Bereicherungen gegenüber den alten wachstumsbesessenen Gesellschaften geben.

Nach den Untersuchungen der 2052-Studie an den Club of Rome geht der wachstumsbesessene Kapitalismus in den nächsten 40 Jahren seinem Ende entgegen, wenn es uns gelingt, eine neue Ökonomie, basierend auf Recycling, erneuerbaren Energien, selektivem Wachstum und dem Verhindern der geplanten Obsoleszenz, zu kreieren. Wenn uns das nicht gelingt, werden unsere Zivilisation und unser bisheriges Zusammenleben zu noch nicht vorstellbaren Gewaltausbrüchen, Bürgerkriegen, Kriegen aller gegen alle, eben einem mörderischen Sozialdarwinismus führen. Wir müssen endlich begreifen, dass die Erde ihre physischen Grenzen hat, dass alle Ressourcen limitiert sind. Doch bis heute tun wir alles, um unsere gemeinsame Zukunft und die unserer Nachkommen »systematisch zu zerstören«. Wie lauteten doch Jørgen Randers letzte Worte in »2052«: »Es bleibt mir nur noch eins zu sagen: Bitte helft, unsere Vorhersagen falsch werden zu lassen.«

Es ist nicht so, dass es keine Hoffnung mehr gibt für die nachfolgenden Generationen. Ganz im Gegenteil: Wir sind in der Lage, ihnen eine überlebensfähige Welt zu hinterlassen, in der es sich lohnen wird zu leben. Es ist noch nicht zu spät! Aber es kann auch ganz anders kommen. Denn der gegenwärtigen Manageroligarchie, den 1 Prozent, die sich selbst als »Master of the Universe« bezeichnen, stehen viele Machtmittel einschließlich der hörigen Politik zur Verfügung, um eine nachhaltige Wirtschaft zu verhindern. Deshalb brauchen wir die Unterstützung aller hilfsbereiten und großzügigen Menschen – auch beim wohl unvermeidlichen gewaltfreien zivilen Ungehorsam gegen die gegenwärtige Wirtschaftsordnung und den alten Staat, der zur Reparaturwerkstatt für die Finanzindustrie verkommen ist. Manager und ihre politischen Seilschaften werden versuchen, die notwendigen Veränderungen zur Rettung der Umwelt, des Klimas und des Lebens auf der Erde für ihre pekuniären Interessen zu bremsen.

Vielleicht müssen wir unseren zukünftigen zivilen Ungehorsam enger an die Banken, Atomkraftwerke, Ölmultis, Stromkonglomerate, Autokonzerne, Chemie- und Pharmaunternehmen und an die Genmanipulatoren herantragen, um sie zu zwingen, mit ihrer Zerstörung, ihren betrügerischen Finanzmarkt-Transaktionen, ihrer geplanten Obsoleszenz aufzuhören. Vielleicht muss es die große Verweigerung geben, indem wir uns sagen: Wir machen einfach nicht mehr mit.

Ein gutes Beispiel für die Demokratisierung der Wirtschaft, für eine neue, nachhaltige Ökonomie dürfte die Versorgung mit erneuerbaren Energien sein. Die zukünftige globale Energieversorgung mit den überall und unendlich vorhandenen erneuerbaren Energien Sonne, Wind und Wasser muss nicht mehr von den zentralistisch geführten Stromkonzernen und ihren Finanzinstituten kontrolliert und geleitet werden, sondern von kommunalen, städtischen, regionalen, dezentral geführten Energie-Genossenschaften. D. h.: Die Energieversorgung wird vergesellschaftet, sie geht über in Bürgerhand. Genossenschaftlich geleitete und finanzierte Stromkraftwerke und Energienetze werden das Bild dieser grundlegenden Wirtschaftsbranche prägen, ohne die alle anderen Wirtschaftsbranchen und die Gesellschaft nicht funktionieren könnten, nicht lebensfähig wären.

Ende 2012 wurde vom Deutschen Genossenschafts- und Raiffeisenverband bekanntgegeben, dass sich in den letzten Jahren über 600 Energiegenossenschaften gebildet hätten, die auf den Sektor der erneuerbaren Energien fielen: Darunter z. B. die BürgerEnergie Berlin eG (BEB), die dem Energiekonzern Vattenfall nach Auslauf des Vertrages mit der Stadt Berlin das Netz abkaufen will, um es »in Bürgerhand zu übergeben«. Die BEB hat sich zum Ziel gesetzt, das Vattenfall-Stromnetz »auf die Einspeisung dezentral erzeugter erneuerbarer Energien auszurichten«. Die Gewinne sollen dabei in der Region bleiben. Mit 500 Euro Mindesteinlage kann jedermann Genossenschaftsmitglied werden. Darunter auch die Energiegenossenschaft Odenwald eG (EGO) mit Sitz in Michelstadt, deren Geschäftsphilosophie heißt: »dezentral erzeugte erneuerbare Energie für den gesamten Odenwaldkreis«. Die Höhe der jeweiligen Einlagen liegt zwischen 100 und 5.000 Euro. Auf rund 5 Millionen Euro belaufen sich inzwischen die Einlagen. Ebenfalls darunter die zweitgrößte Stadt Deutschlands mit der Volksinitiative »Unser Hamburg – Unser Netz«. Auch die Hamburger wollen nun den Versuch unternehmen, dem Vattenfall-Konzern bei Auslauf der Konzession das Stromnetz abzukaufen, es zu dezentralisieren und es »in Bürgerhand zu übergeben«. Der Senat der Stadt Hamburg beteiligt sich an der Kaufsumme. Genossenschaften, Kooperativen und Volksinitiativen sind also in der Lage, eine nachhaltige grüne Energieversorgung zu gewährleisten, wenn man sie denn lässt.

Was die Berliner und Hamburger Volksentscheide über die Energieversorgung angeht, darf betont werden, dass mit den Volksentscheiden nichts weniger gefordert wird als die Direktwahl der Mitglieder des weisungs- und entscheidungsbefugten Verwaltungsrats von Netzgesellschaft und Stadtwerken, obligatorische Bürgerversammlungen sowie Initiativrechte der Berliner und Hamburger. Überdies sollen klare Transparenz-Vorgaben gelten. Aus Konsumenten werden damit aktive Nutzer, die mitbestimmen, mitgestalten und mitverdienen. Es geht also um die konkrete Einflussnahme auf die Energiepolitik mit den Mitteln der direkten Demokratie, um die Demokratisierung der Strukturen der Energiewirtschaft selbst und um die schlussendliche Überführung der Energiewirtschaft in genossenschaftliches Gemeinschaftseigentum. In der Zwischenzeit hat sich der Hamburger Volksentscheid durchgesetzt, der Berliner nicht.

Genossenschaften werden im zweiten Teil unseres Jahrhunderts als Gegenmodell zu deregulierten Märkten und zentralistischer Planwirtschaft in unserem Gesellschaftsleben agieren. Nicht ein totalitäres staatssozialistisches System, nicht der neoliberale, monopolistische Raubtierkapitalismus mit seinem betrügerischen Finanzsystem, sondern dezentrale Nutzerorganisationen wie Genossenschaften – von Mitbestimmern und Miteigentümern geführt und kontrolliert – werden den wesentlichen Bereich der Energiewirtschaft, der die Grundlage allen Wirtschaftens ist, übernehmen und in Gemeinschaftseigentum überführen.

Es wird ein System sein, das sich auf andere Wirtschaftsbereiche, vor allem auf den Wohnungsbau, ausdehnen wird und in dem der Mensch im Mittelpunkt steht und nicht das Kapital oder der Staat. Kapital und Staat werden nur ein Mittel zum Zweck sein. Mit anderen Worten: Genossenschaften werden die Vorreiter einer neuen Ökonomie sein.

Davon sind auch die beiden Wirtschaftswissenschaftler Elinor Ostrom (University of Indiana) und Oliver Williamson (University of California, Berkeley) überzeugt, denen der Nobelpreis für Wirtschaftswissenschaften am 10. Dezember 2009 verliehen wurde. Es sei wichtig festzuhalten, so das Stockholmer Preiskomitee, dass beide Forscher sich der neoliberalen Wachstums- und Wettbewerbsfähigkeits-Ideologie entgegengestemmt und untersucht hätten, wie in Zukunft »andere Kräfte als die des Marktes und des Staates, nämlich nicht profitorientierte und außerstaatliche« im Wirtschaftsleben den Weg zu »organisierter Zusammenarbeit und Solidarität« weisen könnten. Beide Forscher hätten auf die den Menschen innewohnenden Fähigkeiten zur Kooperation, Solidarität und Konfliktlösung hingewiesen und aufgezeigt, dass z. B. in einer zukünftigen dezentralen, nicht monopolistischen Energiewirtschaft »Gemeinschaftseigentum erfolgreich von Nutzerorganisationen wie Genossenschaften und Kooperativen«, die Ostrom »Commons« nennt, verwaltet und ausgebaut werden könnte.

Noch einmal zurück zur Grundlage unseres Wirtschafts- und Gesellschaftslebens: der Energieversorgung. Die Welt steht vor einer neuen Energierevolution. Sie darf aus den bekannten Gründen nicht verzögert werden. In meinem Buch »Okkupierte Welt« habe ich darauf hingewiesen, dass Forschung und Entwicklung über Brennstoffzellen und Wasserstoff als Energieträger abgeschlossen sind und eine ausgereifte Technologie zur Verfügung steht, um bei der Versorgung mit erneuerbaren Energien eine entscheidende Rolle zu spielen. Über 10 Jahre fuhren nun normale Linienbusse mit Wasserstoff betrieben über Brennstoffzellen in den größten Städten Europas, ohne CO_2-Abgase zu emittieren. Brennstoffzellen müssen nicht aufgeladen werden. Führt man ihnen gasförmigen Wasserstoff zu, geben sie sofort elektrische Energie (Strom) ab. Brennstoffzellen können als Minikraftwerke in Bussen, PKW, LKW, U-Bahnen, S-Bahnen und Schiffen den Elektromotor für den Antrieb, die Beleuchtung und die Klimaanlage mit Strom versorgen. Das Gleiche gilt für Fabriken, Krankenhäuser, Wohnhäuser, Bürohäuser, Schulen, Universitäten etc. Brennstoffzellen können über regionale, kommunale oder städtische Kleinkraftwerke mit Wasserstoff versorgt werden.

Das Funktionsprinzip der Brennstoffzelle ist simpel: In der Zelle findet gewissermaßen eine umgekehrte Elektrolyse statt, das heißt: Wasserstoff und Sauerstoff verbinden sich wieder zu Wasser. Bei diesem Vorgang entsteht elektrische Energie (Strom). Diese Art der Oxidation wird auch »kalte Verbrennung« genannt. Der Vorteil der Brennstoffzelle ist die direkte Umsetzung von chemischer in elektrische Energie über eine Membran ohne den Umweg über Wärme oder mechanische Energie. Bei der Rückgewinnung der Energie in einer Brennstoffzelle entsteht als Emission nur Wasser. Der grüne Energiekreislauf ist damit geschlossen und setzt, anders als bei der Nutzung fossiler Brennstoffe, kein Kohlendioxid frei. Dieses Funktionsprinzip einer Brennstoffzelle hatte bereits vor 50 Jahren seine Bewährungsprobe im All. Die Stromversorgung der Apollo-Kapseln beim Flug zum Mond wurde mithilfe dieser Brennstoffzellentechnologie sichergestellt. Auch heute beruhen die Raketenantriebssysteme der NASA und ESA auf dieser Wasserstoff-Brennstoffzellentechnologie.

Wasserstoffnetz- und Brennstoffzellentechnologie könnten ein Wesensmerkmal der zukünftigen ökologischen Hightech-Gesellschaft sein. Es wird dann darauf ankommen, wer die Herrschaft und Verfügungsgewalt über die erneuerbaren Energien, den Energieträger Wasserstoff und seine Herstellung, Verteilung und Verwendung in Brennstoffzellen und Kraftwerken ausüben wird: Werden es regionale und städtische Energiegenossenschaften oder zentralistische Stromkonzerne sein?

Werden es die Manager der Stromkonzerne oder basisdemokratische Organisationen der Zivilgesellschaft wie kooperative Volksinitiativen oder Genossenschaften sein, die die Herrschaft und Verfügungsgewalt über Wasserstoffnetz und Brennstoffzellentechnologie übernehmen? Oder werden es in einer Übergangszeit beide zusammen sein? Wie wir festgestellt haben, stürzen sich in den USA und in Europa die Manager der Energie- und Hightech-Konzerne mit ihren Banken und Versicherungsgesellschaften auf die grünen, unendlich und überall vorhandenen Primärenergien – und zwar mit Hunderten von Milliarden Euro/Dollar, um auch in

Zukunft, in der zweiten Hälfte unseres Jahrhunderts, aus ihrer Nutzung riesige Profite zu ziehen und um ihren Machterhalt zu verewigen (siehe Desertec, Seatec). Hier steht uns ein großer Kampf bevor.

Demokratisierung und Dezentralisierung und die Überführung der zukünftigen grünen Energiewirtschaft in genossenschaftliches Gemeinschaftseigentum hängen auch davon ab, ob wir die erneuerbaren Energien und den Energieträger Wasserstoff als frei verfügbare, ewig und überall vorhandene, nicht-knappe Ressourcen betrachten oder als knappe und damit Profit abwerfende Wirtschaftsgüter, die von Managern kontrolliert, in Besitz genommen und auf dem Markt feilgeboten werden. Soll die extrahierte Ubiquität Wasserstoff Allgemeingut werden, das über Organisationen der Zivilgesellschaft allen zur Verfügung gestellt wird, oder Verfügungsbesitz – wie Öl, Kohle, Erdgas, Uran – einer Managerkaste? Könnten Wissenschaftler, Ingenieure, Techniker, Ökoräte davon überzeugt werden, ihr Know-how den Energiegenossenschaften bei der zukünftigen Instandsetzung und Anwendung der Wasserstoffnetz-Brennstoffzellentechnologie zur Verfügung zu stellen?

Der US-amerikanische Geowissenschaftler Marion King Hubbert hatte schon Ende der 60er Jahre des letzten Jahrhunderts daraufhin gewiesen, dass Aufwand und Kosten beim Einsatz unendlicher erneuerbarer Energien mit zunehmend ausgereifter Technologie immer billiger werden und schließlich nach NULL tendieren, während die nicht erneuerbaren, knappen fossilen Energien zu Beginn teuer in der Gewinnung und Verarbeitung wären, dann aber mit der voll entwickelten Technologie immer billiger, zum Schluss mit zunehmender Verknappung aber wieder teurer würden (sogenannte Hubbert-Kurve). Wegen dieser nach NULL hin tendierenden Kosten bei ausgereifter Technologie erwirken die vorhandene Ubiquität Wasserstoff und ihre Nutzungstechnologie den Status eines für alle Menschen frei verfügbaren Gutes. Wenn also Wasserstoff schließlich so billig wird, dass er fast verschenkt werden kann, jedoch die wasserstoffbetriebene Brennstoffzellentechnologie zu Beginn der Einführung erdumspannender Energienetze noch teuer in Bau und Wartung sein wird, müssen wir über die Verfügungsgewalt nachdenken, die dem

Charakter dieser unbegrenzten Ressource und ihres Energienetzes gerecht wird.

Wasserstoffenergienetze und Wasserstoffwirtschaft werden einen kompletten Umbau der Weltwirtschaft erfordern. Die Bosse der Stromgiganten dürfen wegen ihrer ausschließlich auf Profitmaximierung ausgerichteten Weltsicht nicht die alleinige Kontrolle und Verfügungsgewalt über diese neue Technologie besitzen. Die Zukunft der Menschheit darf nicht der Wettbewerbsfähigkeitsbesessenheit von Managern überlassen werden. Organisationsformen der Zivilgesellschaft wie Energiegenossenschaften, von ihnen geleitete und finanzierte kommunale Stadtteilkraftwerke, Genossenschaftsbanken etc. müssen an Leitung und Verteilung der Wasserstoffenergie, an Kontrolle und Verfügungsgewalt über diesen unendlich vorhandenen Energieträger und seine dezentrale und gleichzeitig globale Vernetzung beteiligt werden. Die weltweite Generierung von Wasserstoffenergie und ihrer Netze darf weder verzögert noch Quelle einer neuen, ungeheuren Profitmaximierung und Ausbeutung werden.

Menschen auf allen Erdteilen werden in Zukunft in der Lage sein können, mithilfe von Brennstoffzellen (Minikraftwerken) Energie anzuzapfen, zu produzieren und in Wasserstoff-Energienetze, »Smart Grids«, einzuspeisen. Ein wesentliches Merkmal wird dabei sein, dass jeder Brennstoffzellen-Besitzer überall auf der Erde sowohl Produzent als auch Konsument von Wasserstoff und damit Elektrizität sein wird. Da die Brennstoffzellen in räumlicher Nähe zu den städtischen und/oder regionalen Wasserstoff-Kleinkraftwerken lokalisiert sein werden und Wasserstoffüberschüsse als Treibstoff verkauft oder Stromüberschüsse ins Netz eingespeist werden können, entscheidet schließlich die Vernetzung von Milliarden Erzeugern/Verbrauchern über die Lebensfähigkeit einer dezentralen, demokratisierten globalen Energieversorgung.

Auch in den Entwicklungsländern werden Stadt- und Landbewohner durch Brennstoffzellen zu Minikraftwerks-Besitzern und könnten sich, wenn sie sich lokal und regional zusammenschließen, besser gegen die transnationalen Energiemultis und ihre Großkraftwerke behaupten und diesen die Bedingungen für Vermietung, Verkauf oder Leasing von Brennstoffzellen diktieren. Ihre Vereinigung würde das Zusammenschalten vieler kleiner Brennstoff-Generatoren zu einem Kraftwerk mit großer Leistungsfähigkeit ermöglichen und den Brennstoffzellen-Besitzern genügend Macht und Kontrolle gegenüber den transnationalen Energiekonzernen verleihen. Die Frage ist, wie das organisatorisch gehandhabt werden könnte. Möglicherweise werden sich anfangs Zusammenschlüsse häuslicher, gewerblicher und kommunaler Brennstoffzellen-Besitzer weder an der Herstellung oder dem Vertrieb von Brennstoffzellen noch an der Ausrüstung, die für die Gewinnung von Wasserstoff notwendig ist, direkt beteiligen. Denkbar sind daher der Erwerb von Beteiligungszertifikaten oder »Joint Ventures«, um die Unternehmenspolitik der Energiemultis mitzubestimmen. Doch wahrscheinlicher ist, dass sich die Vereinigungen der Brennstoffzellen-Besitzer in der Frühphase der Wasserstoff-Energienetze zuerst auf lokaler, dann regionaler, nationaler und schließlich globaler Ebene als Partner der Energiekonzerne verwirklichen.

In der Zwischenphase der Wasserstoff-Energienetze werden sich die transnationalen Strommultis dann darauf einstellen müssen, dass Milliarden Brennstoffzellen-Inhaber durch kommunale, regionale, nationale und globale Zusammenschlüsse den Strom und den Treibstoff vor Ort in dezentralen, von Energiegenossenschaften selbst kontrollierten, selbst finanzierten und geleiteten E-Werken viel billiger erzeugen können als es die oft weit entfernten Großkraftwerke (siehe Desertec) vermögen. Wenn dieser Punkt erreicht ist, wird die einzige Existenzberechtigung der Stromgiganten und ihrer Manager in der »virtuellen Koordinierungsfunktion« im vorhandenen Stromnetz liegen, vielleicht noch in der Distribution von Brennstoffzellen. Da dies schnell vonstattengehen muss, um den Treibhauseffekt zu verhindern, werden Formen des zivilen Ungehorsams vonnöten sein.

In der Spätphase der Wasserstoff-Energienetze werden dann basisdemokratische Organisationen der Zivilgesellschaft, vor allem Energiegenossenschaften und Genossenschaftsbanken, auch diese Funktion sowie die Distribution der Brennstoffzellen und die gesamte Finanzierung der neuen Energieversorgung übernehmen können und die alten zentralistisch geführten Stromkonzerne verdrängen und der Geschichte übergeben.

Diese Organisationsformen werden schließlich den Kauf, die Installation und Wartung der Brennstoffzellen für Gemeinden, Stadtteile, Dörfer, Industrieanlagen etc. übernehmen können und so ihre eigenen Brennstoffzellen-Netzwerke errichten. Wir haben die Hoffnung, dass Wissenschaft und Technologieerneuerung ihnen dabei behilflich sein werden.

Die nicht kommerzielle Entwicklung von Zusammenschlüssen der Brennstoffzellen-Inhaber und einer neuen Energieinfrastruktur werden auch bedeutende Nebeneffekte haben können. Wenn diese Vereinigungen als basisdemokratische Gebilde funktionieren, werden sie Vorbildcharakter für andere wirtschaftliche, kulturelle und gesellschaftliche Bereiche haben. Und die in ihnen ausgeübte Mitbestimmung aller Mitglieder, die Vergesellschaftung der Produktionsmittel und die Einführung des Gemeinschaftseigentums können die Demokratisierung anderer Wirtschafts- und Lebensbereiche nach sich ziehen.

Der Wechsel zur unendlich und überall verfügbaren Wasserstoffenergie, die Technik zu ihrer Erzeugung und die Schaffung von dezentral kontrollierten Energienetzen und Kleinkraftwerken, die Gemeinden, Städte, Länder und Erdteile in der globalen Spätphase miteinander verbinden können, wird die einzige Chance sein, um Milliarden von Menschen aus der Armut zu befreien. Mit anderen Worten: Wenn man die Armut in den Entwicklungsländern überwinden helfen will, muss man zunächst die Kluft zwischen Menschen mit und ohne Stromanschluss aufheben. Je billiger Brennstoffzellen durch Weiterentwicklung und Massenproduktion werden, desto erschwinglicher werden sie schließlich für jedes Dorf und jeden Stadtteil in den Entwicklungsländern.

Niemand kann heute genau sagen, wohin wir treiben. Herrschaftsstrukturen wird es immer geben. Aber es könnten sich Gesellschaften entwickeln, in denen nicht mehr die Managerkaste – die 1 Prozent – fast alle Lebensbereiche beherrscht, sondern eine neue Politik und Organisationen der Zivilgesellschaft das Primat über die Managerclique erlangen. Die globale Vernetzung durch die Kommunikationsnetze und die hoffentlich noch rechtzeitig auf uns zukommende weltweite Solar- und Wasserstofftechnologie könnten mithelfen, eine alternative Weltwirtschaftsordnung zu ermöglichen: nämlich dezentrale Entscheidungen, dezentrale Kontrolle, dezentrale Verfügungsgewalt, demokratisierte Kommunikation und Energieerzeugung/Energieverteilung. Innerhalb der nächsten 10 bis 20 Jahre könnte sich die Telekommunikations-Revolution (Internet, World Wide Web, Facebook) mit der neuen wasserstoffgetriebenen Brennstoffzellen-Revolution (Hydrogen Energy Web) verbinden und die wirtschaftlichen Machtverhältnisse entscheidend verändern. Beide werden einander ergänzen können.

Mit der Verschmelzung der beiden technologischen Revolutionen entstünde eine grundlegende Umwandlung von Wirtschaft und Gesellschaft. Freies Internet und World Wide Web, Vergesellschaftung der Produktionsmittel und Genossenschaftseigentum zuerst in der Energiewirtschaft wären möglich. So könnte es sein! Aber so muss es nicht sein. Denn die Herrschaft des gegenwärtigen finanzmarktgetriebenen Kapitalismus ist allmächtig. Und die Politiker dienen sich der Manageroligarchie an, sind Mit-Verzögerer beim Übergang zu den erneuerbaren Energien. Die Regierungen retten die Banken, aber nicht das Klima. Und die Organisationen der Zivilgesellschaft wie Nichtregierungsorganisationen, Energiegenossenschaften, Genossenschaftsbanken oder Volksinitiativen existieren zwar, sind aber noch ohnmächtig.

Die »Masters of the Universe« werden sich mit allen ihnen zur Verfügung stehenden Machtmitteln einer Umwandlung von Wirtschaft und Gesellschaft entgegenstellen. Sie werden alles daran setzen, eine überlebensfähige Nachhaltigkeit gepaart mit selektivem Wachstum zu verhindern, geplante Obsoleszenz nicht aufzugeben, weil beides ihrer Renditegier widerspricht. Sie werden sich einer Haftbarmachung der Verursacher bei Technologieerneuerungen – zum Beispiel in der Chemie- und Pharma-, Gen- und Atomreaktorindustrie – widersetzen, weil es ihrer Wettbewerbsfähigkeitsbesessenheit zuwiderläuft. Doch zuvorderst werden sie versuchen, die Anwendung erneuerbarer Energien bis zur Endzeit der fossilen Energien zu verzögern, weil letztere noch immer immens hohe Profite abwerfen; vor allem aber auch, weil sie Angst haben vor der Demokratisierung und Selbstbestimmung einer dezentralen, von unten geleiteten und finanzierten Energiewirtschaft. So liegen denn der Energiewechsel und damit die

Zukunft unserer Gesellschaften gegenwärtig noch in den Händen weniger willkürlicher Bremser und Profitmaximierer. Mit ihrer Handlungsweise wenden sie sich gegen die Moderne und bedrohen gleichzeitig die klimatischen Überlebenschancen zukünftiger Generationen. Wir müssen uns ihnen deshalb entgegenstellen.

So, wie die Manager die Energiewende bremsen, wollen sie uns, wie wir gesehen haben, im zweiten Teil dieses Jahrhunderts mit »Tittytainment« abspeisen. 1995 in San Francisco hatten 500 Topmanager auf einer internationalen Konferenz versucht, die »mittelbare globale Zukunft« von Arbeit, Wirtschaftswachstum, Wettbewerbsfähigkeit, neuen Märkten und neuen Renditequellen vorherzubestimmen. Die »Herren der Welt« kamen überein, dass es im zweiten Teil dieses Jahrhunderts wegen einer beinahe vollautomatisierten Hightech-Wirtschaft eine heute noch kaum vorstellbare Massenarbeitslosigkeit geben wird. Sie sprachen von einer 20:80-Gesellschaft. Wobei die 80 Prozent, die »Überflüssigen«, mit Tittytainment bei Laune gehalten werden sollen, um »nicht auf dumme Gedanken zu kommen«. Die wenigen Produktiven rekrutierten sich dabei aus dem neuen »Wissenskapital«, aus den sogenannten Systemanalytikern (Robert Reich), also aus Wissenschaftlern, Ingenieuren, Informatikern, Managern. Aldous Huxleys »Schöne neue Welt« lässt grüßen.

Aber vielleicht haben die »Masters of the Universe« sich hier schwer verrechnet. Die zukünftige, erstarkte Zivilgesellschaft mit ihren NRO, Energie- und Finanzgenossenschaften strebt nicht Tittytainment an, sondern das »Reich der Freiheit«, d. h. keine fremdbestimmte Arbeit mehr, keine Diktatur des Lohnerwerbs mehr, sondern größtmögliche Zeit für Muße. Vielleicht noch zwischen 2030 und 2050 10 bis 15 Arbeitsstunden pro Woche, den Rest übernehmen Roboter, Computer, Sensoren, Fließbänder etc. Wir müssen den alten, realen güterproduzierenden Kapitalismus als Mittel zum Zweck ansehen, und der Zweck war und ist Befreiung von fremdbestimmter Lohnarbeit und Hinwendung zur Muße. Selbstverständlich hat sich der Kapitalismus als Monster erwiesen, hat Menschen ausgebeutet, sie in Bergwerke und Atomkraftwerke gesteckt, sie nur als Kostenfaktor betrachtet. Aber nun hat das Monster seine Schuldigkeit getan. Es kann gehen. Wir übernehmen seine Organisationen, vergesellschaften und vermenschlichen sie nach und nach. Wir werden auch keine Almosen von den 20 Prozent der Systemanalytiker annehmen müssen. Da Produktivität und Produktivitätszuwächse in Zukunft in einer gemeinnützigen, genossenschaftlich organisierten realen Wirtschaft größtenteils von der Automation, d. h. von Robotern, Computern und Fließbändern, erstellt werden, werden wir für jeden Bürger ein bedingungsloses Grundeinkommen einfordern.

Die computergesteuerte Fabrik der Zukunft (»Computer Integrated Manufacturing«, kurz CIM genannt) wird intelligente Roboter sehen, die sich selbst steuern und sich gegenseitig optimieren, um intelligente Produkte herzustellen, so ein Papier der Deutschen Akademie der Technikwissenschaften vom März 2013. Dabei kommt es in den zukünftigen »Smart Factories« zu einem »Paradigmenwechsel«: »Wir gehen weg von der zentralen Fabriksteuerung hin zu einer dezentralen Steuerung«, so Wolfgang Wahlster, Leiter des Deutschen Forschungszentrums für Künstliche Intelligenz (DFKI). Über das Internet wird die smarte Fabrik mit der globalen Warenwelt verknüpft. Der Trend: Bauteile werden in kleinen Stückzahlen und auf direkte Kundenanforderung produziert. Das senkt die Verschwendungsrate und beschleunigt die Auslieferung. Durch die informationstechnische Vernetzung kann der Rohling einer Produktionsmaschine mitteilen, wie er bearbeitet werden will. Er beantragt z. B. beim Roboter: Bitte schleif mich an dieser Stelle oder färb mich an dieser Stelle rot. Das ist eine völlige Umkehrung der bisherigen Produktionslogik. Erst durch diese intelligenten Roboter wird es zu einer beinahe arbeiterlosen, smarten Fabrik kommen.

Wenn also in solchen zukünftigen Fabriken intelligente, computergesteuerte Roboter die Produktion übernehmen, wenn Güterproduktion und Produktivität im Allgemeinen durch Automation erstellt werden, bedeutet das nicht nur das Ende der fremdbestimmten Lohnarbeit, sondern die Befreiung der ehemals Lohnabhängigen zu selbstbestimmter Arbeit und Mußezeit.

Die selbstbestimmte Arbeit und Mußezeit wird in einer gemeinnützigen Wirtschaft durch ein bedingungsloses Grundeinkommen für alle, das schließt auch die 20 Prozent Systemanalytiker ein, zu finanzieren sein, indem Produktivität und Produktivitätszuwächse, erwirtschaftet durch Automation, besteuert werden. Das bedingungslose Grundeinkommen bedeutet, dass jeder, unabhängig von einer noch bezahlten Tätigkeit, so viel Geld erhält, dass es zum Leben reicht. Nicht der Staat garantiert über Steuergelder das Grundeinkommen, sondern die durch intelligente Roboter und Computer gesteuerte Automation erwirtschaftet die Grundeinkommen. Somit wären die Grundbedürfnisse der Menschen abgedeckt.

Eine der ersten Auswirkungen eines bedingungslosen Grundeinkommens wäre, dass die Arbeitslosigkeit als Problem verschwindet. Der Staat würde das Geld einsparen, das er heute dafür aufbringt, um tendenzielle Vollbeschäftigung zu erreichen, und es gäbe keine Rechtfertigung mehr für Geschenke an Unternehmen, um sie zu Einstellungen zu bewegen. Auch das von den »Masters of the Universe« 1995 vorgeschlagene »Tittytainment« für die von der Erwerbsarbeit »Freigesetzten« wird nicht notwendig sein.

Das bedingungslose Grundeinkommen muss monatlich an jedermann ausbezahlt werden. Es wird an keinerlei Bedingungen oder Gegenleistungen geknüpft. Es ist mit einem normalen Arbeitseinkommen kombinierbar. Das bedingungslose Grundeinkommen fordert also von seinen Beziehern nichts und es entlohnt nichts. So könnten alle Individuen frei entscheiden, wie sie ihr Leben gestalten wollen: Ob sie also weiterhin arbeiten oder sich mit einem bescheidenen Konsumniveau zufriedengeben wollen, um die freie Mußezeit zu genießen, oder ob sie zwischen beiden Möglichkeiten hin und her wechseln wollen. Dadurch wären Zeiten ohne bezahlte Tätigkeit nicht mehr verdächtig, denn die bezahlte Arbeit würde nicht mehr als einzige anerkannte Form der Beschäftigung gelten. So würde der Wechsel von Phasen ohne bezahlte Tätigkeit und Phasen von bezahlter Beschäftigung etwas ganz Normales sein. Beide Phasen könnten sogar einander befruchten.

Natürlich ist es heute noch so, dass ein bedingungsloses Grundeinkommen das immer noch vorherrschende Leitbild der bezahlten Lohnarbeit infrage stellt. Viele können sich von der Vorstellung der bezahlten Erwerbsarbeit nicht loslösen. Historisch gesehen ist die Arbeiterbewegung im Milieu der fremdbestimmten Arbeit, der lohnabhängigen Beschäftigten, entstanden. Hier hat sie ihre Instrumente des Widerstands gegen die Ausbeutung durch die Produktionsmitteleigentümer entwickelt und ihre Siege bis zur Sozialversicherung und dem Achtstundentag errungen. Doch wir sollten nicht vergessen, dass nicht nur Karl Marx, sondern auch der französische Allgemeine Gewerkschaftsbund direkt nach dem Zweiten Weltkrieg das »Verschwinden fremdbestimmter Lohnarbeit« und das »Reich der Freiheit«, nämlich das selbstbestimmte Arbeiten und genügend Mußezeit für alle Menschen, als Ziel propagiert hatten.

Wir sollten die noch immer vorherrschende fremdbestimmte Lohnarbeit so betrachten wie sie wirklich ist: Die meisten Jobs vermitteln den arbeitenden Menschen heutzutage weder Selbstachtung noch Arbeitsplatzsicherheit noch das Gefühl, dem Gemeinwohl zu dienen oder etwas Nachhaltiges, Lebensnotwendiges zu erstellen. Eher vermitteln sie wohl das genaue Gegenteil.

Die Zivilgesellschaft wird in der Zukunft – mithilfe des zivilen Ungehorsams – nicht mehr den Reichtum für die wenigen (die 1 Prozent) schaffen, sondern ihr auch in der Mußezeit angesammeltes Wissen wird sich zum »Zentrum der Wertschöpfung« (Marx) entwickeln und für jedermann die notwendigen Mittel zum Lebensunterhalt erwirtschaften.

Im Jahre 2013 hat ein Volksentscheid dazu geführt, dass in der Schweiz als erstem Land der Welt innerhalb der nächsten Jahre über die Einführung eines bedingungslosen Grundeinkommens abgestimmt werden muss. Die große Mehrheit der Schweizer Wahlberechtigten entschied sich bei dieser Initiative für ein Grundeinkommen für alle Staatsbürger, dessen revolutionäres Merkmal die Bedingungslosigkeit ist. Ein bedingungsloses Grundeinkommen verwirklicht meines Erachtens das Recht auf Leben, das maßgeblich von der materiellen Basis abhängt.

Gerade durch diese materielle Basis wird den menschenrechtlichen Werten wie individuelle Freiheit und Würde faktische Geltung verschafft, indem das bedingungslose Grundeinkommen – im Gegensatz zur bisherigen Armutssicherung (z. B. Hartz IV) – die Menschen vom Zwang zur Arbeit befreit. Es ist wichtig festzuhalten, dass bei einer europäischen Umfrage im Jahr 2013 90 Prozent der Befragten versicherten, auch mit einem bedingungslosen Grundeinkommen weiterhin arbeiten zu wollen (siehe »Europäische Bürgerinitiative Grundeinkommen«).

Ein zukünftiges existenzsicherndes, bedingungsloses Grundeinkommen würde unsere Gesellschaften gerechter machen, denn ein Teil des unverdienten Reichtums der Wenigen würde so umverteilt und das Anrecht aller auf einen bedingungslosen Anteil an den vorgegebenen natürlichen Ressourcen und der Wertschöpfung durch Automation verwirklicht werden.

Viele – auch die Gewerkschaften – befürchten, dass ein bedingungsloses Grundeinkommen die Menschen »faul« macht. Doch anhand der Umfrage der »Europäischen Bürgerinitiative Grundeinkommen« kann man darauf verweisen, dass der Wegfall von Stigmatisierung und Zwang zur Arbeit eher anspornt, etwas Notwendiges, Lebenserhaltendes, Nachhaltiges zu schaffen. Denn die Motivation zur Arbeit ist auf keinen Fall nur monetärer Art, sondern entsteht ebenfalls durch Anerkennung, Selbstverwirklichung und das Wissen, das man in der Mußezeit erworben hat.

Das bedingungslose Grundeinkommen, wenn schrittweise und sozialverträglich eingeführt, wird schließlich ein Instrument der Freiheit sein können und könnte ebenfalls durch die Freisetzung innovativer Kräfte und das Entstehen stabiler Kaufkraft ein zukünftiges Wirtschaftssystem, das dem Gemeinwohl dient, am Leben erhalten.

Wie gesagt: Das bedingungslose Grundeinkommen (BGE) hat nur dann einen Sinn, wenn es nichts fordert und nichts entlohnt. Es ist auch eine Antwort darauf, dass »Arbeit« als Quelle von Reichtum in einer automatisierten Wirtschaft immer überflüssiger wird. Wenn ein immer größerer Teil der Arbeitenden in der automatisierten Wirtschaft nicht mehr für die Wertschöpfung benötigt wird, kann und muss die menschliche Tätigkeit sich außerhalb dieser Wirtschaft entfalten. Das BGE wird die Bedingung für eine solche Entfaltung sein und verschafft die Mittel, um diese Tätigkeiten zu verwirklichen. Dabei sollte das BGE nicht bloß als ein »ordinäres Konsumgeld« (André Gorz) angesehen werden, mit dem Nicht-Gelderwerbstätige auf dem Markt weiter alles Notwendige einkaufen. Das BGE hat einen weiteren Sinn auch darin, in einer zukünftigen gemeinwohlorientierten Gesellschaft den Ausbau genossenschaftlicher Selbsthilfeorganisationen und vernetzter Hightech-Selbstversorgungseinrichtungen wie Brennstoffzellen, dezentrale städtische Kraftwerke etc., voranzutreiben.

Die Automation ist ein zweischneidiges Schwert und die Manageroligarchie scheint nur eine Seite dieses Schwertes betrachtet zu haben, und zwar die Kostenseite. Natürlich senkt die Automation die Arbeitskosten. Schon kurzfristig ist der Einsatz von Robotern und Computern kostengünstiger als der von menschlicher Arbeit. So werden kapitalistisch geführte Unternehmen wettbewerbsfähiger. Wenn aber Massen von Arbeitnehmern (die ominösen 80 Prozent) arbeitslos werden, dadurch keine Kaufkraft mehr besitzen, wer soll dann die Produkte kaufen, die die Marktwirtschaft erstellt? Auch der Staat kann das nicht, ihm fehlen die Steuereinnahmen der nun arbeitslosen, einst lohnabhängigen Beschäftigten. Außerdem hat sich der Staat durch seine steuerlichen Rettungspakete für die Banken über Generationen hinaus verschuldet.

Im realen güterproduzierenden Kapitalismus muss der Konsum ständig wachsen. Anders können Renditen immer weniger realisiert werden. Wenn aber die Ausbeutung der Lohnarbeit – wegen immer größerer Arbeitslosigkeit und Automation – immer weiter sinkt, wird man versuchen, die Warenwelt bis ins Absurde aufzublasen und zu verbilligen (siehe Angebotswirtschaft). Sollte auch das nicht mehr helfen – und das scheint heute der Fall zu sein –, muss man außerhalb der güterproduzierenden, Werte schöpfenden Wirtschaft neue Wachstumsfelder finden und zwar in einer künstlichen, irrealen Wirtschaft, im Spekulationskapitalismus. In diesem Kasinokapitalismus werden keine Güter mehr erstellt, keine Werte mehr kreiert; hier wird mit New-Economy-Aktien, mit Immobilien, mit dem Brot der Welt, mit Staatsanleihen, mit Währungen gezockt. Hier werden immense Renditen erzielt. So kann der Kapitalismus weitergehen. Wem hilft das? Den nicht einmal 1 Prozent der Manager, Trader und Analysten der Investmentbanken und ihrer Hedgefonds. Sie betreiben diesen finanzmarktgetriebenen Raubtierkapitalismus häufig mit kriminellen Mitteln. Und wenn ihre risikoreichen Geschäfte platzen, werden sie vom Staat mit steuerlichen Hilfspaketen gerettet. Der Bremer Wirtschaftswissenschaftler Rudolf Hickel hatte in einer Streitschrift gefordert, Investment- und Großbanken zu zerschlagen. Dazu kann ich nur sagen: Investmentbanken und Hedgefonds müssen verschwinden, sie müssen gesetzlich verboten werden. Sie haben für die Gesellschaft keinen Nutzen. Sie zerstören nur, wie wir gesehen haben. Das Gleiche gilt für den gesamten irrealen Spekulationskapitalismus.

Doch zurück zur Automation im güterproduzierenden Sektor. Die Befreiung der Massen von fremdbestimmter Arbeit hin zu selbstbestimmter Arbeit und Mußezeit geschieht durch die Automation. Die Geister, die der Kapitalismus rief, wenden sich letztlich gegen ihn. Durch die Automation ist der güterproduzierende Kapitalismus sein eigener Totengräber. Da es in der zweiten Hälfte dieses Jahrhunderts kaum noch Lohnarbeit auszubeuten gibt, hört der reale Kapitalismus auf, die Gesellschaft zu beherrschen, und die menschlichen Kräfte und Fähigkeiten sind nicht mehr Mittel zur Produktion von Reichtum, sondern sie sind der Reichtum selbst. Manager der heutigen Prägung wird es nicht mehr geben. Sie werden nicht mehr benötigt, ihre Wachstums- und Wettbewerbsfähigkeitsbesessenheit gehört der Geschichte an. Marx' Feststellung »Das Reich der Freiheit beginnt dort, wo das Arbeiten, das durch Not und äußere Zweckmäßigkeit bestimmt ist, aufhört« ist auch heute noch wahr. Ein anderer Zeitgenosse, der irische Schriftsteller Oscar Wilde, schrieb in seinem Essay »Der Sozialismus und die Seele des Menschen«: »Selbstbestimmtes, freies Arbeiten und Mußezeit, nicht fremdbestimmtes Arbeiten, sind das Ziel der Menschen.«

Der französische Sozialphilosoph André Gorz (Freitod gemeinsam mit seiner Frau im Jahre 2007) schrieb in seinem posthum veröffentlichten Buch »Auswege aus dem Kapitalismus: Beiträge zur politischen Ökologie«, dass sich das Kapital selbst zugrunde richte. Arbeitslosigkeit durch Automation und Preisverfall seien deutliche Vorzeichen. Die »Selbstverwertung des Kapitals« sei an eine innere Grenze gestoßen. Im globalen Kampf um Wettbewerbsfähigkeit fielen die Werte ins Bodenlose. »Am

Ende kollabiert das kapitalistische System«, prognostizierte Gorz, weil die Renditen ausblieben und es keine Lohnarbeiter mehr zum Ausbeuten gäbe. Wohin werden wir noch in diesem Jahrhundert gehen, fragt Gorz und er antwortet: »zu einer Umsonst-Ökonomie«, denn schon heute produzierten immer effektivere Automaten immer größere Warenmengen und brauchen dazu immer weniger Arbeiter. »Der Wert der Arbeit sinkt, Löhne und Gehälter schrumpfen. Damit die Konsumenten die Produkte noch kaufen können, müssen diese immer billiger werden.« Gorz schlussfolgert: Die Kapitalbesitzer, sie wären ja »nicht verrückt«, werden eines Tages, »wenn sie nicht wollen, dass alles zusammenbricht«, dazu übergehen, dass die »Waren ihre Käufer kaufen«. D. h.: Der güterproduzierende Kapitalismus muss seine Kunden, seine Käufer kaufen, indem er »Zahlungsmittel umsonst verteilt«.

Ist das zu weit hergeholt? Was André Gorz prognostiziert hat, ist im Jahre 2009 mit der sogenannten Abwrackprämie Wirklichkeit geworden. Immer öfter werden Steuergelder an die Konsumenten verteilt, damit sie neue Waren kaufen und alte wegwerfen. Die deutsche Kanzlerin hatte großen Erfolg damit. Von ihrem Steuergeschenk machten zehntausende Deutsche Gebrauch, kauften sich ein neues Auto und ließen ihr altes, noch funktionales verschrotten. Das nenne ich geplante Obsoleszenz, angeschoben vom Staat. So kann man den realen güterproduzierenden Kapitalismus eine Zeitlang künstlich erhalten.

Der zukünftige computer- und robotergetriebene Kapitalismus braucht für die Produktion von Waren immer weniger Arbeit, er verteilt immer weniger Geld an die noch in der Erwerbswirtschaft arbeitenden Menschen. Löhne und Gehälter sinken. Die Automation schafft nach und nach arbeiterlose Fabriken und Büros. Wer soll dann noch die Produkte kaufen, die der Automationskapitalismus herstellt? Wie wir gesehen haben, glaubte André Gorz, dass die Waren dann ihre Käufer kaufen werden, indem die Unternehmen (Kapitalbesitzer) Zahlungsmittel umsonst an die Käufer verteilen. Gorz nannte das eine »Umsonst-Ökonomie«. Dann aber können die Menschen nicht selbst bestimmen, was sie mit der »Reichtumsschöpfung« durch Automation anstellen können und/oder wozu sie es verwenden wollen. Dann bestimmen Kapitaleigner noch immer, wozu die Zahlungsmittel ausgegeben werden sollen. Deshalb ist ein bedingungsloses Grundeinkommen für alle, das an keine Vorgaben geknüpft ist, die bessere Lösung. Es ermöglicht außerdem selbstbestimmte Arbeit und Mußezeit.

Nicht mehr Wachstums- und Wettbewerbsfähigkeitsbesessenheit werden im zweiten Teil dieses Jahrhunderts die Ziele sein, sondern Nachhaltigkeit, Teamwork, selbstbestimmtes Arbeiten und für alle so viel Mußezeit wie möglich. Der reale Kapitalismus wird sich durch Automation und sein selbstzerstörerisches Treiben abschaffen. Im zweiten Teil dieses Jahrhunderts werden die ökologischen Systeme unseres Planeten einen Wechsel zu einer neuen Ökonomie basierend auf Nachhaltigkeit, Recycling, erneuerbaren Energien und Creative Team Work erzwingen. Mit anderen Worten: Es wird einen radikalen Bruch mit dem gegenwärtigen profitorientierten Wachstumskapitalismus geben.

Die neue Ökonomie wird durch die selbstbestimmte Arbeit von »Creative Teams« bestimmt sein. In einem solchen Creative-Team-System hat das alte, hierarchische, autoritär kontrollierte System von Managern keinen Platz mehr. Die neue Ökonomie wird auf Dialog und Kooperation gegründet sein, in deren Teams jeder Einzelne seine Ideen, seine Vorschläge, sein Wissen, seine Erfahrung etc. einbringen kann. Die alte, fremdbestimmte Arbeit hat damit ihr Ende gefunden. Für diesen Wechsel werden eine Bewusstseinsänderung der Menschen und damit ihr Verständnis für das Ganze erforderlich sein, damit sie gleichberechtigt an dieser neuen Ökonomie teilnehmen können, jeder nach seinen Fähigkeiten.

Die alten Vorstellungen von grenzenlosem Wachstum, von der Ausschaltung des Konkurrenten und von Profitmaximierung um jeden Preis gehen ihrem Ende entgegen. Das alte System des antagonistischen Wachstums- und Wettbewerbsfähigkeitskapitalismus ist ein Auslaufmodell. In 50 Jahren wird man auf dieses System als primitiv, eng und menschenverachtend herabsehen, als Repräsentation eines Wirtschaftssystems, das auf einem niedrigen kulturellen Niveau basierte und zu dem beinahe niemand zurückkehren möchte.

Die verzweifelte Suche der realen güterproduzierenden Wirtschaft nach Renditen und Geldvermehrung läuft immer mehr ins Leere. Wenn der zirkulierende Geldwert sich nicht mehr vergrößert, tritt Stillstand ein. Das kapitalistische System alter Prägung zerstört sich selbst. Der einzige Ausweg aus diesem Dilemma sind neue Rendite- und Wachstumsfelder außerhalb der güterproduzierenden Wirtschaft. Und das hat die globale Finanzindustrie wohl verstanden. So entstand 2001/2002 mit der New-Economy-Spekulationsblase, 2007/2008 mit der Immobilienblase und der daraus folgenden globalen Finanzmarktkrise, 2009/2010 bis heute mit der Zockerei von Lebensmitteln auf den Agrarrohstoff-Märkten, 2010 bis heute mit der Spekulation von Staatsanleihen und Währungen ein neues Monster: ein irrealer, keine Werte mehr schöpfender Spekulationskapitalismus mit hohen Renditen und kaum einschätzbaren Risiken.

Während die Unternehmen der realen Wirtschaft immer niedrigere Anzahlungsbedingungen und immer längerfristigere Abzahlungsbedingungen für ihre Kühlschränke, TV, Autos, Waschmaschinen, Staubsauger etc. anbieten, um so zumindest durch Pumpwirtschaft zu überleben, hat die irreale Finanzindustrie geldwerte »Finanzmarktprodukte«, nämlich »Subprime Credits«, CDS, Index-Fonds-Papiere etc. ins Leben gerufen, die aus Geld Ware gemacht haben, hohe Profite abwarfen, ungeheure Umsatz- und Geldvermehrung akkumulierten, aber mit der Produktion von Waren nichts zu tun haben.

Die gnadenlose Herrschaft der Finanzmärkte, die Mafia-Methoden ihrer Investmentbanken und Hedgefonds, die Zockerei ihrer Analysten und Trader mit Aktien, Immobilien, Lebensmitteln, Staatsanleihen und Währungen zerstören unsere Demokratie. Die Zivilgesellschaft wird sich dieser Bestie nur durch umfassenden zivilen Ungehorsam erwehren können. Den aber müssen die Massen erlernen. Denn sie haben in ihrer Geschichte bisher nur – mit wenigen Ausnahmen – Gewalt und gewaltsamen Widerstand kennengelernt. Der zivile Ungehorsam aber ist eine gewaltfreie Revolution, die es in ihrer totalen Anwendung noch nicht gegeben hat.

9. Kapitel
Ziviler Ungehorsam – Eine Revolution ohne Gewalt

In den vorhergehenden Kapiteln habe ich versucht aufzuzeigen, wohin wir treiben, welche Zukunft wir haben und welche Maßnahmen und Institutionen notwendig sind, um geplante Obsoleszenz, Wachstums- und Wettbewerbsfähigkeitsbesessenheit, Verschwendung und Treibhauseffekt etc. zu verhindern, damit wir und vor allem zukünftige Generationen überleben können. Im siebten Kapitel »Entfesselter Raubtierkapitalismus« habe ich insbesondere auf die kriminellen Machenschaften der Finanzindustrie und ihres Spekulationskapitalismus hingewiesen. Letztere irreale Spielart des Kapitalismus ist so übermächtig, so überwältigend, so zerstörerisch, dass sie nur durch besondere Arten des Widerstandes in die Schranken verwiesen werden kann. Eine dieser Arten ist für mich der zivile Ungehorsam – wenn er auf Massenbasis durchgeführt wird. Was wir brauchen, ist dabei eine neue Kultur des Widerstandes, der Gewaltlosigkeit, aber auch eine neue Kultur des Mutes, des Mutes zum Widerstand, des Mutes zum Erfolg dieses Widerstands. Wir brauchen ein neues Verständnis für die Dinge, die wir retten wollen, für das Leben, das wir führen wollen. Demonstrationen, Blockaden, Besetzungen, »Sit-ins« werden dazu nicht mehr genügen. Hier einige Beispiele des bisherigen zivilen Ungehorsams:

Bisher wurden immer nur einzelne Gesetze, einzelne soziale Ungerechtigkeiten, einzelne Wirtschaftsverbrechen, einzelne Unterdrückungsmaßnahme, einzelne Kriege und Kriegsvorbereitungen von Staaten durch gewaltfreien zivilen Ungehorsam bekämpft, niemals aber ein gesamtes Wirtschafts- und Gesellschaftssystem. Für eine solche Systemveränderung durch zivilen Ungehorsam, den Theodor Ebert, ehemaliger Politologie-Professor an der Freien Universität Berlin, in seinem Buch »Gewaltfreier Aufstand« »zivile Usurpation« nennt, besitzen wir keine historische Erfahrung. Und dennoch hat einer der größten Praktiker des zivilen Ungehorsams, Mahatma Gandhi, diese Idee, nämlich das gesamte »soziale und wirtschaftliche System« durch gewaltfreien Widerstand umzuwandeln, schon 1921 in Südafrika und 1948 in Indien propagiert. Dabei bezog er sich besonders auf die Schrift: »On the Duty of Civil Disobedience« (über die Pflicht zum zivilen Ungehorsam) des US-amerikanischen Philosophen Henry David Thoreau, die dieser 1848 gegen den US-Annexionskrieg gegen Mexiko verfasst hatte.

Obwohl die gewaltfreien Aktionen gegen die Engländer selbstverständlich zur sozialen Emanzipation der Inder beitrugen, betrachtete Gandhi die Unabhängigkeit letztlich nur als eine wichtige Station auf dem langen Marsch zur wirklichen Freiheit Indiens und zur Errichtung eines »Friedensstaates«, der zukünftige Konflikte gewaltfrei lösen würde. »Die wesentliche Arbeit, die politische, wirtschaftliche und erzieherische Umwandlung des gesamten Systems steht uns noch bevor«, erklärte Gandhi in seiner Schrift »Constructive Programs«. Und drei Tage vor seiner Ermordung sagte Gandhi in New Delhi: »Die Kongresspartei hat die Unabhängigkeit errungen, aber sie muss noch die ökonomische Freiheit, die soziale Gerechtigkeit und die moralische Freiheit gewinnen. Diese Freiheiten sind schwieriger zu erringen als die Unabhängigkeit, nicht zuletzt deswegen, weil sie durch konstruktive Arbeit erreicht werden müssen und der Kampf um sie weniger spektakulär ist.«

Gandhi propagierte Pläne für eine soziale Gleichstellung der »Harijans« (der »Unberührbaren«), für genossenschaftliche Organisationsformen im indischen Wirtschaftsleben, für mittlere, überschaubare Produktionseinheiten, die das wirtschaftliche Überleben Indiens gewährleisten sollten, ohne Entfremdung zu erzeugen. »Nicht Massenproduktion ist das Ziel, sondern Produktion für die Massen.«

Schon im Februar 1921 hatte Gandhi in der Zeitschrift »Young India« geschrieben, der kürzeste und erfolgreichste Weg, ein andernfalls nicht reformierbares ungerechtes System zu beseitigen, liege in der »Anwendung eines gewaltlosen, disziplinierten, totalen zivilen Ungehorsams der Mehrheit«. Und in der gleichen Zeitschrift verdeutlichte er im August desselben Jahres: »Umfassender ziviler Ungehorsam ist ein Zustand vollständiger Rebellion – man weigert sich, jedes einzelne Gesetz, das der betreffende Staat geschaffen hat, zu beachten (…). Das wirkungsvollste Mittel einer solchen totalen Verweigerung ist der landesweite Hartal (Generalstreik)«. Mit diesem »Hartal« erwirkte Gandhi die Unabhängigkeit von den Engländern. Der indische Friedensstaat mit Pakistan blieb ihm wegen seiner Ermordung verwehrt.

Noch ein zweiter Praktiker des zivilen Ungehorsams propagierte den gewaltfreien Widerstand gegen das gesamte soziale und wirtschaftliche System. Gemeint ist Gandhis Nachfolger in Südafrika, der schwarze Bürgerrechtler Albert »Chief« Luthuli, Mitbegründer des »African National Congress« (ANC) und Vorbild Nelson Mandelas.

Luthuli versuchte Ende der 50er Jahre des letzten Jahrhunderts seine Anhänger für eine umfassende, gewaltfreie Strategie zur Systemveränderung in Südafrika zu gewinnen. Durch eine Kombination von Nichtbeachtung der Passgesetze, Arbeitsniederlegungen, Massendemonstrationen, Boykott der öffentlichen Verkehrsmittel, Steuerboykott, Anti-Apartheid Kampagnen, Ignorieren der Ausgangssperren für Schwarze, Ablehnung der gesamten rassistischen Gesetzgebung, Errichtung von Trainingszentren zum Erlernen des gewaltfreien Widerstandes wollte Luthuli die Mehrheit der Schwarzen in Südafrika von der Idee und der letztendlichen Durchsetzbarkeit des zivilen Ungehorsams überzeugen.

»Unser ziviler Ungehorsam«, erklärte Luthuli in seiner Schrift »Let My People Go«, »basiert auf unserem Anspruch auf menschliche Würde und soziale Gerechtigkeit. Wir können diesen Anspruch nicht aufgeben in Verhandlungen oder Kompromissen mit denen, die ihn völlig missachten … Wir müssen schließlich durch eine gewaltfreie Strategie das gesamte Herrschaftssystem der Weißen beseitigen, ihre Gesetzesformen der

Unterdrückung, ihre Formen der wirtschaftlichen Ausbeutung, ihre Rassendiskriminierung … Wir, die schwarze Mehrheit, müssen diesen Weg gehen, sonst wird es der weißen Minderheit immer wieder gelingen, uns zu knechten. Sie haben dazu alle Mittel in der Hand. Aber einen totalen gewaltfreien Widerstand werden sie nicht über einen längeren Zeitraum verkraften«.

Luthulis Tragik war es, dass er über einen längeren Zeitraum zivilen Ungehorsam gegen einen Unterdrückungsstaat anwenden wollte, in dem eine Minderheit, die Inder, diese Widerstandsform in Südafrika für sich bereits vorher erfolgreich angewandt hatte. Das hing noch zu sehr im Bewusstsein der weißen Südafrikaner nach. Den Indern hatte man zwar in Gandhis Zeit – durch den Ungehorsam seiner Mitstreiter – Freiräume gelassen, schließlich bildeten sie nur eine Minderheit. Die 24 Millionen Schwarzen aber stellten die Mehrheit in Südafrika dar. Das war eine ganz andere Sache.

Vor bewaffneten Aufständen der Schwarzen – die einige ANC-Führer durchaus befürworteten – hatte der weiße Apartheid-Staat keine Furcht, die konnte man schnell niederwalzen, dazu besaß man schließlich das Gewaltmonopol Armee und Polizei. Angst hatte man vielmehr vor diesem »schwarzen Gandhi«, seiner damals noch größtenteils auf Gewaltfreiheit trainierten Afrikanischen Nationalen Kongresspartei und ihren propagierten Methoden eines »langfristigen totalen gewaltfreien Widerstandes«. Diese Schwarzen konnten Gandhis Erfolg (auch den in Indien) – über einen längeren Zeitraum gesehen – wiederholen und, da sie in der Mehrheit waren, den weißen Apartheid-Staat tatsächlich beseitigen.

Eine Wiederholung dieses gandhischen Weges musste deshalb mit allen Gewaltmitteln im Keime erstickt werden. Und so endete Luthulis berühmter landesweiter, gewaltfreier Anti-Pass-Boykott in dem fürchterlichen Blutbad von Sharpeville im März 1960, wo vor allem viele jugendliche Anhänger Luthulis von den Panzern und Maschinengewehren des Apartheid-Regimes niedergemäht wurden. Daraufhin wurden die Afrikanische Nationale Kongresspartei verboten und ihre Anführer einschließlich Luthuli und Nelson Mandela ins Gefängnis geworfen oder ermordet.

Albert »Chief« Luthuli erhielt 1960 den Friedensnobelpreis, den er erst Ende 1961 in Empfang nehmen konnte. Auf den großen Druck der Weltöffentlichkeit hin befreite das Apartheid-Regime Luthuli schließlich für zehn Tage von seinem lebenslänglichen Hausarrest, damit er den Nobelpreis in Oslo entgegennehmen konnte. Er starb 1967. Die Ursache seines Todes wurde nie festgestellt. Es blieb seinem Nachfolger Nelson Mandela vergönnt, die Befreiung der Schwarzen in Südafrika durchzusetzen. Doch die soziale und wirtschaftliche Gerechtigkeit fehlt für die Schwarzen auch heute noch in Südafrika.

Ein dritter Praktiker des zivilen Ungehorsams, der schwarze US-amerikanische Bürgerrechtler und Friedensnobelpreisträger Dr. Martin Luther King, ließ in den 60er Jahren des letzten Jahrhunderts in den Südstaaten der USA – wie Luthuli in Südafrika – für seine schwarzen Mitbürger Trainingszentren errichten, um ihnen »den gewaltfreien Widerstand gegen Rassengesetze und Rassendiskriminierung beizubringen«. Die von King geformte Bürgerrechtsbewegung umfasste hunderttausende schwarzer Bürger und wurde ebenfalls von Weißen unterstützt.

Man hatte die schwarzen Amerikaner nach dem Bürgerkrieg (1861-1865) zwar von der Sklaverei befreit, aber der amerikanische »Rechtsstaat« hatte ihnen keine allgemeinen Bürgerrechte erteilt, nicht einmal das Recht, im Süden zu wählen, und dort lebten die meisten von ihnen. Bis weit in die 60er Jahre hinein mussten Schwarze in den Bussen der Südstaaten hinten sitzen, viele Eisenbahnabteile waren nur für Weiße reserviert, auf den Schildern der meisten Restaurants stand zu lesen: »Niggers not welcome«. Auf Schulen, die von weißen Kindern besucht wurden, durften sich schwarze Kinder nicht sehen lassen. Mietwucher ließ die Schwarzen in Ghettos leben. Die Arbeitslosigkeit unter ihnen war und ist noch immer erdrückend hoch usw.

Als nach einem gewaltfreien Protestmarsch der Schwarzen im April 1963 in Birmingham, Alabama, Rassenunruhen entstanden, weil die Polizei Schäferhunde gegen die friedlich Protestierenden einsetzte, die für bessere Schulen für ihre Kinder demonstrierten, ließ sich Martin Luther King ohne Gegenwehr festnehmen und ins Gefängnis werfen. Dort schrieb er die berühmten »Letters from Birmingham Prison«, in denen er noch einmal darauf hinwies, dass der Kampf der Schwarzen gewaltfrei bleiben müsse, »schließlich geht es um Versöhnung mit den Weißen und nicht um umgekehrten Rassismus«.

Als die Durchsetzung der schwarzen Bürgerrechte, an denen King von 1961-1963 an vorderster Stelle mitgearbeitet hatte und die Präsident John F. Kennedy dem Senat und dem Repräsentantenhaus zur Billigung vorgelegt hatte, zu lange auf sich warten ließen, organisierte King für den 28. August 1963 den »*Freedom Now* March« vom Washington-Denkmal zum Lincoln-Memorial-Monument in Washington D.C. King hatte dazu alle Bürgerrechtsorganisationen aufgerufen. Am Morgen des 28. August 1963 eilten die Menschen – Schwarze und Weiße – aus allen Himmelsrichtungen herbei. Der ganze Protestzug blieb friedlich, es gab keine Zwischenfälle. Am Ziel des Marsches, in dem Parkgürtel unterhalb des Capitols, fanden sich über 250.000 Menschen ein.

King sollte als Letzter auf der Demonstration sprechen. Als er aufstand, wurde so lange geklatscht, dass sich seine Redezeit enorm verkürzte. So ließ er sein Konzept in der Tasche und hielt seine Rede aus dem Stegreif. Es wurde eine Rede, die immer zu den größten Texten amerikanischer Sozialgeschichte zählen wird. Sie hörte sich an wie ein Plädoyer im Gerichtssaal. »Wir können nicht länger warten«, begann King, »die Bürgerrechte müssen jetzt durchgesetzt werden, sonst besteht die Gefahr von Rassenkrawallen, offenem Bürgerkrieg und nicht endender Gewalt (...), was wir brauchen ist: Freedom Now and Jobs Now«, rief er in die Menge hinein, und die Menge wiederholte seine Forderung vieltausendfach.

Die Begeisterung und Friedfertigkeit der Menge und die überraschend große Zahl weißer Amerikaner, die an der Massenveranstaltung teilnahmen, inspirierten King zu der Aufforderung, einander an den Händen zu fassen, sich als Brüder anzusehen, ein Beispiel der Menschlichkeit zu setzen und ihm in den Spruch zu folgen: »Black and White Unite«. Und die Menge skandierte diesen nun historisch gewordenen Spruch. Zum Ende kommend äußerte King als eine Art Vermächtnis seine Hoffnung: »Ich habe einen Traum, dass eines Tages die Söhne früherer Sklaven mit den Söhnen früherer Sklavenbesitzer in den roten Bergen von Georgia am Tisch der Brüderlichkeit zusammensitzen. Ich habe einen Traum, dass eines Tages meine vier Kinder nicht mehr nach ihrer Hautfarbe sondern nach ihrem Charakter beurteilt werden.«

»Wenn ihr mich eines Tages tot auffindet, sollt ihr auf keinen Fall Gewalt gegen Gewalt setzen und mich rächen. Ich bitte euch inständig, dann den gewaltlosen Widerstand mit derselben Disziplin weiterzuführen wie bisher.« Das sagte King seinen schwarzen Anhängern während einer Kongregation der Southern Baptist Church ein paar Tage vor seiner Ermordung. Am 4. April 1968 wurde Martin Luther King von einem weißen Rassisten in Memphis, Tennessee, auf dem Balkon des Hotels »Lorraine« erschossen. Er war nach Memphis gekommen, um einen Protestmarsch schwarzer Müllabfuhrarbeiter für höhere Löhne zu unterstützen. Ich lebte damals in den USA und werde die Bestürzung auch vieler weißer Anhänger Kings nie vergessen.

Der britische Philosoph und Nobelpreisträger Bertrand Arthur William Third Earl of Russell, Mitbegründer der Anti-Atomtod-Kampagne seines Landes, Bewunderer Gandhis, schrieb 1961 in seiner Schrift »On Civil Disobedience«: Die Aktionisten des zivilen Ungehorsams – und das sei noch immer eine Minderheit – müssten sich an dem fundamentalen demokratischen Prinzip orientieren, dass die Mehrheit die Richtlinien der Politik bestimmen sollte und nicht eine bereits aufgeklärte Minderheit. Ziel dieser aufgeklärten Minderheit müsse es sein, »die manipulierte und indoktrinierte Mehrheit zu überzeugen, dass sich die Aufklärer schließlich für die eigentlich objektiven Interessen aller einsetzen, da sonst die autoritären Strukturen immer die gleichen bleiben«.

An einer anderen Stelle seiner Schrift über den zivilen Ungehorsam, die Bertrand Russell während der Sitzstreiks der britischen Anti-Atomtod-Kampagne erstellte, sagt er: »Bis jetzt hat sich in den westlichen Demokratien der gewaltfreie zivile Ungehorsam noch nicht als entscheidendes politisches Druckmittel, sondern eher als ein besonders spektakuläres Mittel zur Aufklärung bewährt.« Das habe seinen Ursprung darin, dass es noch eine sehr junge und unbekannte Form des Widerstandes sei und die

Menschen in Europa und Amerika bisher nur den gewaltsamen Widerstand und gewaltsame Konfliktaustragung erfahren hätten.

»Gerade deshalb aber«, so Russell weiter, »befürworten und praktizieren wir den gewaltfreien zivilen Ungehorsam, weil wir die Hoffnung nicht aufgeben, dass er eines Tages dieses entscheidende politische Druckmittel werden kann, und weil wir heute in ihm eine Methode sehen, den Menschen die Gefahren zur Kenntnis zu bringen, denen sie ausgesetzt sind, und um sie zu überzeugen, sich unserem gewaltfreien Widerstand anzuschließen gegen den Wahnsinn der Atomwaffenproduktion und der Atomwaffenversuche, der zurzeit viele der mächtigsten Regierungen in der Welt erfasst hat.«

Um den praktizierten zivilen Ungehorsam seiner Anhänger auch als Methode der Massenaufklärung zu rechtfertigen, verwies Russell darauf, dass es in den westlichen Demokratien Umstände gäbe, die zu einer einseitigen Information der Öffentlichkeit führten. »Betrachten wir einmal, auf welche Weise in einem angeblich demokratischen Land die öffentliche Meinung fabriziert wird. Große Zeitungen gehören reichen und mächtigen Leuten. Fernsehen und Radio haben starke Gründe, Wirtschaft und Regierung nicht wirklich anzugreifen. Die meisten sogenannten Experten würden dabei ihre Stellungen und ihr Einkommen verlieren, wenn sie die volle Wahrheit sagen würden.«

Doch die mangelhafte Information der Öffentlichkeit liegt nach Russell auch »an dem häufigen Widerwillen der Massen, unangenehme Tatsachen zur Kenntnis zu nehmen, da für eine zu lange Zeit diese von ihnen durch die Regierungen bewusst ferngehalten wurden.« Erst wenn es zu spät war, wie z. B. bei Kriegsausbrüchen, wurden die Massen von den Regierenden manipulativ informiert und in den Konflikt hineingezogen, weil man sie brauchte. Das müsse in Zukunft verhindert werden und es sei die Aufgabe der aufgeklärten Minorität, unter Anwendung des zivilen Ungehorsams, in solchen Fällen durch alternative Informationsorgane, durch Aufklärungskampagnen und »durch öffentliche Aufforderung zu Boykott, Verweigerung, Streik und Generalstreik die Mehrheit der Bevölkerung von der Richtigkeit des gewaltfreien Widerstandes zu überzeugen.« Nur so hätten vielleicht in der Vergangenheit Katastrophen wie der Erste und der Zweite Weltkrieg verhindert werden können. Auf jeden Fall hatte Bertrand Russells Anti-Atomtod-Kampagne Erfolg. Großbritannien war damals die erste Nation, die die Atomwaffenversuche beendete.

Mit Beginn der 70er und 80er Jahre des letzten Jahrhunderts waren es vor allem Nichtregierungsorganisationen, die den zivilen Ungehorsam häufig durch spektakuläre Aktionen verwirklichten. Sie haben nicht nur weltweite Aufmerksamkeit für ihr Tun erweckt, sondern es gelang einigen sogar, zerstörerische Entwicklungen auf unserem Planeten aufzuhalten. Das sollte uns Hoffnung geben, dass Maßnahmen des zivilen Ungehorsams in unserer Zeit gegen den räuberischen Finanzkapitalismus von Erfolg gekrönt sein können.

Die NRO GREENPEACE, bekannt geworden schon in den 70er Jahren des 20. Jahrhunderts durch die Schlauchboot-Aktionen gegen die Verklappung von chemischen Dünnsäuren und Atommüll auf den Ozeanen, durch ihre Protestfahrten mit dem »Rainbow-Warrior-Schiff« gegen die französischen Atombombenversuche auf dem Mururoa-Atoll, hat sich die Rettung unseres Planeten zur Aufgabe gemacht. Ihr Gründer, der einst erfolgreiche kanadische Bauunternehmer David McTaggart, hat die Greenpeace-Philosophie folgendermaßen beschrieben: »Greenpeace kämpft in aller Welt anhand der Prinzipien des gewaltfreien Widerstandes für den Erhalt des Planeten und einer Umwelt, in der wir und die kommenden Generationen überleben können. Dabei stehen für uns alle Elemente und Lebewesen auf der Erde in einem notwendigen Zusammenhang, auf der Basis einer unauflösbaren Kette (...). Der Mensch darf sich die Erde nicht untertan machen, indem er sie ausraubt und verseucht und die Kette zerstört (...). Greenpeace arbeitet nach der Methode der direkten und gewaltlosen Aktion, die zumeist durch langandauernde Kampagnen auf nationaler und/oder internationaler Ebene organisiert wird.«

Aufgrund der spektakulären Aktionen, die weltweit schon in den 80er Jahren von über 1 Million Förderern finanziell unterstützt wurden, erreichte Greenpeace u. a. folgende Ergebnisse:

1983 wurde kein Atommüll mehr im Atlantik und der Nordsee versenkt. Der Walfang wurde zwischen 1983 und 1986 wegen der lebensgefährlichen Schlauchboot-Aktionen von Greenpeace eingestellt. Nur Japan und Russland halten sich bis heute nicht an den auf Druck von Greenpeace durchgesetzten Einstellungs-Beschluss der Internationalen Walfang-Kommission. 1988 wurde auf Druck von Greenpeace die Verklappung chemischer Dünnsäuren auf dem Atlantik und der Nordsee von den europäischen Nationen und den USA eingestellt. Im Pazifik kämpft Greenpeace noch immer gegen die Dünnsäure-Verklappung der Japaner und Chinesen. Mitte der 80er Jahre stellten die Franzosen ihre Atomwaffentests auf dem Mururoa-Atoll ein, weil sich Greenpeace-Schiffe immer wieder unter Lebensgefahr in das Testgelände begeben hatten.

Anfang der 90er Jahre des letzten Jahrhunderts wurde die Menschheit durch die zunehmende Zerstörung der Ozonschicht bedroht. Die Zerstörung dieser lebenserhaltenden Schicht wurde vor allem durch das Ausströmen von FCKW verursacht. Die Ozonschicht, die das Leben auf der Erde vor den gefährlichen UV-Strahlen der Sonne schützt, wurde durch den von der Chemieindustrie zum Funktionieren von Kühlschränken, industriellen Kühlanlagen etc. hergestellten Ozonkiller FCKW ausgedünnt.

Auf der »Internationalen Konferenz zur Rettung der Ozonschicht« im Juni 1990 in London stellten Klimaforscher eine neue verheerende Studie vor, die nicht nur über der Antarktis, sondern nun auch über Europa und Nordamerika große Löcher in der Ozonschicht aufzeigte. Vorher hatten sich Amerikaner und Europäer immer beruhigt: Die Ozonlöcher seien weit weg, sie lägen über der südlichen Erdhalbkugel. Doch seit Juni 1990 herrschte große Unruhe. Denn die Katastrophe hing nun auch direkt über den Köpfen der Europäer und Nordamerikaner.

Bei der Eröffnung der UNO-Konferenz zur Rettung der Ozonschicht warnte der Konferenz-Direktor Mustafa Tolba vor einem Scheitern der Tagung: »Kein einziges Land, keine Region, keine Gruppe wird in der Lage sein, das Problem der Ozonschichtzerstörung allein zu lösen«. Tolba schlug als wesentliche Maßnahme die Abschaffung von Fluorchlorkohlenwasserstoffen bis spätestens Ende des Jahrhunderts vor, weil es nun

»eindeutig bewiesen ist, dass FCKW maßgeblich zur Zerstörung der Ozonschicht beiträgt«.

Doch es passierte nicht viel! Die Industrieländer produzierten weiterhin Kühlschränke und Kühlanlagen auf FCKW-Basis. In der Zwischenzeit war es in Deutschland zur Wiedervereinigung gekommen bzw. zur Übernahme – d. h. Privatisierung – von DDR-Betrieben durch die bundesrepublikanische Treuhandgesellschaft. In Sachsen hatte es bis 1991 das einzige DDR-Kühlschrankkombinat namens »DKK Scharfenstein« gegeben. Dieser volkseigene Betrieb stellte schon damals Kühlschränke mit dem Kühlungsmittel Styropor her. Doch auch Scharfenstein verwendete noch immer zusätzlich FKW-134a, das die Erdatmosphäre aufheizt. Der Betrieb befand sich nun in existentiellen Schwierigkeiten, denn die »Treuhand« wollte unbedingt, dass der damalige westdeutsche Branchenführer, die Bosch-Siemens-Haushaltsgeräte GmbH, dieses für sie interessante Unternehmen übernehmen würde. So konnte man ja auch Konkurrenz ausschalten.

Da intervenierte »Greenpeace Deutschland« und zeigte gegen alle Machenschaften der Treuhand und gegen die Auflagen der Kohl-Regierung, wie man gewaltlos zuerst national und dann weltweit mit dem Produktionsstopp des gefährlichen Ozonkillers FCKW beginnen und schließlich FCKW-freie Kühlschränke und Kühlgeräte herstellen könnte. Im Mai 1992 gelang es Greenpeace Deutschland – entgegen den Treuhand-Vorschriften – Scharfenstein zu einer engen Zusammenarbeit zu bewegen. Greenpeace erteilte Scharfenstein den Auftrag zur Entwicklung einer Serie von Prototypen mit Propan/Butan als Kühlmittel und pentangetriebenem Styropor als Isoliermittel – also völlig FCKW- und FKW-frei. Dafür zahlte Greenpeace aus eigener Tasche die Entwicklungs- und Herstellungskosten. Im Juli 1992 intervenierte die Treuhandgesellschaft, verbot die Zusammenarbeit und gab bekannt, dass man Scharfenstein »liquidieren« wolle.

Doch Greenpeace und Scharfenstein arbeiteten trotzdem zusammen weiter. Und präsentierten gemeinsam auf einer Pressekonferenz das Kühlschrankprojekt »Greenfreeze«. Auf einer zweiten Konferenz am 25. Juli erreichte der Greenfreeze »erstmals energetischen Gleichstand zwischen Propan/Butan und FCKW«. Im August und September 1992 startete Greenpeace eine kostspielige Werbekampagne für den Greenfreeze. Ende September meldete sich der erste Großkunde: das Versandhaus Neckermann bestellte 20.000 Greenfreeze-Kühlschränke bei DKK Scharfenstein.

Die neuesten Tests ergaben nun, dass Propan/Butan energetisch effektiver war als FCKW. Der westdeutsche Konzern Hoechst, Hauptthersteller von FCKW und FKW-134a, die Elektrokonzerne AEG, Elektrolux und vier andere westdeutsche Konzerne griffen das Greenfreeze-Modell an und beantragten bei der Treuhand und beim Kartellamt ein Verbot. »Der Einsatz von Propan/Butan ist technisch nicht machbar und führt außerdem zu mehr Energieverbrauch«, so argumentierten sie. Beides erwies sich als falsch. Greenpeace intervenierte beim Kartellamt und das Verbot wurde abgeschmettert. Ab Oktober 1992 präsentierte Greenpeace seinen neuen FCKW-freien Kühlschrank in vielen europäischen Ländern und in den USA. Das öffentliche Interesse war enorm. Der »German Fridge« ging durch die Weltpresse.

Am 17. Dezember 1992 übergab der TÜV-Sachsen an Scharfenstein das Zeichen »Geprüfte Sicherheit« für das »Modell KT 1370 RC«, wie der Greenfreeze von da an offiziell heißt. Am 16. Februar 1993 zeigte Foron (ehemals DKK Scharfenstein) auf der Kölner Domotechnica, der weltgrößten Haushaltsgerätemesse, seinen FCKW- und FKW-freien KT-1370-RC-Kühlschrank.

Im April 1993 kam es nach einer Greenfreeze-Premiere in Japan zu einem »Joint Venture« mit japanischen Unternehmen und zu einer Umstellung japanischer Kühlschränke und Kühlgeräte auf Propan/Butan. Im gleichen Monat präsentierte Greenpeace auf Einladung der chinesischen Regierung auf der »Internationalen FCKW-Alternativen-Konferenz« in Peking die Greenfreeze-Modelle von Foron. Daraufhin kam es zu »Joint Ventures« zwischen Foron und chinesischen staatseigenen Betrieben.

In der Zwischenzeit hat der Greenfreeze die Welt erobert. Bis 2000 gingen die Ozonlöcher maßgeblich zurück. Greenpeace hatte die Ozonschicht gerettet. Der zivile Ungehorsam gegen die Treuhand und die bundesdeutsche Regierung war erfolgreich verlaufen.

Auch andere NRO wie Robin Wood, Friends of the Earth, W.E.E.D. (Weltwirtschaft, Ökologie & Entwicklung), Global Trade Watch, Third World Network, Attac, Sea Shepherd, Oxfam, Occupy Wall Street u. a. versuchen, durch zivilen Ungehorsam unser Überleben auf der Erde zu retten und die zerstörerischen Machenschaften nicht nur der Finanzindustrie aufzudecken und zu bekämpfen.

Die Umweltschutzorganisation Robin Wood (Wahlspruch: »Erst stirbt der Wald, dann der Mensch«) hat sich durch gewaltfreie Aktionen und durch Aufklärung für die Rettung der Wälder in Europa vor dem chemisch-industriellen Säureregen verdient gemacht. Nur durch »drastische Maßnahmen« wären vor allem die Wälder Zentraleuropas vor dem sauren Regen noch zu retten – würde man das unterlassen, so Robin Wood schon 1984, so wird aus ganz Zentraleuropa eine entwässerte, vertrocknete Wüstenlandschaft mit erheblichen Klimaveränderungen. Außerdem würde die dauernde Düngung unserer Ackerkrume, den »30 Zentimetern, von denen wir leben«, mit Pestiziden und Herbiziden zu einer chemischen Verseuchung führen. Und unsere Nahrungsaufnahme aus diesem Chemieboden wird in mittlerer Zukunft den größten Krankheitserreger darstellen, den die Menschheit bisher kannte. Robin Woods Kampf gegen den sauren Regen hat Erfolg gehabt. Der saure Regen ist zurückgegangen, viele Wälder haben sich erholt. Aber die chemische Verseuchung der 30 Zentimeter, von denen wir leben, ist noch immer eine große Herausforderung.

Die Friends of the Earth haben sich in den USA besonders durch ihren gewaltfreien Widerstand gegen die Atomwaffentests in den 60er und 70er Jahren des letzten Jahrhunderts und gegen die Atommüllversenkung im Pazifischen und Atlantischen Ozean verdient gemacht. Erfolgreich waren auch ihre Protestdemonstrationen gegen die Lecks der Atomkraftwerke und die ungelöste Frage der Entsorgung des Atommülls. Die »Freunde der Erde« haben durch ihre »Umzingelung« von Atomkraftwerken die Öffentlichkeit in den USA durch Messungen aufgeklärt, dass es unmöglich sei, radioaktiven Ausfluss zu verhindern und dass die Menschen, die in den Atommeilern arbeiteten und um die Meiler herum lebten, genetische Schäden davontragen würden. Dass in den USA seit Anfang der 90er Jahre keine neuen Atomkraftwerke gebaut wurden, ist auch ein Erfolg der »Freunde der Erde«.

Die entwicklungspolitischen NRO Oxfam und W.E.E.D., Third World Network u. a. versuchen, in den Entwicklungsländern durch zivilen Ungehorsam den Kampf der landlosen Bauern gegen die Großgrundbesitzer für Landnahme und den biologischen Anbau lebensnotwendiger Getreidearten zu unterstützen. Sie haben sich die Monokultur-Konzerne wie Monsanto, Pfizer und Nestlé zum Feind erkoren. Zudem war es Oxfam, die als erste NRO die kriminelle Zockerei der Investmentbanken und Hedgefonds auf den Agrarrohstoff-Märkten der Welt mit unseren Lebensmitteln an den Pranger stellte.

Während der Jahrhundertwende änderte sich machtpolitisch – was den zivilen Ungehorsam angeht – einiges mit der Entstehung von Anti-Globalisierungs-NRO wie Attac, Global Trade Watch, Third World Network bis hin zur »Occupy-Bewegung«. Diese NRO verfügen heute in über sechzig Ländern auf allen Kontinenten über elektronisch vernetzte Organisationen. Zuerst organisierten sie vom 30. November bis 3. Dezember 1999 die große Massenprotestdemonstration in Seattle gegen die Konferenz der Welthandelsorganisation. 60.000 Demonstranten folgen ihrem Aufruf. Die Polizei setzte Wasserwerfer, Tränengas und Gummigeschosse gegen sie ein. Seattle war die Wasserscheide. Mit Seattle begann der weltweite gewaltfreie Widerstand gegen den Raubtierkapitalismus, gegen die Tyrannei der Banken, Versicherungen, transnationalen Konzerne und ihrer Weltorganisationen. Es begann der Versuch einer »Globalisierung von unten«.

Nach Genua, im Juli 2001, wo 150.000 Globalisierungsgegner während des G-8-Gipfeltreffens der führenden Industrienationen gegen den globalen Raubtierkapitalismus protestierten, wurden keine Konferenzen der globalen Spieler mehr in größeren Städten abgehalten. Seit Genua stellen die Globalisierungsgegner eine Macht dar, vor der sich die Masters of the

Universe und ihre Organisationen wie WTO, Weltbank, IWF, Weltwirtschaftsforum, G-8-Gipfel u. a. fürchten und ihre Treffen in weltabgelegene Ortschaften oder Plätze verlegen oder sich gar geheim treffen.

Kurz zuvor, vom 25. bis 30. Januar 2001, trafen sich zeitgleich mit der Tagung des Weltwirtschaftsforums in Davos über 50.000 NRO-Mitglieder und Sympathisanten in Porto Alegre, Brasilien, zum »Ersten Weltsozialforum«, dem Gipfel der Globalisierungsgegner. »Eine andere Welt in Frieden ist möglich«, lautete ihr Motto. Und: »Wir dürfen die Menschen in der Dritten Welt nicht ausgrenzen, sie nicht zu Verlierern machen (...). Wir protestieren dagegen, dass die Einnahmen der 200 größten Transnationalen Konzerne mehr betragen als ein Viertel der weltweiten Wirtschaftsaktivität«.

Im Januar 2002, wieder zeitgleich mit der Tagung des Weltwirtschaftsforums der »Masters of the Universe«, kamen wieder in Porto Alegre 60.000 Globalisierungsgegner zusammen. Sie trafen sich zu ihrem »Zweiten Weltsozialforum«, das von Attac als »Gegengipfel zum Treffen der Global Players« ausgerufen worden war. Die Idee zu diesem zweiten Gegengipfel stammte von dem Franzosen Bernard Cassen, dem Herausgeber der Zeitschrift »Le Monde Diplomatique« und Gründer von Attac.

Dieses zweite Weltsozialforum zeigte auch, dass die Globalisierungsgegner dazugelernt hatten. Es war deutlich geworden, dass es ihnen nicht mehr reichte, nur die richtigen Fragen zu stellen und Protestdemos weltweit gegen die »Herren der Welt« zu organisieren. Aus den Arbeitskreisen der NRO kamen Stimmen, die forderten, dass jetzt erklärt werden müsste, wie denn die »andere Welt« aussehen sollte, welche die Globalisierungsgegner in Seattle, Genua und Porto Alegre lautstark debattiert hatten. Alternativen müssten endlich her.

Mitglieder der NRO-Arbeitskreise entwarfen nun Gegenkonzepte. Drei globale Steuerarten sollten in Zukunft erhoben werden und die »andere Welt« mit aufbauen helfen:

1) Die nach dem US-Ökonomen James Tobin benannte Tobin-Steuer auf Devisen- und Spekulationsgeschäfte von Banken und Hedgefonds;
2) eine Abgabe auf alle Auslandsinvestitionen und Auslagerungen der TNK;
3) eine weltweite Besteuerung von Bank-, Versicherungs- und Konzerngewinnen.

Zudem sollten der sogenannten Dritten Welt alle Schulden erlassen werden. Sämtliche Steueroasen sollten geschlossen werden. Der Sozialstaat, statt ihn in den postindustriellen Ländern nach und nach abzuschaffen, müsste auf der ganzen Welt als Kulturgut der Menschheit ausgedehnt werden.

Aus den Milliardensummen, die die oben genannten Steuerquellen ergeben würden, sollten Fonds unter Treuhandverwaltung der UNO gebildet werden, mit denen ein »umfassendes Aufbauprogramm« errichtet werden könne, das vor allem der Ernährung, dem Gesundheitswesen, der Bildung, der Infrastruktur und dem Technologietransfer in die Dritte Welt dienen solle.

Das war die Botschaft vom »Zweiten Weltsozialforum« aus Porto Alegre. Natürlich hat sich bis heute keine Regierung der postindustriellen Länder bereit erklärt, auch nur eine dieser Forderungen umzusetzen.

Gegen die gnadenlose Herrschaft und die kriminellen Machenschaften der irrealen, keine Werte schöpfenden Finanzindustrie haben sich in den letzten Jahren besonders die NRO Attac und »Occupy Wall Street« mit ihrem zivilen Ungehorsam verdient gemacht. In der Zwischenzeit ist die »Occupy-Bewegung« auch nach Europa übergeschwappt und versucht, gemeinsam mit Attac auch bei uns gegen die Mafia-Methoden der Investmentbanken und Hedgefonds gewaltfrei anzugehen. Mit ihrem Wahlspruch »Wir sind die 99 Prozent« hat die »Occupy-Bewegung« weltweit Aufsehen erregt. Und sie hat recht mit diesem Wahlspruch. Die US-Einkommensstatistik vom Dezember 2010 beweist: Die 400 reichsten Amerikaner besitzen mehr an Vermögen, Aktien, Wertpapieren, Land etc. als die unteren 150 Millionen US-Bürger zusammen. Die Amerikaner werden von einer neuen Klasse von Superreichen dominiert, die rund 1 Prozent ausmacht. Heute sind es Investmentbankbosse, Hedgefonds-Manager, Trader und Analysten – früher waren es Öl- und Eisenbahnbosse.

Die amerikanischen Occupy-Protestierenden stammen größtenteils aus der Internet-Elite. Es sind häufig Studenten, Postgraduierte, die ihr Studium abgeschlossen haben, für die es danach aber keine Jobs gibt, die sich bei den Banken verschuldet haben, weil sie Wucherzins-Kredite aufnehmen mussten, um ihr Studium abzuschließen. Es sind junge Menschen, die aufgrund ihrer Ausbildung über Finanzwirtschaft und Politik gut Bescheid wissen, die sich ihre Informationen über den finanzmarktgetriebenen Raubtierkapitalismus per Internet aus der ganzen Welt holen. Die »Occupy-Bewegung« wurde von europäischen Globalisierungsgegnern als »unpolitisch« bezeichnet, nur die Wall Street symbolisch zu okkupieren, genügte ihnen nicht. Doch Occupy hat 2012 ein Papier herausgegeben, in dem sie fordert, den Spekulations-Kapitalismus zu beseitigen, die Groß- und Investmentbanken zu zerschlagen, Hedgefonds zu verbieten und die virtuellen Finanzmarktprodukte zu boykottieren.

Die letzte Forderung der »Occupy-Bewegung« möchte ich aufnehmen, denn der zivile Ungehorsam – um erfolgreich zu sein – muss in seinen Maßnahmen weiter ausholen, neue Wege des gewaltfreien Kampfes finden, muss versuchen, das gesamte System durch eine Bündelung von Maßnahmen wie z. B. Steuer- und Wahlboykott, Konsumverweigerung, Produktstreik bis hin zum Generalstreik – den Gandhi als wirkungsvollstes Mittel des zivilen Ungehorsams bezeichnete – zu bekämpfen. Wie gesagt, einen solchen totalen zivilen Ungehorsam gegen das gesamte Herrschaftssystem und sein Gewaltmonopol hat es bisher noch nicht gegeben.

Betrachtet man unsere westlichen »Formaldemokratien«, kann man vom Standpunkt einer »Volkssouveränität« (verankert im deutschen Grundgesetz und der US-Verfassung) sagen, dass in einem Rechtsstaat, der diesen Namen verdient, das Recht zum organisierten, gewaltfreien zivilen Ungehorsam in den Verfassungen verbrieft werden sollte. Doch in keiner unserer Verfassungen ist das bisher der Fall, da die Herrschenden damit ihren Herrschaftsanspruch und ihre Herrschaftsprivilegien in Gefahr sehen würden. Im Gegenteil: Die westlichen Regierungssysteme haben nur Widerstandsparagraphen, Verfassungszusätze oder Statuten zur Aufrechterhaltung der öffentlichen Ordnung in ihren Verfassungen verankert, um ihre eigene Herrschaft aufrechtzuerhalten.

Das Recht auf zivilen Ungehorsam als Bestandteil der Verfassungen würde auch als eine Art Ventil für die Demokratie fungieren können, da eine solche Erweiterung der Verfassungen gewaltsame, blutige Aufstände, Putschversuche und Terrorakte, aber auch die immer gleichen autoritären Herrschaftsstrukturen in Politik und Wirtschaft vermeiden könnte.

Der zivile Ungehorsam, der heute schon das zerstörerische Wirtschaftssystem boykottieren und es zur Anpassung an wirklich ökologische und demokratische Verhaltensweisen sowie konstruktive gewaltfreie Lebensformen aufrufen sollte, kann schließlich nur Erfolg haben, wenn er von einer (zumindest potenziellen) Mehrheit der Bevölkerung getragen wird. Aber davon sind wir weit entfernt. Unter den Bedingungen des »demokratischen Pluralismus« bedeutet der heutige unkritische Gehorsam und/oder die Apathie der Vielen nicht nur die Vermeidung von Gewalt, sondern auch, dass man effektiv jede überlegte Anstrengung aufgibt, wirksam auf eine Änderung und Vermenschlichung des autoritären und raubtierhaften Systems in Staat und Wirtschaft hinzuarbeiten. Damit ist man von vornherein einverstanden, unter Regeln zu leben, die in Wirklichkeit dafür bestehen, die Interessen der herrschenden Schichten zu bewahren und die Entwicklung wahrhaft demokratischer Verhältnisse zu verhindern.

Wenn die Mehrheit der Bevölkerung durch öffentliche Widerstandsaktionen der zivilen Ungehorsam Leistenden nicht zur Umkehr oder nicht von einer für alle notwendigen Systemveränderung überzeugt werden kann, bleibt denjenigen, die im gewaltfreien Widerstand den einzigen Weg zum Wandel sehen, nichts anderes übrig als die Gründe dafür zu suchen, warum die Mehrheit sich ihre Ansichten nicht zu eigen machte. In solchen Situationen, schreibt der Politologe Theodor Ebert in seiner Studie »Gewaltfreier Aufstand«, könnte »die Lösung in der sorgfältigen

Analyse des Konfliktes und dem Angebot konstruktiver Alternativen« liegen. Die konstruktiven Alternativen müssten so beschaffen sein, dass sie einen wirklich allen dienenden Fortschritt beinhalten und dass alle dies erkennen können. Auch sollten sich an dieser Entwicklung die meisten beteiligen und so beim Wandel mitbestimmen können.

Wir müssen uns heute die Frage stellen, warum die Mehrheit der Menschen auf der einen Seite fortfährt, geplante Obsoleszenz zu unterstützen, unnötige Verschwendungsgüter zu kaufen, Vermüllung und Rohstoffraubau zuzulassen, nichts gegen die Verseuchung und Verpestung von Boden, Luft und Wasser zu unternehmen, immer weiter noch Benzin schluckende, CO_2-ausstoßende Autos zu kaufen und eine klimaschädigende fossile Energiewirtschaft aufrechtzuerhalten, während sie auf der anderen Seite durchaus der Forderung zustimmt, endlich mit Obsoleszenz, Verschwendung, Raubbau an Ressourcen, Klimaschändung, Finanzzockerei etc. aufzuhören, endlich das ökologische Desaster aufzuhalten und den nachfolgenden Generationen eine Überlebenschance zu geben. Es ist wohl so, dass die Mehrheit durchaus willens ist, Verantwortung für das Leben zu übernehmen. Hier müssen durch den zivilen Ungehorsam positive Mittel gefunden werden, um diesen Widerspruch zu lösen.

Maßnahmen, um den überfälligen Wandel herbeizuführen, sind mithilfe von NRO, Gewerkschaften, Ökoräten und Institutionen der direkten Demokratie wie Volksbefragung und Volksentscheid durchführbar. Hier einige Beispiele:

1) Steuerboykott

In den postindustriellen Ländern müsste es in Zukunft möglich sein, einen Steuerboykott auf Massenbasis durchzuführen. Dazu bedarf es allerdings vorheriger umfassender Planung und Aufklärung und der Unterstützung der oben genannten alternativen Organisationen. Dabei können z. B. die von den Unternehmen (Arbeitgebern) an die Finanzämter abzuführenden Lohn- und Gehaltssteuern der abhängig Beschäftigten, die sich zum Steuerboykott entschlossen haben, in ordnungsgemäßer Form auf Fonds oder Sperrkonten von Genossenschaftsbanken deponiert werden. Ein großer Teil von Steuergeldern (Billionen Dollar/Euro), die zuvor für die Rettung von Banken und Versicherungen fremdbestimmt vom Staat verpulvert wurden, könnten zukünftig durch Boykott für den Ausbau erneuerbarer, dezentraler Energieversorgung, für wasserstoffgetriebene, CO_2-freie Autos, für Bildung und bessere Infrastruktur etc. bereitgestellt werden. Ein solcher Steuerboykott wird jedoch nur dann Aussicht auf Erfolg haben, wenn er auf Massenbasis durchgeführt und vor allem mit anderen Maßnahmen wie Wahlboykott, Konsumverweigerung, Produktstreik und schließlich Generalstreik kombiniert werden kann.

Dabei ist die Rechtslage in der Bundesrepublik vergleichsweise einfach. Steuerboykott ist – anders als Steuerhinterziehung – keine Straftat. Wer unter Angabe eines Grundes (keine Steuerrettungspakete an die betrügerischen Banken) dem Finanzamt die Steuern oder einen Teil davon verweigert, eben weil er die Verwendung der Steuergelder beanstandet, und stattdessen seine Steuern zur Zahlung obiger humanitärer und ökologischer Ziele anbietet, unterschlägt nichts. Er nimmt aber in Kauf, dass der Staat die »Steuerschuld« zwangsweise eintreibt. Die Zwangsmethoden des Staates reichen von der Mahnung mit Säumniszuschlägen über die Pfändung bis zur – allerdings theoretischen – Erzwingungshaft. Ob aber der Staat – die Finanzämter – gegen viele Millionen Menschen diese Zwangsmethoden durchsetzen kann, bleibt zweifelhaft. Er müsste wohl Millionen in die Gefängnisse werfen.

Übrigens: Bei ihrem gewaltfreien Widerstand können sich die Steuerverweigerer auf die Menschenrechtsgarantien des Grundgesetzes, auf Artikel 1 (Menschenwürde), Artikel 2 (Recht auf körperliche Unversehrtheit – also Protest wegen zu niedriger Zuwendung aus Steuermitteln für Umweltschutz) und Artikel 4 (Gewissensfreiheit – also die Freiheit, sich für das Leben kommender Generationen zu entscheiden, statt für das Überleben der Investmentbanken) berufen. Diese Grundgesetze sind ein »höheres Gut« als unser Steuerrecht.

Die Frage, ob ein umfassender Steuerboykott – kombiniert mit anderen Maßnahmen des zivilen Ungehorsams – eine schlagkräftige Waffe des gewaltfreien Widerstands sein kann, ist nicht so einfach zu beantworten.

Festzuhalten ist jedoch, dass sich durch Steuerboykott eine ganze Nation in der modernen Geschichte zu manifestieren begann: nämlich die englischen Kolonien in Nordamerika mit ihrer berühmten Forderung: »No Taxation Without Representation« (keine Besteuerung ohne Repräsentation) gegenüber dem Mutterland England. Durch diesen Steuerboykott wurden die Vereinigten Staaten von Amerika mit ins Leben gerufen.

2) Wahlboykott

Als ein weiteres potenzielles Mittel des totalen zivilen Ungehorsams muss auch der Wahlboykott angesehen werden, vor allem in seiner gleichzeitigen Anwendung mit einem Steuerboykott, da beide gemeinsam die politische Führung des Staates lahmlegen können. Wenn die Mehrheit der Bürger nicht zur Wahl geht, Wahltag und Wahlvorgang einfach ignoriert und die etablierten politischen Parteien draußen in der Kälte stehen lässt, so müsste jedem klar werden, dass Regierung und Parlament, die ja die Macht ausüben, nicht legitim sind, da sie vom Volk keinen Auftrag für ihre Herrschaft auf Zeit erhielten. Dann existierte kein Sozialvertrag mehr zwischen Herrschenden und Beherrschten, worauf letztlich die parlamentarischen Demokratien basieren.

Es herrschte dann eine Diktatur von ungewählten Berufspolitikern und den weisungsgebenden Topmanagern der Wirtschaft. Es würde dann die Aufgabe von NRO, Gewerkschaften, Ökoräten, Berufsgenossenschaften, Fürsorgeinstitutionen und anderen außerstaatlichen Organisationen sein, konstruktive Alternativen wie Formen einer Alternativ-Regierung, Alternativ-Verwaltung, Alternativ-Versorgung, Alternativ-Fürsorge und einer alternativen dezentralen Energieversorgung parallel zu den alten, zumeist hierarchisch geführten Institutionen bereits fertig organisiert und vorbereitet zur Hand zu haben. Sonst werden die etablierten Herrschaftsgruppen, um ihr System zu erhalten, immer wieder das Schreckensbild von Anarchie und Chaos an die Wand malen.

Da die heutigen politischen Parteien, Parlamente und Regierungen kaum noch in der Lage sind, die Probleme der Umweltzerstörung, der Klimaveränderung, der geplanten Obsoleszenz, des finanzmarktgetriebenen

Zockerkapitalismus und der Lebensbedrohung zukünftiger Generationen zu lösen, findet sich allein schon in dieser Feststellung genügend Legitimation, um die etablierten Repräsentationsstrukturen durch Wahl- und Steuerboykott zu entmachten, zu ergänzen und gleichzeitig neue Formen der Gewaltenteilung zu kreieren. Anstatt für die konventionellen Parteien zu votieren, sollten wir in Zukunft Einrichtungen der direkten Demokratie wie Volksbefragung und Volksentscheid bevorzugen, um wesentliche Gesetzgebung durchzusetzen.

3) Konsumverweigerung, Produktstreik und Produktumstellung

Auch die Konsumverweigerung als Mittel des zivilen Ungehorsams wird nur dann durchschlagenden Erfolg haben können, wenn sie von den Organisationen des gewaltfreien Widerstandes – einschließlich Gewerkschaften und NRO – von langer Hand vorbereitet wird, wenn die Mehrheit der Zivilgesellschaft willens ist, daran teilzunehmen, wenn sie mit Produktstreik und Produktumstellung gekoppelt wird. Dabei muss es den Konsumverweigerern gelingen, die Herstellung und den Verkauf von obsoleten, kurzlebigen Konsumgütern – also geplante Obsoleszenz – zu verhindern und die Produktion durch Produktstreiks auf sinnvolle, nützliche, langlebige und umweltfreundliche Güter umzustellen.

Millionen müssten sich weigern, immer wieder obsolete Fernseher, Waschmaschinen, Autos, Staubsauger, Handys, iPhones etc. zu kaufen. Millionen müssten den Verpackungswahnsinn – insbesondere den mit den Plastiktüten – stoppen, um die Vermüllung der Ozeane zu verhindern. Millionen müssten den E-Konzernen, die Strom aus Atomreaktoren und aus fossilen Energien liefern, die Zahlungen verweigern und über dezentrale Energiegenossenschaften auf erneuerbare Energien umsteigen. Millionen müssten den Autoverkehr mit den Benzinfressern in den Großstädten blockieren. Millionen müssten sich weigern, die toxischen Finanzmarktprodukte der Investmentbanken und Hedgefonds zu kaufen. Die Landwirte müssten die Anwendung chemischer Düngemittel (Pestizide, Herbizide) verweigern, Ärzte und Patienten die Benutzung von Psychopharmaka und Antibiotika. Die von den Gewerkschaften gestärkten Arbeitnehmer in den rohstoffverarbeitenden Industrien müssten in der Lage sein, Produktstreiks so lange durchzuführen, bis die Arbeitgeber beginnen, alte und gebrauchte Maschinen, Produkte, Fließbänder etc. wiederzuverwenden bzw. zu recyceln.

Wenn uns das nicht gelingt, dürfte die Umweltzerstörung, die Klimaveränderung, die geplante Obsoleszenz, die Vermüllung, die Verseuchung des Bodens – der 30 Zentimeter, von denen wir leben –, des Grundwassers, unserer Städte und Ozeane sowie die Eliminierung wesentlicher Rohstoffe durch die Wachstumsbesessenheit der Wirtschaftsführer nicht mehr aufzuhalten sein.

4) Generalstreik

Doch das wesentliche Instrument des totalen zivilen Ungehorsams ist und bleibt der Generalstreik. Er ist nach Mahatma Gandhi die »höchste Form des zivilen Ungehorsams«. So wird das auch von den Wirtschaftseliten und ihren Steigbügelhaltern in der Politik gesehen. Deshalb wurde und wird der Generalstreik von ihnen am meisten gefürchtet und mit allen Mitteln bekämpft. Denn es ist der langandauernde Generalstreik – wenn er von der Mehrheit der abhängig Beschäftigten und ihren Gewerkschaften getragen wird –, der die Grundlagen des Herrschaftssystems, die autoritären Strukturen in Wirtschaft und Politik am umfassendsten und erfolgreichsten bekämpfen könnte.

Potenzielle Generalstreiks der Zukunft könnten letztlich in der Lage sein, eine Demokratisierung und Ökologisierung der Wirtschaft, ein Verbot von Hedgefonds und Investmentbanken, eine Beendigung der Wachstumsbesessenheit – also eine neue Ökonomie – in die Wege zu leiten. Der langandauernde Generalstreik, vor allem wenn er mit den anderen hier aufgezeichneten Widerstandsmethoden kombiniert wird, ist den Wirtschafts- und Politikeliten deshalb zutiefst zuwider und für ihre Ziele eminent gefährlich, weil er ihre Herrschaft nicht nur durch einen von ihnen leicht abzuwehrenden Versuch eines kurzfristigen, gewaltsamen Umsturzes aufheben will, sondern sie durch einen langfristigen, gewaltfreien zivilen Massenungehorsam letztlich umso sicherer beenden könnte.

Der langfristige Generalstreik, von der Mehrheit der Zivilgesellschaft begonnen, von den Gewerkschaften und NRO unterstützt und mitgetragen, nachdem sie »von unten geschoben werden« (August Bebel), um das gesamte soziale und wirtschaftliche System zu verändern, den hat es bisher in seiner Totalität nicht gegeben. Es gab in der Geschichte der Industrienationen bisher nur kurzfristige Generalstreiks für soziale Teilforderungen; z. B. in Schweden landesweit für drei Wochen im Jahr 1909 für höhere Löhne und bessere Arbeitsbedingungen; in Deutschland im März 1920 für ein paar Tage gegen den rechtsradikalen »Kapp-Putsch«; im Jahre1926 gab es in Großbritannien einen landesweiten Generalstreik der Bergarbeiter, Transport-, Stahl- und Eisenbahnarbeiter und ihrer Gewerkschaften für humanere Arbeitsbedingungen, höhere Löhne und Arbeitszeitverkürzung. Als sich andere Industriearbeiter, vor allem die Dockers – die Hafenarbeiter – dem Generalstreik anschlossen, intervenierte der Staat mit seinem Gewaltmonopol (Armee und Polizei) gegen dieses »wirkungsvollste Instrument der Arbeiterbewegung« (Bebel) und schoss in London, Liverpool und Manchester in die demonstrierenden Streikenden hinein.

Auch die Gewerkschaften fürchteten in der Vergangenheit nicht zu Unrecht, dass ihre Unterstützung eines Generalstreiks von der herrschenden Rechtsprechung als »illegal« verurteilt und ihre Organisation durch Gesetze des »Rechtsstaates« verboten oder zumindest schwer bestraft würde. Ein gutes Beispiel hierfür ist die Bundesrepublik Deutschland, in der in den 50er Jahren des letzten Jahrhunderts Gewerkschaften wie die IG Metall nach Teilstreiks im Ruhrgebiet vom Gesetzgeber »schadensersatzpflichtig« gemacht und zur Zahlung von Millionensummen verurteilt wurden. Nicht nur nach dem deutschen Arbeits- und Verwaltungsrecht sind Generalstreiks oder Teilstreiks, die das Wirtschaftsleben lahmlegen könnten, aus »politischen Gründen« unrechtmäßig, sondern ebenfalls im angloamerikanischen »Precedence and Statuary Law«. Die Rechtsprechung verteidigt also Ziele, Privilegien und Machtausübung der Eliten. Diese haben schließlich selbst die Gesetze gemacht.

Heute aber geht es nicht um einzelne Ungerechtigkeiten, um höhere Löhne oder humanere Arbeitsbedingungen und auch nicht um den Klassenkampf, sondern um unser aller Überleben auf dieser Erde, das von der unbegrenzten, wettbewerbsbesessenen Wachstumswirtschaft und ihrer Verschwendung, von der Dominanz der Finanzindustrie bedroht wird. Diese Bedrohung legitimiert den Generalstreik.

Der Generalstreik als Mittel des totalen zivilen Ungehorsams sollte deshalb auf gar keinen Fall ad acta gelegt werden. Doch bei einer heutigen Anwendung müssen die auf Massenbasis gewaltfrei Widerstand Übenden vorher ausgearbeitete, konstruktive Alternativen, konstruktive Gegenprogramme für eine Demokratisierung, Ökologisierung und den Umbau der Wirtschaft vorweisen können, die von der Mehrheit der Zivilgesellschaft verstanden und akzeptiert werden können.

Ohne solche konstruktiven Alternativen werden die Wirtschafts- und Politikeliten immer das Schreckgespenst eines herrschafts- und gesetzlosen Zustands an die Wand malen. Sie haben es bereits oft genug getan und »ihre Staatsbürger« ließen sich überreden, wieder die zumindest geordnete Bevormundung durch die alten Eliten zu akzeptieren. Auch gelang es den herrschenden Eliten zumeist, die Massen durch Manipulation zu überzeugen, dass sie sowieso nicht in der Lage wären, ein anderes, funktionierendes demokratisches System aufzubauen, und deshalb die »wohlwollende Herrschaft von Oben« benötigen.

Wenn wir uns heute nicht – siehe UNO-Studie vom April 2013 – im gewaltfreien Widerstand gegen den Raubtierkapitalismus, gegen die Zerstörung des Lebens auf der Erde durch den alles in sich hineinfressenden Moloch der unbegrenzten Wachstumswirtschaft der Gefahr staatlicher Repressionen aussetzen wollen, können wir morgen schon im Müll, in der Klimakatastrophe oder durch den weiteren uneingeschränkten Einsatz fossiler Energien umkommen. Vielleicht kann uns diese Einsicht Mut zu einem umfassenden zivilen Ungehorsam machen. Dieser Weg wird vielleicht für einige von uns durch die Gefängnisse gehen, aber nicht für die Millionen, die sich gewaltfrei wehren werden.

Literaturverzeichnis

1. Kapitel

Daly, Herman: *Ecological Economics and Sustainable Development.* New York, 2008.

Daly, Herman: »The End of Economic Growth?«, in: Jørgen Randers: *2052. A Global Forecast for the Next Forty Years.* Vermont, 2012. S. 23-29.

London, Bernard: Ending the Depression Through Planned Obsolescence; zitiert nach: http://en.wikipedia.org/wiki/Planned_obsolescence.

Meadows, Donella H.; Dennis L. Meadows; Jørgen Randers: *Die neuen Grenzen des Wachstums. Die Lage der Menschheit. Bedrohung und Zukunftschancen.* Hamburg, 1993.

New Scientist: *Die Klimamacher*, Nr. 46 (November 2012), S. 27-33.

Postman, Neil: *Technopoly. The Surrender of Culture to Technology.* New York, 1991.

Randers, Jørgen: *2052. A Global Forecast for the Next Forty Years.* Vermont, 2012.

Rifkin, Jeremy: *The End of Work. The Decline of the Global Labor Force and the Dawn of the Post-Market Era.* New York, 1995.

Scheer, Hermann: *Der Energethische Imperativ.* München, 2010.

Schumpeter, Joseph: *Capitalism, Socialism and Democracy.* New York, 1962.

Thurow, Lester C.: *The Future of Capitalism. How Today's Economic Forces Shape Tomorrow's World.* New York, 1996.

2. Kapitel

Burnham, James: *The Managerial Revolution. What is happening in the World.* New York, 1941.

Galbraith, John Kenneth: *The Great Crash 1929.* New York, 1988.

Garraty, John A.: »The Great Depression«, in: *The American Nation. A History of the United States.* New York, 1966, S. 718-720 und S. 724-727.

London, Bernard: Ending the Depression Through Planned Obsolescence, zitiert nach: http://en.wikipedia.org/wiki/Planned_obsolescence.

Ökotest: *Geplante Obsoleszenz*, (12. Oktober 2012).

Packard, Vance: *The Waste Makers.* New York, 1960.

Postman, Neil: *Technopoly. The Surrender of Culture to Technology.* New York, 1991.

Schumpeter, Joseph: *Capitalism, Socialism and Democracy.* New York, 1962.

Stevens, Brooks: Planned Obsolescence, zitiert nach: http://en.wikipedia.org/wiki/Planned_obsolescence.

Veblen, Thorstein: *The Engineers and the Price System.* New York, 1922.

3. Kapitel

Baran, Paul; Paul Sweezy: *Monopoly Capital. An Essay on the American Economic and Social Order.* New York, 1968.

Benello, George; Dimitrios Roussopoulos: *The Case for Participatory Democracy. Some Prospects for a Radical Society.* New York, 2000.

Betriebsverfassungsgesetz der Bundesrepublik Deutschland: Bundesgesetzblatt I. 1972.

Bullock, Alan: *Report of the Committee of Inquiry on Industrial Democracy.* London, 1977.

Burnham, James: *The Managerial Revolution. What is happening in the World.* New York, 1941.

Galbraith, John Kenneth: *The New Industrial State.* New York, 1968.

Gaulke, Jürgen: *Der Klub der Kontrolleure. Das Versagen der deutschen Aufsichtsräte.* Hamburg, 1996.
Hoskin, Keith; Richard Macve: »The Genesis of Accountability. The West Point Connections«, in: *Accounting Organizations and Society* 13 (1988). S. 37-73.
Lasch, Christopher: *Die blinde Elite. Macht ohne Verantwortung.* Hamburg, 1995.
Leminsky, Gerhard; Bernd Otto: *Politik und Programmatik des Deutschen Gewerkschaftsbundes. Zur Geschichte der Mitbestimmung.* Köln, 1974.
Liedtke, Rüdiger: *Wem gehört die Republik? Die Konzerne und ihre Verflechtungen.* Frankfurt/M., Ausgaben 1997-2005.
Postman, Neil: *Technopoly. The Surrender of Culture to Technology.* New York, 1991.

4. Kapitel

Benello, George; Dimitrios Roussopoulos: *The Case for Participatory Democracy. Some Prospects for a Radical Society.* New York, 2000.
Bruhn, Jürgen: *Raubzug der Manager. Oder: Die Zerstörung des Sozialstaats.* Hamburg, 2005.
Friedman, Milton: *Capitalism and Freedom.* Chicago, 1962.
Gilder, George: *Wealth And Poverty.* New York, 1982.
Keynes, John Maynard: *The General Theory of Employment, Interest and Money.* New York, 1962.
New York Times (06. März 1992).
New York Times (10. März 1992).
Schumpeter, Joseph: *Capitalism, Socialism and Democracy.* New York, 1962.
Smith, Adam: *The Wealth of Nations.* Chicago, 1967.
Thurow, Lester C.: *The Future of Capitalism. How Today's Economic Forces Shape Tomorrow's World.* New York, 1996.

5. Kapitel

Bruhn, Jürgen: Der Kalte Krieg oder: Die Totrüstung der Sowjetunion. Focus Verlag, 1995. S. 157.

»Complete Defense Guidance 1984-1988«, in: *International Institute for Strategic Studies*, 1985-1988; London.
DER SPIEGEL, Nr. 23 (6.10.1988).
Ehrlich, Paul R.; Carl Sagan u.a.: *Die Nukleare Nacht. Klimatische, genetische und biologische Auswirkungen von Atomkriegen.* Köln, 1985.
Gervasi, Tom: *The Myth of Soviet Military Supremacy.* New York, 1986.
Gorbatschow, Michail: *Perestroika. Die Zweite Russische Revolution. Eine neue Politik für Europa und die Welt.* München, 1988.
Gray, Colin S.; Keith Payne: »Victory Is Possible«, in: *Foreign Policy Magazine* 39 (1980). S. 14-27.
International Herald Tribune: «3-Ton-Satellite Orbited as Part of SDI Program«,10. Februar 1988.
Kahn, Herman: *Thinking About The Unthinkable.* New York, 1965.
Lens, Sidney: *The Futile Crusade. Anti-Communism As American Credo.* Chicago, 1964.
Newsweek, 11. April 1994.
New York Times (30. Oktober 1960).
New York Times (18. Januar 1961).
New York Times (24. März 1987).
New York Times (11. November 1985).
New York Times (21. November 1985).
The International Institute for Strategic Studies: *The Military Balances 1981-1988 and 1989-1990.* London, 1981-1990.
Washington Post (28. Januar 1988). Siehe auch: Bruhn, Jürgen: Der Kalte Krieg oder: Die Totrüstung der Sowjetunion. In: Focus (1995), S. 196f.

6. Kapitel

Die ZEIT (03. April 1992).
Enquete Kommission des Deutschen Bundestages: *Zweiter Bericht zum Thema Treibhauseffekt und Schutz der tropischen Wälder.* Drucksache II/7220, 1990.
Global Forum 92: «Paper on Sustainable Growth«, in: *SPIEGEL – Spezial* (Juni 1992). S. 11-18 und S. 24f.

Gore, Al: *Earth in the Balance. Ecology and the Human Spirit.* New York, 1992.

Greenpeace Magazine, Nr. 1 (1992). S. 21f.

International Herald Tribune: »Greenhouse Effect«, 15. Juni 1992.

Meyer-Abich, Klaus Michael: »Öko-Kolonialismus – auch durch die Veränderung des Klimas«, in: Heike Leitschuh, Gerd Michelsen, u.a.: *Jahrbuch Ökologie 1992.* München, 1992. S. 25-37.

Natur Magazin: *Treibhaus-Effekt,* Nr. 3 (1992).

New York Times: »On the Greenhouse Effect«, 26. Mai 1990.

Ökotest-Magazin (April 1992).

Ökotest-Magazin, Rio de Janeiro (Juni 1992).

Der SPIEGEL (Hrsg.): *SPIEGEL – Spezial. Dokumente zum Umweltgipfel in Rio de Janeiro,* (Juni 1992).

Time Magazine: »Ozone Slayers« (14. Mai 1992).

Worldwatch Institute: *Paper on Climate Conference in Copenhagen.* Washington D.C., 2010.

Worldwatch Institute: *Paper on Climate Conference in Durban.* Washington D.C., 2011.

Worldwatch Institute: *Report on Progress Toward Sustainable Society.* Washington D.C., 1993.

7. Kapitel

Bourdieu, Pierre: »Die fortschrittlichen Kräfte«, in: Ders.; Claude Debons; u.a.: *Perspektiven des Protests. Initiativen für einen europäischen Wohlfahrtsstaat.* Hamburg, 1997. S. 11-25.

Bruhn, Jürgen: *Raubzug der Manager. Oder: Die Zerstörung des Sozialstaats.* Hamburg, 2005.

Bruhn, Jürgen: *Okkupierte Welt. Wie der Kapitalismus das Leben bedroht und die Welt zerstört.* Hamburg, 2012.

Business Week (23. April 1997).

D'Aveni, Richard: *Hypercompetition. Managing the Dynamics of Strategic Maneuvering.* New York, 1994.

Der SPIEGEL, Nr. 12 (1997).

Der SPIEGEL, Nr. 18 (1997).

Der SPIEGEL, Nr. 29 (1997).

Dolata, Ulrich: »Die Internationalisierung der deutschen Wirtschaft konzentriert sich auf die europäischen Nachbarländer und die USA.« Dokumentation, in: *Frankfurter Rundschau* (30. Januar 1997).
Fukuyama, Francis: *The End of History and the Last Man.* New York, 1996.
Gilder, George: *Wealth And Poverty.* New York, 1982.
Gorz, André: *Kritik der Ökonomischen Vernunft. Sinnfragen am Ende der Arbeitsgesellschaft.* Berlin, 1991.

Grundgesetz der Bundesrepublik Deutschland: »Artikel 20«.
Gruppe von Lissabon: *Grenzen des Wettbewerbs. Die Globalisierung der Wirtschaft und die Zukunft der Menschheit.* München, 1997.
Hickel, Rudolf: *Zerschlagt die Banken. Zivilisiert die Finanzmärkte. Eine Streitschrift.* Berlin, 2012.
IWF, World Economic Outlook, Crisis and Recovery (April 2009).
Kapstein, Ethan B.: «Workers and the World Economy. Breaking the Postwar Bargain«, in: *Foreign Affairs* 75/3 (Mai 1996). S. 18.
Keynes, John Maynard: *The General Theory of Employment, Interest and Money.* New York, 1962.
Krugman, Paul: «Competitiveness: A Dangerous Obsession«, in: Foreign Affairs 73/2 (1994).
Krugman, Paul: «Think Big«, in: *New York Times* (13. Februar 2009).
New York Times (14. März 1997).
New York Times (16. April 1997).
New Scientist (09. November 2012).
Randers, Jørgen: *2052. A Global Forecast for the Next Forty Years.* Vermont, 2012.
Reich, Robert: *The Work of Nations. Preparing Ourselves for 21st Century Capitalism.* New York, 1991.
Rifkin, Jeremy: *The End of Work. The Decline of the Global Labor Force and the Dawn of the Post-Market Era.* New York, 1995.
Scheer, Hermann: *Der Energetische Imperativ.* München, 2010.
Schirrmacher, Frank: *Ego – Das Spiel des Lebens.* Berlin, 2013.
taz, 24. Februar 2013.
taz, 02. März 2013.
Thurow, Lester C.: *The Future of Capitalism. How Today's Economic Forces Shape Tomorrow's World.* New York, 1996.

US Constitution: »Second Amendment. Checks and Balances.« Washington D.C., 2000.
Weizsäcker, Ernst Ulrich von; Amory B Lovins; L. Hunter Lovins: *Faktor Vier. Doppelter Wohlstand – halbierter Naturverbrauch*. München, 1996.
Worldwatch Institute, News Release: *Paper on San Francisco Meeting September 1995*. Washington D.C.
Worldwatch Institute: *Paper on Climate Conference in Durban*. Washington D.C., 2011.

8. Kapitel

Beck, Ulrich: »Die blaue Blume der Moderne«, in: *Der SPIEGEL*, Nr. 33 (1991). S. 50-51.
Beck, Ulrich: »Kapitalismus ohne Arbeit. Ulrich Beck über Mythen der Politik, globale Wirtschaft und die Zukunft der Demokratie«, in: *Der SPIEGEL*, Nr. 20 (1996). S. 140-146.
Bourdieu, Pierre: »Die fortschrittlichen Kräfte«, in: Ders.; Claude Debons; u.a.: *Perspektiven des Protests. Initiativen für einen europäischen Wohlfahrtsstaat*. Hamburg, 1997. S. 11-25.
Bruhn, Jürgen: »Die Neue Wasserstoffwirtschaft«, in: Deutscher Gewerkschaftsbund: *Arbeit und Leben* (2008).
Bruhn, Jürgen: *Okkupierte Welt. Wie der Kapitalismus das Leben bedroht und die Welt zerstört*. Hamburg, 2012.
Chossudovsky, Michel: *The Globalisation of Poverty and the New World Order*. Penang/ Malaysia, 2001.
Daly, Herman: *Ecological Economics and Sustainable Development*. New York, 2008.
Daly, Herman: »The End of Economic Growth?«, in: Jørgen Randers: *2052. A Global Forecast for the Next Forty Years*. Vermont, 2012. S. 23-29.
Darwin, Charles: *On the Origin of Species*. New York, 1968.
D'Aveni, Richard: *Hypercompetition. Managing the Dynamics of Strategic Maneuvering*. New York, 1994.
Deffeyes, Kenneth S.: *Hubbert's Peak. The Impending World Oil Shortage*. Princeton, 2001.

Dunn, Seth: Hydrogen Futures. Toward a Sustainable Energy System. Washington D.C., 2001.
Ehrlich, Paul: *The Population Bomb*. New York 1996.
Friedman, Milton: *Capitalism and Freedom*. Chicago, 1962.
Fukuyama, Francis: *The End of History and the Last Man*. New York, 1996.
Gilder, George: *Wealth And Poverty*. New York, 1982.

Gorz, André: *Auswege aus dem Kapitalismus. Beiträge zur politischen Ökologie*. Zürich, 2007.
Gruppe von Lissabon: *Grenzen des Wettbewerbs. Die Globalisierung der Wirtschaft und die Zukunft der Menschheit*. München, 1997.
Hoffmann, Peter: *Tomorrow's Energy: Hydrogen, Fuel Cells and the Prospects for a Cleaner Planet*. Boston, 2001.
Krugman, Paul: «Competitiveness: A Dangerous Obsession«, in: Foreign Affairs 73/2 (1994).
Marx, Karl: *Grundrisse der Kritik der politischen Ökonomie*. Stuttgart, 1953.
Mies, Maria: *Globalisierung von Unten. Der Kampf gegen die Herrschaft der Konzerne*. Hamburg, 2001.
Ökotest: *Geplante Obsoleszenz*. 12. Oktober 2012.
Randers, Jørgen: *2052. A Global Forecast for the Next Forty Years*. Vermont, 2012.
Roszak, Theodore: *The Making of a Counter Culture. Reflections on the Technocratic Society and its Youthful Opposition*. New York, 1970.
Scheer, Hermann: *Der Energetische Imperativ*. München, 2010.
Schirrmacher, Frank: *Ego – Das Spiel des Lebens*. Berlin, 2013.
Schumpeter, Joseph: *Capitalism, Socialism and Democracy*. New York, 1962.
Smith, Adam: *The Wealth of Nations*. Chicago, 1967.
Thurow, Lester C.: *The Future of Capitalism. How Today's Economic Forces Shape Tomorrow's World*. New York, 1996.
Weizsäcker, Ernst Ulrich von; Amory B Lovins; L. Hunter Lovins: *Faktor Vier. Doppelter Wohlstand – halbierter Naturverbrauch*. München, 1996.

9. Kapitel

Ashe, Geoffrey: *Gandhi*. New York, 1968.
ATTAC-Publik-Forum, (2/2002).
ATTAC-Publik-Forum, (2/2010).
Bruhn, Jürgen: *»... dann, sage ich, brich das Gesetz.« Ziviler Ungehorsam. Von Gandhis Salzmarsch bis zum Generalstreik*. Frankfurt/Main, 1985. S. 64f., S. 78f., 263f.
Burns, Emile: *The General Strike, May 1926. Trades Councils in Action*. London, 1956.
Chomsky, Noam: *Democracy and Markets in the New World Order*. New York, 2002.
Chossudovsky, Michel: *The Globalisation of Poverty and the New World Order*. Penang/ Malaysia, 2001.
Crook, W. H.: *The General Strike. A Study of Labor's Tragic Weapon in Theory and Practice*. London, 1958.
Ebert, Theodor: *Gewaltfreier Aufstand. Alternative zum Bürgerkrieg*. Waldkirchen, 1983.
Friends of the Earth: *Catalogue*. San Francisco, 1983, 1984, 1992, 2001-2004.
Gandhi, Mohandas K.: *An Autobiography*, Boston, 1957.
Global Forum 92, *Paper on Sustainable Growth* in: *SPIEGEL – Spezial* (1992), S. 11-18.
Greenpeace Magazin: »Der Kühlschrank – Krimi« (Juni 1993).
Griefahn, Monika: *Greenpeace. Wir kämpfen für eine Umwelt, in der wir leben können*. Hamburg, 1983.
Grundgesetz der Bundesrepublik Deutschland: »Artikel 1«, »Artikel 2«, »Artikel 4«.
International Herald Tribune, 22. Juni 1990.
King, Martin Luther: *Where Do We Go From Here? Chaos or Community?* New York, 1966.
King, Martin Luther: »Pilgrimage to Nonviolence«, in: Allen Kirschner; Linda Kirschner: *Blessed are the Peacemakers*. New York, 1971. S. 191f.
Luthuli, Albert: *Let My People Go. An Autobiography*. London, 1962.
McTaggart, David: *Unternehmen Greenpeace. Fahrt in den Atompilz*. Frankfurt/Main, 1978.

Mies, Maria: *Globalisierung von Unten. Der Kampf gegen die Herrschaft der Konzerne*. Hamburg, 2001.

Nature Magazine, July Edition 1990.

Occupy Wall Street: *Paper on Changing the System*. New York, 2012.

Robin Wood: *Robin Wood*. Hamburg, 1984.

Russell, Bertrand: *On Civil Disobedience*. London, 1961.

Russell, Bertrand: *Unarmed Victory*. London, 1962.

Russell, Bertrand: *Unpopular Essays*. New York, 1969.

Thoreau, Henry David: »On the Duty of Civil Disobedience«, in: Allen Kirschner; Linda Kirschner: *Blessed are the Peacemakers*. New York, 1971. S. 223f.

Wahl, Peter: »Mythos und Realität Internationaler Zivilgesellschaft«, in: Elmar Altvater: *Vernetzt und Verstrickt. Nicht-Regierungs-Organisationen als gesellschaftliche Produktivkraft*. Münster 1998. S. 286-307.

I. Weltsozialforum, Gipfel der Globalisierungsgegner in Porto Alegre: *Eine andere Welt in Frieden ist möglich*. 2001.

II. Weltsozialforum, Gipfel der Globalisierungsgegner in Porto Alegre: *Eine bessere Welt ist möglich*. 2002.

Reinhard Crusius

Rettet Europa, nicht nur die Banken

Mit einem Begleitwort von
Prof. Dr. Wilhelm Nölling

2014, 516 Seiten
Klappenbroschur
18,95 € [D] / 19,50 € [A]
ISBN 978-3-8288-3292-3

‚Wer einen Sumpf trockenlegen will, darf nicht die Frösche fragen!'

Nach diesem zynischen Motto wird seit Jahren Euro- und Europapolitik diktiert – ökonomisch katastrophal, schuldenpolitisch kontraproduktiv, europapolitisch zerstörerisch, sozialpolitisch ungerecht. Die großen Nutznießer: Die Reichen und Eliten in den Krisenländern und die europäischen Großbanken. Die Opfer: Die Bevölkerungsmehrheit in den jeweiligen Krisenstaaten – und natürlich auch die deutschen Steuerzahler. So darf es nicht weitergehen!

Fulminante und akribische Kritik mündet hier in Alternativen für ein besseres, zukunftsfähiges Europa. Dieses auch für Nichtökonomen verständlich aufzubereiten, ist der Zweck des unterhaltsamen Buches. Nach der Lektüre ist man sicher zorniger, aber auch urteilsfähiger und gewappnet gegen die europolitischen Mantras aus Politik und Wirtschaft.

‚Wer Europa retten will, muss auch die Frösche fragen!'

Reinhard Crusius, geboren 1941 in Gütersloh; viele Jahre Arbeit als Schriftsetzer; Studium über den Zweiten Bildungsweg in Hamburg; Diplom-Volkswirt, Dr. rer. pol.; Habilitation an der TU Berlin; diverse Aufsätze, Rundfunkbeiträge und Veröffentlichungen.

Christian Kreiß

Profitwahn

Warum sich eine menschengerechtere Wirtschaft lohnt

2013, 232 Seiten
Klappenbroschur
17,95 € [D] / 18,50 € [A]
ISBN 978-3-8288-3159-9

Christian Kreiß tritt an gegen die Diktatur der Finanzmärkte und gegen seine eigene Zunft – die Wirtschaftsexperten. Sie beraten die Regierungen der Welt und beeinflussen, was der Öffentlichkeit als wissenschaftliche Wahrheit verkauft wird. Mit historischen Fakten und aktuellen Zahlen entlarvt Kreiß das zu bitterem Ernst gewordene Monopoly-Spiel der Finanzindustrie. Er veranschaulicht, wie in der Vergangenheit jede wirtschaftliche Wachstumsphase in sozialen Unfrieden und Chaos umschlug. Seine erschreckende Bilanz: Wir selbst befinden uns am Ende einer solchen Periode. Es ist höchste Zeit für eine Gesellschaftsordnung, die Mensch und Umwelt gerecht wird. Auf dem Spiel stehen Demokratie und ein menschenwürdiges Dasein.

»Hier ist einem Wirtschaftswissenschaftler endlich gelungen, sein Berufsfeld mit der nötigen Distanz und gleichzeitig Unvoreingenommenheit zu sehen, die ihm erlaubt, genau die Schwachstellen aufzudecken, die unsere Wirtschaft in den letzten Jahren immer deutlicher in den Abgrund führen, und darüber hinaus auch (noch) gangbare Wege aufzuzeigen, wie dies verhindert werden kann. Ein äußerst seltener Glücksfall! Profitwahn ist für Fachleute und Laien ein unverzichtbares und zukunftsweisendes Werk.« Prof. Dr. Margrit Kennedy (Gründerin von *Occupy Money*)

Prof. Dr. Christian Kreiß, Jahrgang 1962, Investment Banker, Finanzkrisen-Spezialist und Erfolgsautor der aufsehenerregenden Studie „Geplante Obsoleszenz" mit zahlreichen Veröffentlichungen, Vorträgen, Rundfunk- und Fernsehinterviews zur aktuellen Finanzkrise.